mandelbaum *verlag*

Flavia Guerrini

VOM FEIND EIN KIND

Nachkommen alliierter Soldaten erzählen

mandelbaum *verlag*

Das Forschungsprojekt und die Drucklegung dieses Buches wurden freundlicherweise unterstützt durch den Eduard Wallnöfer Preis für die mutigste Initiative, das Bundesministerium für Bildung, Wissenschaft und Forschung, das Vizerektorat für Forschung der Universität Innsbruck und den Förderkreis 1669 der Universität Innsbruck.

Bundesministerium
Bildung, Wissenschaft
und Forschung

mandelbaum.at • mandelbaum.de

ISBN 978-3-85476-934-7

Projektkoordination: KATHRIN WOHLMUTH-KONRAD
Lektorat: MONIKA HALBINGER
Satz: KEVIN MITREGA, Schriftloesung
Umschlag: MICHAEL BAICULESCU
Druck: PRIMERATE, Budapest

Inhalt

Einleitung

»Vom Feind ein Kind … deswegen ist das so schlimm gewesen.« Auf diese schlichte und eindrückliche Weise beschreibt die Zeitzeugin Klara-Maria,* die mir ihre Lebensgeschichte erzählte, wie von den Menschen in ihrer Wohnumgebung, in der Schule, ja teilweise sogar im weiteren Familienkreis ihre Herkunft gesehen wurde. Ihre Zugehörigkeit wurde nicht etwa über die Mutter beziehungsweise die mütterliche Familie bestimmt, auch nicht über den Wohnort, das Heimatdorf oder den Stadtteil. Nein, ihre soziale Identität wurde von den Menschen aus ihrer Umgebung über den ihr selbst unbekannten Vater, einen »Feind«, festgelegt und die Ablehnung dieses »Feindes« auf sie als ein Kind des Feindes übertragen. Solche Erfahrungen sind typisch für die Kinder alliierter Soldaten und österreichischer Frauen, die in der Nachkriegszeit zur Welt kamen und in Österreich heranwuchsen.

Die Väter der neun Frauen und Männer, die ich kennenlernen und interviewen durfte, sowie die der rund 30 000 weiteren so genannten Besatzungskinder** in Österreich waren keine Feinde. Es

* Name geändert. Alle Namen der Interviewpartner:innen sowie von in den Interviews genannten Personen wurden in diesem Buch durch Pseudonyme ersetzt und Konstellationen, die eine Wiedererkennbarkeit der Personen ermöglichen, vermieden.

** Gelegentlich wird in diesem Buch der Begriff *Besatzungskind* zur Bezeichnung der Nachkommen alliierter Soldaten verwendet. Ich greife damit die im wissenschaftlichen und öffentlichen Diskurs gebräuchlichste Benennung auf, die oft als Selbstbezeichnung verwendet wird. Den Begriff der *Besatzung* (ebenso: *Besatzungs*zeit, *Besatzungs*soldat, *Besatzungs*macht etc.) verwende ich zur Beschreibung des politischen Zustandes von 1945–1955: Österreich wurde von den Alliierten besetzt und verwaltet und damit in seiner Souveränität eingeschränkt. Damit stelle ich nicht in Abrede, dass es sich um eine befreiende Besatzung handelte, die die nationalsozialistische Herrschaft beendete und einen Übergang zur Demokratie ermöglichte.

waren junge Männer, die den US-amerikanischen, den sowjetischen, den französischen und britischen Truppen angehörten. Sie hatten im Zweiten Weltkrieg gegen die Wehrmacht gekämpft, die zuvor im Auftrag Adolf Hitlers und des nationalsozialistischen Regimes andere Staaten überfallen und besetzt hatte, in weiten Teilen Europas Verwüstung angerichtet sowie Leid und Zerstörung verursacht hatte. Sie waren unter Einsatz ihres Lebens daran beteiligt, Deutschland und Österreich von der nationalsozialistischen Herrschaft zu befreien. Manche von ihnen waren freiwillig, vielleicht aus Überzeugung, in den Kampf gezogen, die meisten waren ihrer Einberufung zum Kriegsdienst gefolgt. Manche waren als Teil der Militärverwaltung aus ihrer Heimat nach Österreich gekommen und arbeiteten in der Nachkriegszeit daran, den Frieden im Land zu sichern und den Übergang zu einer Demokratie zu ermöglichen.

Die österreichische Bevölkerung nahm die alliierten Soldaten oft weniger als Befreier denn als Besatzer wahr. Aber auch tendenziell positive oder neutrale Einstellungen ihnen gegenüber nahmen rasch ab, wenn sich zwischen den »fremden« Soldaten und »einheimischen« Frauen Beziehungen entwickelten. Das wurde nicht nur ungern gesehen, sondern gar als moralisch verwerflich oder unsittlich erachtet. Manche, vor allem aus dem Krieg heimkehrende Männer, reagierten mit Neid oder Wut. Sie mussten sich damit abfinden, den Krieg verloren zu haben, und jetzt nahm ihnen »der Feind« auch noch die Frauen weg. So dachten viele. Die Ablehnung und Abwertung, die viele junge Frauen damals erfuhren, übertrugen sich auf die Kinder, die aus diesen intimen Begegnungen entstanden: Kinder, die am wenigsten für ihre Herkunft als Tochter oder Sohn eines Besatzungssoldaten konnten und die oft genug nicht einmal wussten, wer ihr leiblicher Vater war.

Ich selbst kam mit dem Thema erstmals 2014/2015 bewusst in Berührung, also zu dem Zeitpunkt, als die Aufmerksamkeit dafür zumindest ein wenig zu wachsen begann. Es waren zwei Erlebnisse, die nicht nur mein Interesse weckten, sondern die auch die Notwendigkeit zu wissenschaftlicher Beschäftigung deutlich machten. Zum einen fand ich während meiner Archivrecherchen im Rahmen von Forschungsprojekten zur Geschichte der Jugendfürsorge und der Heimerziehung in Westösterreich (vgl. Ralser et al. 2017) gelegentlich Akten von Kindern und Jugendlichen, deren Väter offenbar Besatzungssoldaten gewesen waren. In besonderer Erinnerung blieb mir zum Beispiel die Geschichte des kleinen Bernhard,* Sohn eines afroamerikanischen GIs, der in einer Pflegefamilie aufwuchs. Mehrfach brachte die zuständige Fürsorgerin des Jugendamtes nach Hausbesuchen bei der Familie ihr großes Erstaunen darüber zum Ausdruck, dass die Pflegeeltern keinen Unterschied zwischen ihm und den Geschwistern machten und den kleinen Bernhard sein »Anders-Sein« nicht spüren ließen. Offenbar war diese Haltung seiner Pflegeeltern in den 1950er Jahren sehr unüblich. Ich begann darüber nachzudenken, wie die Erfahrungen vieler anderer Kinder in ähnlichen Situationen wohl ausgesehen haben mögen. Wie haben sie es erlebt, in der Nachkriegsgesellschaft zu »Anderen« gemacht zu werden? Welche Auswirkungen hatte es auf ihr weiteres Leben, wenn ihnen von klein auf vermittelt wurde, nicht gleichermaßen Teil der lokalen Gemeinschaft beziehungsweise der österreichischen Gesellschaft zu sein? Nicht richtig dazuzugehören?

Es verging einige Zeit, bis ich dem Thema ein zweites Mal begegnete. Eine Freundin erzählte mir von einer Betriebsfeier, bei der auch ein langjähriger Kollege in den Ruhestand verabschiedet wurde. In seiner Abschiedsrede erzählte er zum ersten Mal öffentlich davon, wie sehr es sein Leben beeinflusst hatte, dass sein Vater ein US-amerikanischer Besatzungssoldat gewesen war. Nicht nur meine Freundin war von dieser Ansprache sehr berührt, wie sie mir danach erzählte. Viele der bei der Feier Anwesenden waren an der einen oder anderen Stelle den Tränen nahe. Wie kam es dazu, dass dieser Aspekt der eigenen Lebensgeschichte so lange nicht erzählt werden konnte? Und wie muss es sich wohl angefühlt

* Name geändert. Alle Namen von Personen, die in historischen Akten genannt werden, wurden durch Pseudonyme ersetzt. Zum Blick auf Kinder von *Schwarzen* Besatzungssoldaten und von *Persons of Color* siehe weiter unten im Kapitel: *Sichtbares »Anders-sein« und rassistische Diskriminierung*. Ich schließe hier an die Selbstbezeichnung als *Schwarze Menschen* an, die eine von Rassismus betroffene gesellschaftliche Position beschreibt. Mit der Großschreibung von *Schwarz* soll verdeutlicht werden, dass es sich um ein gesellschaftlich konstruiertes Zuordnungsmuster und nicht um eine »natürliche« Eigenschaft einer Person handelt.

haben, nach so langer Zeit den Mut zu fassen und eine so prägende Erfahrung erstmals mit Kolleg:innen und Freund:innen zu teilen? Dass solche und ähnliche Erfahrungen typisch für Nachkommen alliierter Soldaten in Österreich sind, fand ich bei meiner anschließenden Suche nach Literatur zum Thema heraus. Vor allem aber wurde sehr deutlich, dass es trotz der entstehenden Aufmerksamkeit und einiger erster und wichtiger Bücher, Zeitungsberichte und Fernsehreportagen nach wie vor nicht viel Wissen über die Lebensgeschichten und Lebenssituationen der Kinder von alliierten Soldaten in Österreich gab oder das vorhandene Wissen wenig zur Kenntnis genommen und kommuniziert wurde. Tirol gehörte zum Beispiel zu jenen österreichischen Regionen, über die es zum damaligen Zeitpunkt noch überhaupt keine wissenschaftlichen Studien zu diesem Thema gegeben hatte.*

So entstand die Idee zu meinem Forschungsprojekt, das ich nach einigen Vorbereitungen 2018 im Rahmen meiner Tätigkeit an der Universität Innsbruck aufnahm. Ich interessierte mich dafür, wie die Biografien der Kinder alliierter Soldaten in Österreich verlaufen waren. Wie wirkte sich das jeweilige politische und gesellschaftliche, aber auch das konkrete örtliche Umfeld aus, in dem sie aufwuchsen? Wie schätzten die Nachkommen alliierter Soldaten die Bedeutung ihrer Herkunft ein und wandelte sich diese möglicherweise im Verlauf des Lebens? Da die Erfahrungen der Söhne und Töchter von alliierten Soldaten und österreichischen Frauen im Zentrum stehen sollten, machte ich mich auf die Suche nach Menschen, die bereit waren, von ihrer Kindheit und ihrem weiteren Leben zu erzählen. Ich folgte damit der Vorgehensweise der Oral History, also einer Geschichtsschreibung, die sich historischen Phänomenen auf Grundlage der Aussagen der Menschen annähert, die in einer bestimmten historischen Zeit gelebt und für diese Zeit spezifische Erfahrungen gemacht hatten. Solche Ansätze führen zu

* Nach wie vor ist die Forschungslage regional unterschiedlich und hängt stark von den Initiativen einzelner Wissenschaftler:innen ab. Auffällig ist insbesondere, dass es weder eine Studie zur Situation in der Bundeshauptstadt Wien noch eine systematische Zusammenführung der Forschungen für Österreich gibt.

einer Detaillierung und Pluralisierung von Geschichte, sie können aber auch dem Ziel dienen, »zur Emanzipation von benachteiligten gesellschaftlichen Gruppen beizutragen und [ihnen] eine historische Stimme zu verleihen« (Obertreis 2012: 8).

Kinder von alliierten Soldaten haben bislang in Österreich keineswegs eine solche *historische Stimme* erhalten. Es ist nicht selbstverständlich, die eigene Lebensgeschichte als die Geschichte einer Tochter oder eines Sohnes eines Angehörigen der alliierten Truppen erzählen zu können. Eine Zeitzeugin, mit der ich eine Weile nach dem Interview noch einmal ins Gespräch kam, sagte mir bei der Gelegenheit, dass sie davor noch nie und mit niemandem so ausführlich darüber gesprochen habe, was es für sie bedeutete, das Kind eines Besatzungssoldaten zu sein. Nicht einmal mit ihren eigenen Kindern. Eine andere Interviewpartnerin erzählte mir bei einem Treffen, das zwei Jahre nach unserem ersten Kennenlernen stattfand, dass sie erst vor Kurzem begonnen habe, selbstbewusst und mit einer gewissen Selbstverständlichkeit dazu zu stehen, einen französischen Vater zu haben.

Wir haben es hier mit Leerstellen hinsichtlich des historischen Wissens und des kollektiven historischen Gedächtnisses zu tun und es ist kein Zufall, dass sich diese auch in den individuellen Lebensgeschichten widerspiegeln. Jede Form der Erinnerung bedarf einer sozialen Rahmung (Halbwachs 2019 [1925]). Wenn eine solche Rahmung kaum verfügbar ist, weil nicht nur familiäre Erinnerungs- und Erzählpraktiken fehlen, sondern die eigene gesellschaftliche Position auch nicht in der kollektiven Erinnerung verankert ist, erschwert das die Erzählbarkeit der eigenen Geschichte. Auf welche Art und Weise und in welchem Ausmaß bestimmte Aspekte der Vergangenheit erinnert werden, hat auch mit den zu bestimmten Zeitpunkten vorherrschenden Bedürfnissen nach bestimmten Narrativen zu tun. Das kollektive Gedächtnis einer Region dient unter anderem der eigenen Identitätssicherung und -stabilisierung (ebd.). Dieser Überlegung folgend wurde in Bezug auf die Erinnerung an die Nachkriegszeit den so genannten Besatzungskindern nicht nur eine geringe historische und identitätsstiftende Relevanz zugeschrieben. Vermutlich stand das Nachdenken über sie den dominanten Narrationen des Wiederaufbaus und des Weges zu Souveränität und

Demokratie entgegen. Astrid Erll, eine im Feld der Memory Studies tätige Wissenschaftlerin, umreißt das kollektive Erinnern und Vergessen folgendermaßen:

> »Kollektives *Erinnern* bedeutet also nicht, dass alle Individuen identische mentale Repräsentation[en] in ihren Köpfen hätten. Es heißt vielmehr, dass bestimmte Vergangenheitsversionen in sozialen Gruppen und Gesellschaften über Diskurse, Medien und Praktiken immer wieder aktualisiert werden und gut mit anderen Themen vernetzt sind. Ebenso bedeutet kollektives *Vergessen* nicht, dass sämtliche Spuren eines vergangenen Ereignisses verloren wären. Es bedeutet nur, dass Erinnerungsakte in bestimmten sozialen Rahmen fehlen. So können Ereignisse in der öffentlichen Erinnerung vermieden, verschwiegen und tabuisiert werden oder schwer artikulierbar erscheinen.« (Erll 2021: 45, Herv. im Original)

Sie spricht damit auf der einen Seite die Prozesshaftigkeit der kollektiven Erinnerung sowie ihr Angewiesensein auf Wiederholung und Aktualisierung an. Auf der anderen Seite macht sie deutlich, dass kollektives Vergessen in den allermeisten Fällen nicht absolut ist. Was zu einem bestimmten Zeitpunkt als erinnerungswürdig gilt, ist Ergebnis von Auseinandersetzungen und damit veränderbar.

Bei der Arbeit am Projekt wurde mir bald klar, dass die Ergebnisse nicht nur in wissenschaftlichen Kontexten kommuniziert, sondern einer interessierten Öffentlichkeit zugänglich gemacht werden sollen. So kam mir die Idee zu diesem Buch. Im Zentrum stehen die Erfahrungen jener Frauen und Männer, die mir aus ihrem Leben erzählten. Aus den Interviews entstanden neun ausführliche biografische Erzählungen. Sie sollen Einblicke in die Lebensgeschichten geben und vermitteln, was es bedeuten kann, als Kind eines alliierten Soldaten in Österreich aufzuwachsen. Den biografischen Erzählungen ist ein einführendes Kapitel vorangestellt, in dem der historische Kontext skizziert und die Entstehung des Forschungsfeldes *children born of war – Kinder des Krieges* kurz dargestellt werden. Kinder von Besatzungssoldaten zählen neben anderen zur Gruppe der *Kinder des Krieges*. Im dritten Teil des Buches wird der Fokus auf das Gemeinsame und Typische der Situation von Nachkommen alliierter Soldaten gelegt: geteilte Erfahrungen werden aufgegriffen und historisch kontextualisiert.

Diese Publikation richtet sich an Leser:innen mit unterschiedlichen Interessen und Bedürfnissen. Die einzelnen Kapitel folgen insgesamt einem Erzählbogen, sind aber auch jedes für sich gut lesbar und informativ. Sie können das Buch von der ersten bis zur letzten Seite lesen oder bei dem Kapitel beginnen, das Sie gerade am meisten anspricht. Mit diesem Buch trete ich dafür ein, dass die Lebensgeschichten der Kinder von Besatzungssoldaten ein erinnerungswürdiger Teil unserer Vergangenheit sind, die ins kollektive Gedächtnis aufgenommen werden sollen. Wenn ich damit zu mehr Verständnis für die spezifische Situation der Nachkommen alliierter Soldaten in Österreich beitragen kann, wenn die Herausforderungen, denen sie sich im Laufe ihres Lebens stellen mussten, nachvollziehbar werden und die Lektüre zu Denkprozessen und Gesprächen anregt, dann erreicht dieses Buch sein Ziel.

Abb. 1: *Abzug der Besatzungstruppen*. Russische Armeeangehörige bei ihrer Abreise aus Österreich im September 1955. Es ist nicht überliefert, wer die Frauen und Kinder sind, die den Abzug der Truppen beobachten. Kannten Sie einen der Männer? War einer der Soldaten vielleicht sogar der Vater der kleinen Kinder vorne im Bild? Oder handelt es sich um zufällig anwesende Passantinnen? (Quelle: Interfoto)

Besondere Kindheiten: Töchter und Söhne alliierter Soldaten

Von allen Kindern, die im Jahrzehnt nach dem Ende des Zweiten Weltkrieges in Österreich zur Welt kamen, dürften rund 30 000 einen Vater haben, der dem US-amerikanischen, britischen, französischen oder sowjetischen Militär angehörte. Davon gehen aktuelle Schätzungen aus (Stelzl-Marx 2015: 104), genaue Zahlen gibt es nicht.

Kinder, die während oder nach bewaffneten Konflikten aus freiwilligen oder erzwungenen sexuellen Kontakten zwischen »fremden« Soldaten und »einheimischen« Frauen entstehen, gehören zu jenen historischen Phänomenen, über die wenig bekannt ist. Das liegt hauptsächlich an dem Mangel an Dokumentation. Die wenigen existierenden Quellen, die teils sogar bis in die Antike zurückreichen, handeln von Fällen gewaltvoller Übergriffe durch Soldaten oder von gescheiterten Beziehungen. Eine interessante Ausnahme bilden Briefe aus dem Jahr 1625 aus Hessen und Thüringen. Während des Dreißigjährigen Krieges waren aus Liebesbeziehungen von ortsansässigen Frauen und Soldaten der gegnerischen Konfliktpartei Kinder entstanden. Einige dieser Soldaten hatten offenbar eine Eheschließung in Aussicht gestellt, zu der es jedoch nie kam. In den überlieferten Briefen beschreiben die Mütter ihre Enttäuschungen und die prekären Lebenssituationen, in denen sie sich als ledige Mütter mit ihrem Kind, dessen Vater ein feindlicher Soldat war, befanden (Lee 2017: 23).

Das Problem der ungünstigen historischen Quellenlage gilt auch für die Kinder alliierter Soldaten. Durch das zwar spät, aber doch entstandene Interesse an ihrer Situation gibt es mittlerweile in einem gewissen Ausmaß wissenschaftliche Erkenntnisse darüber. Und sie sind vielleicht die erste Generation von *Kindern des Krieges* (Mochmann 2006), die in wissenschaftlichen Studien selbst Auskunft über ihre Kindheit, den weiteren Verlauf ihres Lebens und die Bedeutung, die sie ihrer Herkunft zumessen, geben können.

Um ihre Lebensgeschichten besser verstehen zu können, möchte ich zunächst in den historischen Kontext einführen, in den die Töchter und Söhne alliierter Soldaten hineingeboren wurden, sowie einige wesentliche Rahmenbedingungen ihres Aufwachsens darstellen. Wie kann das Verhältnis zwischen der österreichischen Bevölkerung und den im Land stationierten Soldaten beschrieben werden? Wie kam es dazu, dass an die 30 000 Kinder aus sexuellen Kontakten und Beziehungen mit Angehörigen der US-amerikanischen, britischen, französischen oder sowjetischen Truppen entstanden? Warum ist so wenig über die Biografien dieser Kinder, von denen die meisten heute in ihren 70ern sind, bekannt? Was ist das Besondere an ihrer Kindheit und Lebenssituation? Um sich diesen Fragen anzunähern, wird auch nachgezeichnet, wie nach jahrzehntelangem wissenschaftlichen wie öffentlichen Desinteresse erste Forschungen dazu entstanden und in welche wissenschaftlichen Kontexte die Auseinandersetzung mit den Lebensgeschichten der Nachkommen alliierter Soldaten eingebettet ist.

Befreites und besetztes Österreich: die Bevölkerung und die Alliierten

Ab dem Winter 1944/45 drängten die alliierten Streitkräfte die deutsche Wehrmacht zunehmend zurück. Im März rückten die sowjetischen Truppen im Burgenland erstmals auf das Gebiet Österreichs vor und die Rote Armee startete ihre Offensive auf Wien. Genau einen Monat, nämlich vom 16. März bis 15. April, dauerten die Kämpfe zwischen den sowjetischen Streitkräften und der Wehrmacht im Wiener Wald und in Wien an, im Stadtgebiet selbst wurde etwa eine Woche lang gekämpft. Ende April erreichten gleichzeitig die französischen Truppen Vorarlberg und die US-amerikanischen von Norden kommend Tirol, letztere Anfang Mai auch das Gebiet Salzburgs und Oberösterreichs. Die britischen Einheiten überschritten am 8. Mai die Grenze zu Kärnten. In einigen Städten, wie zum Beispiel in Klagenfurt, kam es Anfang Mai noch zu anhaltenden Bombardierungen. Im Gegensatz zu Wien wurden jedoch die Landeshauptstädte Innsbruck, Graz, Linz und Salzburg kampflos übergeben. Offiziell endete der Zweite Weltkrieg in Österreich durch die bedingungslose Kapitulation der deutschen Wehrmacht am 8. Mai 1945.

Schon am 27. April wurde in Wien eine provisorische Staatsregierung aus SPÖ, KPÖ und ÖVP eingesetzt und Karl Renner zum Staatskanzler ernannt. Im Juli trat das Zonenabkommen in Kraft, das im Vergleich zur Situation im Mai und Juni 1945 für manche Gebiete noch Veränderungen in der Zuordnung brachte. Nunmehr wurden Kärnten, Osttirol und die Steiermark (mit Ausnahme des Steirischen Salzkammergutes) von den britischen Truppen verwaltet, Tirol und Vorarlberg von den französischen Truppen, das Burgenland, Niederösterreich und Oberösterreich nördlich der Donau von den sowjetischen Truppen, während Salzburg, der südliche Teil Oberösterreichs und das Steirische Salzkammergut unter US-amerikanischer Verwaltung standen. Die Bundeshauptstadt Wien wurde in vier Sektoren geteilt.

Nach langjährigen Verhandlungen konnte schließlich im Mai 1955 der Staatsvertrag abgeschlossen werden. Leopold Figl, der damals in seiner Funktion als Außenminister den Vertrag unterzeichnete, beendete seine Dankesrede mit dem allgemein in Erinnerung gebliebenen Ausspruch »Österreich ist frei!« Figl brachte damit wohl Erleichterung und Freude über die wieder hergestellte Souveränität zum Ausdruck. Gleichzeitig dürfte er damit einem großen Teil der österreichischen Bevölkerung aus der Seele gesprochen haben, der die vergangenen 10 Jahre unter der Verwaltung der Alliierten als eine Zeit der Fremdbestimmung wahrgenommen hatte. Nachdem bis zum 25. Oktober alle Besatzungssoldaten das Staatsgebiet verlassen hatten, erklärte Österreich am 26. Oktober 1955, der seit 1965 als Nationalfeiertag begangen wird, seine immerwährende Neutralität.

Ein österreichischer Blick auf die Alliierten

Es ist nicht leicht, die allgemeine Wahrnehmung der alliierten Soldaten wie der Militärverwaltung durch die österreichische Bevölkerung zu beschreiben. Zwar wurden die Alliierten vor allem von jenen, die keine ausgeprägte nationalsozialistische Einstellung hatten, mit Jubel als Befreier begrüßt – teils aus tatsächlicher Freude, teils aus Erleichterung über das Ende des Krieges und manchmal schlichtweg, weil es politisch opportun erschien. Relativ bald wurden sie jedoch vornehmlich als Besatzer gesehen, was für einen Teil der Bevölkerung mit der Erfahrung zusammenhing, eigenen Wohnraum aufgeben oder teilen zu müssen. Die Einstellung gegenüber den sowjetischen Truppen war aufgrund der nationalsozialistischen Propaganda einerseits sowie der Plünderungen und gewaltvollen Übergriffe insbesondere auf Frauen andererseits deutlich negativer geprägt als gegenüber den anderen. Dabei waren es gerade die Hilfslieferungen von Hülsenfrüchten aus der Sowjetunion, die so manch eine:n vor dem Tod bewahrten – besonders im ersten Winter nach Ende des Krieges, der in Österreich als *Hungerwinter* in Erinnerung blieb. Auch wenn die Erbsen bald keiner mehr sehen konnte.

Für die Beurteilung der vier Besatzungsmächte bildeten sich bald klar umrissene Topoi heraus, die der Historiker Lukas Schretter (2020: 508) folgendermaßen beschreibt:

> »Britische Soldaten erschienen ›galant‹, Franzosen als Charmeure und amerikanische GIs assoziierte man mit materiellem Überfluss, Freiheit, Individualität und Ungezwungenheit. Bei sowjetischen Soldaten herrschte nicht zuletzt auf Grund der Vergewaltigungen zu Kriegsende ein vielfach negatives ›Russenbild‹ vor, doch entwickelte sich auch der Topos des ›kultivierten‹ und ›kinderlieben‹ Rotarmisten. Es sind auch Liebesbeziehungen zwischen sowjetischen Soldaten und einheimischen Frauen überliefert.«

Ähnlich wie in Bezug auf die sowjetischen Soldaten gab es auch gegenüber den anderen Besatzungsmächten ambivalente und stereotype Einstellungen. Genauer beschrieben ist das etwa für die US-Amerikaner, die vor allem zu Beginn von vielen als machtvoll auftretendes Besatzungsregime, das umfassende Kontrolle auszuüben versuchte, gesehen wurden (Beer 1997: 210). Teilweise erschienen der Bevölkerung die amerikanischen Soldaten als überheblich und herablassend. Im Unterschied dazu bestimmte vor allem für einen Teil der Jugendlichen und jungen Erwachsenen der »Mythos Amerika« ihre Haltung den Amerikanern gegenüber.

Abb. 2: *Das Ende einer Institution*. Interalliierte Militärpatrouille in Wien, von links nach rechts ein US-amerikanischer, ein britischer, ein französischer sowie ein sowjetischer Soldat. Die Bundeshauptstadt war in vier Besatzungszonen eingeteilt, der erste Bezirk wurde gemeinsam verwaltet. Bis September 1955 existierte die interalliierte Militärpatrouille, besser bekannt als »die Vier im Jeep«. In jeder Besatzungszone sowie in der interalliierten Zone waren Angehörige der vier Besatzungsmächte in einem gemeinsamen Fahrzeug unterwegs. Hier abgebildet am Tag der Auflösung dieser Institution der Nachkriegszeit am 14. September 1955. (Quelle: ÖNB)

Die Vorstellung von den USA als »Land der unbegrenzten Möglichkeiten« wurde durch die – vor allem im Vergleich zum Nachkriegsösterreich besonders augenscheinliche – materielle Fülle, mit der die amerikanischen Alliierten ausgestatten waren, weiter verstärkt. Die US-amerikanischen Soldaten verkörperten einen Lebensstil, der von vielen jungen Menschen ersehnt wurde. Außerdem vermittelten sie ein Männlichkeitsbild, das jenem aus der Zeit des Nationalsozialismus diametral gegenüberstand. Eine Zeitzeugin, die bei Kriegsende 14 Jahre alt war, erinnert sich so daran:

> »Sie haben etwas Leichtes, Fröhliches gehabt, schon vom Gang her. Sie haben auch andere Schuhe gehabt wie unsere Soldaten, viel leichtere. Ja, sie haben etwas Heiteres und eine gewisse Naivität ausgestrahlt – im Gegensatz zur Schwere unserer Leute. Die sind gerade aus dem Krieg zurückgekommen, abgemagert, fertig. Und die anderen waren – trotzdem sie Militär waren – fast bubenhaft.« (zit. n. Bauer 2000: 263)

Abgesehen von den vorurteilsbehafteten wie idealisierenden Vorstellungen und Bildern über Frankreich, Großbritannien, die Sowjetunion und die USA war die Wahrnehmung der vier Besatzungsmächte auch davon mitbestimmt, wie sehr sie die unter Hunger und Mangel leidende Bevölkerung unterstützen konnten. Vor allem die US-Amerikaner blieben diesbezüglich in guter Erinnerung. In Frankreich und in der Sowjetunion hingegen litt die Bevölkerung nach den langen Kriegsjahren selbst unter Zerstörung und Mangel. Somit standen in deutlich geringerem Ausmaß Ressourcen zur Linderung der Not in Österreich zur Verfügung.

Nicht nur in der Nachkriegszeit, sondern auch noch Jahrzehnte später gab es unterschiedliche Einstellungen gegenüber den Angehörigen der Alliierten und Einschätzungen dieser Zeit. Ingrid Bauer befragte Zeitzeug:innen zu ihrer Wahrnehmung der amerikanischen Soldaten und ob sie diese eher als *Besatzer*, als *Befreier* oder als *Sieger* erlebt hatten. Einig waren sich alle Befragten in ihrer Erleichterung über das Ende des Zweiten Weltkrieges. Die allermeisten waren nach den mehr als fünfeinhalb Jahren auf die eine oder andere Weise schlichtweg »kriegsmüde«. Deutlich kleiner waren die zwei Gruppen an den beiden Enden des Spektrums: Da gab es jene, die sich nicht nur ein Ende der Kriegshandlungen, sondern einen Frieden mit veränderten politischen Perspektiven erhofft hatten. Sie erlebten den Einmarsch und die Anwesenheit der alliierten Truppen tatsächlich als Befreiung. Endlich habe es wieder Vielfalt gegeben, so eine Zeitzeugin. Unter den vier Besatzungsmächten standen vor allem die Amerikaner für die Möglichkeit eines »besseren Lebens jenseits autoritärer Strukturen« (Bauer 1998: 74) und für einen großen Schritt in Richtung Demokratisierung. Ganz anders war die Stimmung bei einem anderen Teil der Bevölkerung, nämlich bei jenen »›Enttäuschten‹, für die das Kriegsende gleichzeitig das demütigende Ende ›ihrer‹ nationalsozialistischen Welt bedeutete.« (ebd.: 67) Die gegnerische Partei als Sieger wahrzunehmen bedeutet nämlich auch, sich selbst zu den Besiegten zu zählen. Vor allem für diejenigen, die sich der Fantasie hingegeben hatten, Teil des überlegenen deutschen Volkes zu sein, führte das zu einer Erschütterung ihres Selbstbildes, die erst verkraftet werden musste.

Während der Großteil der Menschen eine mehr oder weniger neutrale Einstellung gegenüber den Alliierten als Besatzer hatte, beharrte ein Teil der Bevölkerung auch längere Zeit nach dem Ende des Krieges darauf, die amerikanischen, sowjetischen, französischen und britischen Soldaten vornehmlich als Feinde zu sehen. Aber selbst tendenziell positive Einstellungen änderten sich oft rasch, wenn Frauen Beziehungen mit Angehörigen der Alliierten eingingen.

Verbotene und ersehnte Kontakte

Allein aufgrund der hohen Anzahl alliierter Soldaten, die sich im Frühjahr und Sommer 1945 im Land aufhielten, ergaben sich unweigerlich viele Berührungspunkte im Alltag. Unmittelbar nach Kriegsende befanden sich in Österreich rund 700 000 Besatzungssoldaten, allerdings regional sehr unterschiedlich verteilt. 400 000 gehörten den sowjetischen Truppen an, in Ostösterreich war die Präsenz der Soldaten also besonders spürbar (Stelzl-Marx 2015: 104). Ebenso im westlichsten Bundesland Vorarlberg, wo sich im selben Zeitraum zwischen 22 000 und 30 000 französische Soldaten aufhielten. In dem bevölkerungsmäßig kleinen Bundesland pendelte das Verhältnis von Besatzung zu Einwohner:innen zwischen 1 zu 5 und 1 zu 7 (Huber 2015: 358). Schon in den ersten Nachkriegsmonaten wurde die Anzahl der stationierten Soldaten nahezu halbiert: Laut Schätzungen sollen im Herbst 1945 zwischen 180 000 und 200 000 russische, 75 000 britische, 70 000 amerikanische und 40 000 französische Soldaten in Österreich stationiert gewesen sein (Stelzl-Marx 2015: 104f.).

Für die amerikanischen und die britischen Truppenangehörigen galt in Österreich zunächst ein Fraternisierungsverbot. Das bedeutet, dass den Soldaten aus Vorsichts- und Sicherheitsgründen freundschaftliche Kontakte zur lokalen Bevölkerung untersagt waren. Die Regeln des US-amerikanischen Militärs waren hier besonders streng. Zu Beginn durften die Soldaten mit erwachsenen Österreicher:innen nicht einmal sprechen, es sei denn, dies war aufgrund ihrer Funktion und Tätigkeit nötig. Dennoch verhinderte das Fraternisierungsverbot weder freundschaftliche noch intime Kontakte und es entstanden sowohl kreative als auch heimliche Lösungen für gewünschte Zusammenkünfte. Beispielsweise galt das Fraternisierungsverbot nur für österreichische und deutsche Staatsbürger:innen. Als im Juli 1945 US-amerikanische Soldaten in Zell am See zu Festlichkeiten anlässlich ihres Nationalfeiertags Frauen einladen wollten, fanden sie eine Lösung darin, sie als *Displaced Persons** auszugeben, weil für diese kein Verbot von privaten Kontakten bestand (Beer 1997: 221). Das Fraternisierungsverbot wurde im Sommer in beiden Zonen gelockert und im September 1945 gänzlich aufgehoben (Schretter 2020: 60).

Die französische Besatzungspolitik in Österreich unterschied sich von jener in Deutschland hinsichtlich der Haltung der Franzosen, als Befreier und nicht als Sieger einmarschiert zu sein, sodass

* Als *Displaced Persons* wurden während des Zweiten Weltkrieges und in der Nachkriegszeit jene Millionen von Menschen bezeichnet, die sich kriegsbedingt außerhalb ihres Heimatstaates aufhielten. Darunter waren unter anderem Zivilpersonen, die während des Krieges zwangsweise umgesiedelt worden waren oder die vor der anrückenden Front flüchteten, aber auch befreite Kriegsgefangene und KZ-Häftlinge sowie Armeeangehörige, die sich auf dem Heimweg befanden etc.

Abb. 3: *Amerikanischer Unabhängigkeitstag.* Feierlichkeiten zu ihren Nationalfeiertagen waren wichtige Anlässe für die Angehörigen der alliierten Truppen, die sie auch fern ihrer Heimat begehen wollten – am liebsten in Begleitung. Das Bild wurde vor Beginn einer Feier im Jahr 1947 aufgenommen und zeigt amerikanische GIs und einige Frauen im Club bei der Lektüre amerikanischer Magazine. (Quelle: ÖNB)

die Gestaltung der Politik als konstruktiver und weniger repressiv eingeschätzt wird. Für Angehörige der französischen Truppen galt von Anfang an kein Fraternisierungsverbot. Österreich wurde als *pays ami*, als befreundetes Land bezeichnet (Huber 2015: 358ff.). Auch in der sowjetischen Zone galt formal kein Verbot informeller Kontakte zur einheimischen Bevölkerung. Allerdings wurden sexuelle Beziehungen zwischen sowjetischen Armeeangehörigen und nichtsowjetischen Frauen nicht gerne gesehen: sie galten als »politisch folgenschwer« (Stelzl-Marx 2015: 99). Zum einen gab es ideologische Vorbehalte, zum anderen wurden die Frauen der Spionage verdächtigt. Intime Kontakte wurden daher aus militärischer Sicht als Risiko eingeschätzt. Dennoch wurden sie mehr oder weniger geduldet, solange sie diskret und unauffällig blieben. Das war häufig der Fall, denn auch in der österreichischen Bevölkerung waren

Liebesbeziehungen zu sowjetischen Soldaten tabuisiert und wurden oft verheimlicht, manchmal sogar vor der eigenen Familie. Sobald sie aber »offizieller« wurden und insbesondere bei Bekanntwerden einer Schwangerschaft, kam es unmittelbar zum Abbruch der Beziehung durch eine Versetzung oder Abberufung des betroffenen Soldaten. Manche Zeitzeuginnen berichten, dass sie sich nicht einmal von ihrem Partner verabschieden konnten (ebd.: 99ff.).

Im Gegensatz zu den anderen Besatzungszonen blieben Eheschließungen zwischen sowjetischen Armeeangehörigen und Österreicherinnen bis Herbst 1953 gänzlich verboten. Danach waren sie nur in Ausnahmefällen für Offiziere und langgediente Unteroffiziere möglich, wurden aber durch Beratungen hinsichtlich ihrer »Unzweckmäßigkeit« zu verhindern versucht (Stelzl-Marx 2015: 98). In der amerikanischen und der britischen Zone wurde das Eheverbot Anfang bzw. Mitte 1946 aufgehoben. Wünschte ein binationales Paar eine Hochzeit, so blieb das mit hohem bürokratischen Aufwand verbunden. Die Regularien des amerikanischen Militärs sahen eine 90-tägige Wartefrist vor und es bedurfte einer »strengen Kontrolle« samt Beibringung moralischer und polizeilicher Führungszeugnisse. Wenn die Braut oder ihre Familie als »politisch bedenklich« im Sinne einer nationalsozialistischen Betätigung erachtet wurden, erfolgte keine Genehmigung der Eheschließung (Maltschnig 2015: 225ff.). Auch eine Hochzeit mit einem britischen Soldaten musste bewilligt werden. Im Juli 1946 lagen bereits an die 2 000 Heiratsansuchen vor, die Zahl der tatsächlichen Eheschließungen ist jedoch nicht bekannt (Schmidlechner 2015: 243f.). In der französischen Zone waren Ehen mit Armeeangehörigen möglich und fanden auch statt. Beispielsweise waren in Vorarlberg 1946 und 1947 rund drei Prozent aller Eheschließungen Hochzeiten zwischen Österreicherinnen und Franzosen (in absoluten Zahlen 41 im Jahr 1946 und 52 im Folgejahr). Für Tirol sind keine Zahlen bekannt, in der Landeshauptstadt Innsbruck lag der Anteil 1946 ebenfalls bei rund drei Prozent aller Hochzeiten. Er sank in den 1950ern, was vermutlich mit der zurückgehenden Zahl der vor Ort stationierten französischen Armeeangehörigen zusammenhing (Eisterer 1997: 6 112). Viel höher lag im Vergleich der Anteil in der Stadt Salzburg, die in der amerikanischen Zone lag: Von

Abb. 4: *Englische Hochzeit im Winter 1946/47*. Es gibt Schätzungen, die von einigen tausend Eheschließungen zwischen britischen Armeeangehörigen und Österreicherinnen im Zeitraum von 1946 bis 1955 ausgehen. Immer wieder zogen englisch-österreichische Hochzeiten mediales Interesse auf sich. Über eine »Englische Hochzeit in Graz« mit zahlreichen Hochzeitsgästen, unter anderem dem Landeshauptmannstellvertreter, berichtete etwa am 13. Oktober 1946 die Neue Zeit. Das Steirerblatt veröffentlichte zwei Tage danach einen Artikel mit dem Titel: »George verlor sein Herz in [der] Steiermark«. Man erfährt, dass sowohl die Eltern des jungen Briten als auch seine sieben Geschwister mit seiner Wahl einverstanden waren und ein »rührendes Glückwunschtelegramm« gesendet hatten. (Quelle: Joanneum Graz)

allen österreichischen Frauen, die hier im Jahrzehnt 1946 bis 1955 heirateten, schloss jede zehnte ihre Ehe mit einem US-amerikanischen Soldaten (Bauer 1996: 148). Nicht selten war eine bestehende Schwangerschaft der Grund für den Wunsch zu heiraten. Wurden Eheschließungen genehmigt, dann folgten die Frauen meistens ihren Partnern, wenn diese in die Heimat zurückkehrten. Nur selten verblieben die Paare in Österreich.

Kinder alliierter Soldaten erblicken das Licht der Welt

Schon gegen Ende des Jahres 1945 kamen die ersten Kinder österreichischer Frauen und alliierter Soldaten zur Welt. Heute ist der Begriff Besatzungskinder üblich, in der Nachkriegszeit war »Soldatenkinder« eine geläufige Bezeichnung für sie. Die zeitgenössischen Sichtweisen auf diese Gruppe von Kindern waren oftmals von moralischen, ideologischen und rassistischen Vorbehalten geprägt. Nahezu alle Kinder alliierter Soldaten, die in Österreich aufwuchsen, waren ledige Kinder und trugen das Stigma der unehelichen Geburt. Äußerst selten verblieben ihre Väter dauerhaft in Österreich.* In Familien und im sozialen Umfeld, zum Beispiel am Wohnort und in der Schule, ergab sich eine komplexe Situation zwischen Tabuisierung der Herkunft und Stigmatisierung sowie Ausgrenzung. Manchen Kindern und Jugendlichen wurde wenig oder gar nichts über ihre Väter erzählt oder sie hielten beispielsweise den neuen Partner der Mutter für ihren leiblichen Vater, während Menschen aus dem Umfeld häufig genauer Bescheid wussten als sie selbst.

Der Blick von Seiten der zuständigen Behörden war überwiegend problemorientiert. Aus Perspektive der Jugendfürsorge wurde vorwiegend die finanzielle Last beklagt, die der Staat für die ledigen Kinder zu tragen hatte, vor allem, wenn diese in Pflegefamilien oder Kinderheimen aufwuchsen. Die Situation alleinstehender Mütter so genannter Besatzungskinder wurde zwar durchaus auf politischer Ebene besprochen, staatliche Unterstützung bekamen alleinerziehende Frauen jedoch in der Nachkriegszeit nahezu

* Barbara Stelzl-Marx beschreibt einige wenige Fälle, in denen sowjetische Soldaten desertierten, um in Österreich bleiben zu können (2015: 98).

keine. So merkte etwa die SPÖ-Abgeordnete Adele Obermayr in einer Bundesratssitzung an, dass »außereheliche Kinder [...] sehr häufig die Leid tragenden [sind], wenn sich die Väter irgendwo ins Ausland versetzen«, wie das etwa bei Kindern alliierter Soldaten der Fall gewesen war:

> »Die verschiedenen Besatzungsmitglieder, ganz gleich, ob das Franzosen oder Russen oder welcher Nationalität immer waren, haben auch außereheliche Kinder zurückgelassen. [...] Die Opfer waren immer die Mütter, die dann weitersorgen haben müssen, um für den Lebensunterhalt der Kinder, für die dann keine Väter da waren, aufzukommen.« (Stenografische Protokolle des Bundesrates 1960: 3761)

Waren Beziehungen zwischen Soldaten und österreichischen Frauen von Seiten der Besatzung zwar geduldet, so wurde es dennoch nicht gerne gesehen, wenn diese offen gelebt oder dauerhafte Partnerschaften angestrebt wurden. Wie beschrieben war der Aufwand, der für die Genehmigung einer Heirat betrieben werden musste, hoch und dazugehörige Beratungsgespräche eher darauf angelegt, den jungen Männern und Frauen von einer ehelichen Verbindung abzuraten. Wurde eine Schwangerschaft bekannt, dann war es eine besonders häufige Reaktion der Militärverwaltung, die werdenden Väter zu versetzen oder in ihr Heimatland zurückzubeordern. Die Alliierten wollten sich und ihre Soldaten vor finanziellen Forderungen schützen und gaben daher selten Auskünfte zu den Männern, die als Väter angegeben wurden, sowie zu ihrem Verbleib.

Es gab zwar keine grundsätzliche oder systematische Unterstützung für Frauen, die aus intimen Kontakten mit Besatzungssoldaten schwanger wurden, aber dennoch das eine oder andere Hilfsangebot. Zum Beispiel in Vorarlberg: Dort hatte die Militäradministration für Frauen, die ein Kind von einem Angehörigen der französischen Truppen erwarteten, die Möglichkeit zu einer unkomplizierten Entbindung im Kloster Riedenburg in Bregenz geschaffen. Sie stellte den Müttern eine Säuglingsausstattung zur Verfügung oder unterstützte die Abwicklung einer Adoption nach Frankreich, sofern die Frauen für ihr Kind nicht selbst sorgen konnten oder wollten (Huber 2015: 358f., 366f.).* Für die amerikanische Besatzungszone ist bekannt, dass rund 20 Prozent der Väter nach ihrer Rückkehr in die USA zumindest eine Zeit lang auf freiwilliger Basis Alimentezahlungen leistete (Bauer 1998: 241). Auch in Großbritannien gab es ein Bewusstsein für die oft finanziell schwierige Lebenssituation der österreichischen Kinder britischer Soldaten. Ein Verein, der *National Council for the Unmarried Mother and her Child*, setzte sich für ihre Belange ein und versuchte, Väter auszuforschen und sie zu finanziellen Unterstützungsleistungen zu bewegen. Meist jedoch leider ohne Erfolg (Schmidlechner 2015: 248ff.).

Schon in der Nachkriegszeit gab es gelegentlich Erhebungen der Anzahl an Kindern mit Vätern, die den Alliierten angehörten. Die zeitgenössischen Angaben sind allerdings fragmentarisch, d. h. meistens sowohl regional als auch zeitlich eingeschränkt, zudem sind sie widersprüchlich. So gab es etwa aus dem Jahr 1955 die Schätzung, dass in Österreich 1000 Kinder britischer Soldaten heranwuchsen, über 200 davon in Graz. Zu einem späteren Zeitpunkt wurde jedoch von mindestens 1000 ledig geborenen britischen Besatzungskindern allein in Kärnten ausgegangen. Auch für andere Regionen sind die Angaben sehr uneinheitlich, häufig waren die festgehaltenen Zahlen deutlich zu niedrig. Das ist wenig verwunderlich, denn die Sorge vor Stigmatisierung dürfte wohl nicht wenige Mütter dazu bewegt haben, nicht anzugeben, dass der Vater ihres Kindes ein alliierter Soldat war (Stelzl-Marx 2015: 105). Obwohl es

* In Deutschland zeichnete sich die französische Besatzungsmacht dadurch aus, dass sie ein politisches Interesse an den von französischen Truppenangehörigen gezeugten Kindern entwickelte. Seit Dezember 1945 waren alle Kinder mit mutmaßlichen französischen Vätern zu melden. Ziel war die sogenannte Repatriierung dieser Kinder – also die Vergabe der französischen Staatsbürgerschaft und die Adoption durch französische Familien –, um den Bevölkerungsverlust im Zweiten Weltkrieg teilweise auszugleichen. Rund 17000 Kinder wurden so erfasst, eine Adoption nach Frankreich fand vermutlich bei rund 1500 Kindern statt (Gries 2015: 382ff.). Das ist ein Beispiel dafür, dass *Kinder des Krieges* zu Objekten politischer Interessen werden können und bei Entscheidungen über sie nicht immer das Kindeswohl im Zentrum steht (ebd.; Lee 2017: 83ff.).

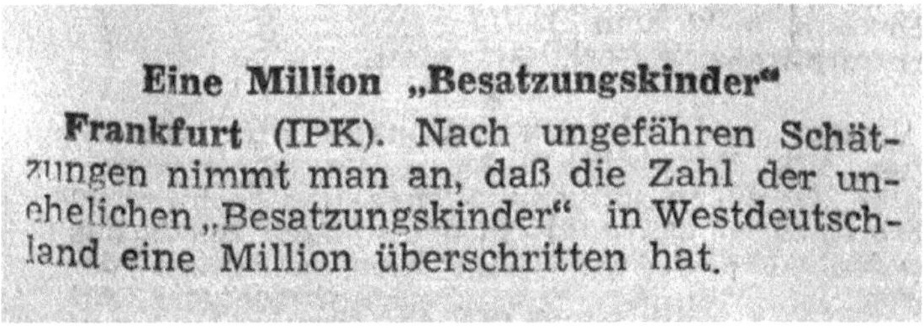

Eine Million „Besatzungskinder“

Frankfurt (IPK). Nach ungefähren Schätzungen nimmt man an, daß die Zahl der unehelichen „Besatzungskinder“ in Westdeutschland eine Million überschritten hat.

Abb. 5: *Eine Million Besatzungskinder.* In der Rubrik »Nachrichten ohne Politik« der Salzburger Volkszeitung erschien diese Nachricht über Kinder alliierter Soldaten in Deutschland zwischen Meldungen über die bürgerkriegs- und naturkatastrophenbedingte Obdachlosigkeit eines Achtels der Bevölkerung in China, über Krokodile im italienischen Fluss Po und einen neuen Rekord im Fallschirmspringen aus geringster Höhe (nämlich aus einem Flugzeug, das sich nur 63 Meter über dem Erdboden befand). Üblicherweise wurde ihre Zahl unterschätzt, hier dürfte es sich nach derzeitigen Erkenntnissen um eine deutliche Überschätzung handeln. (Quelle: Salzburger Volkszeitung)

zumindest ein gewisses Bewusstsein über diese Gruppe von Kindern und die Besonderheit ihrer Lebenssituation gab, blieb die öffentliche und wissenschaftliche Aufmerksamkeit bis zumindest in die 1990er Jahre gering.

Kinder alliierter Soldaten: Wege zu Erinnerungen und Wissen

In der Einleitung ihres Sammelbandes *Kinder des Zweiten Weltkrieges* schreiben Elke Kleinau und Ingvill C. Mochmann über die Kinder, die von alliierten Soldaten in Deutschland und Österreich, aber auch von Wehrmachtssoldaten in vielen europäischen Ländern gezeugt wurden: »[N]och immer gibt es Bevölkerungsgruppen, die als sogenannte ›Kollateralschäden‹ des Krieges aus dem kollektiven Gedächtnis der Nationen schlichtweg herausfallen« (2016: 13). Parallel zu dieser Nicht-Beachtung ihrer Existenz und ihrer Lebenssituation durch Gesellschaft, Medien, Politik und Wissenschaften, haben die Kinder alliierter Soldaten auch innerhalb der Familien die Erfahrung gemacht, dass ihre Herkunft ein Thema war, über das mehr geschwiegen als gesprochen wurde.

Dass die Auseinandersetzung mit Kindern alliierter Soldaten in der Geschichtsschreibung erst spät begann, hat mehrere Gründe. Geschichte ist kein bloßes Abbild von Geschehnissen in der Vergangenheit. Was als die Geschichte einer Region oder eines Staates tradiert wird, hat nicht nur damit zu tun, was tatsächlich geschah, sondern viel mehr damit, was als bedeutungsvoll und erinnerungswürdig gilt. Lange Zeit wurde als tragendes Element der Geschichtsschreibung (nahezu) ausschließlich die politische Historie erachtet. So erschien Geschichte – auch aufgrund des Ausschlusses von Frauen aus der Sphäre der Öffentlichkeit und der politischen Mitbestimmung – als eine Abfolge »großer« Taten von »großen« Männern. Die Geschichte Österreichs las sich überwiegend als die Geschichte einer weißen, männlichen Elite. Frauen und mit ihnen die Kinder wurden der Sphäre des Privaten zugeordnet, die bis weit in die zweite Hälfte des 20. Jahrhunderts weder politisch noch historisch als bedeutend erachtet wurde. Historische Werke waren lange Zeit Texte, »die auf der einen Seite die Frauen ignorieren und auf der anderen Seite vorgeben, eine allgemeingültige Erzählung der Geschichte zu liefern« (Pomata 1991: 31). Ignoriert wurden neben den Frauen eine Reihe anderer marginalisierter Bevölkerungsgruppen sowie Kinder im Allgemeinen. Ein Grund dafür liegt auch darin, dass bis ins spätere 20. Jahrhundert die Geschichtswissenschaften männlich dominiert waren: Themen der Geschichtsschreibung waren jene, die von bürgerlichen Männern als relevant erklärt wurden.

Ein Paradigmenwechsel in den Wissenschaften trug dazu bei, dass im ausgehenden 20. Jahrhundert erste Auseinandersetzungen mit der Gruppe der Kinder von Besatzungssoldaten möglich wurden. Es entstanden neue Forschungsrichtungen wie Sozialgeschichte, Frauenforschung, Frauengeschichte sowie Alltagsgeschichte. Sie alle führten zur Erkenntnis, dass auch vermeintlich partikulare Phänomene von Bedeutung für ein umfassendes Verständnis historischer Epochen sein können. Zudem stehen die unterschiedlichen gesellschaftlichen Ebenen, auf denen sich historische Transformationsprozesse vollziehen, miteinander in vielfältigen Verbindungen und beeinflussen einander auf oft komplexe Art und Weise. Bedeutend war aber auch die zunehmende Neubewertung der Vergangenheit, mit der die Verstrickungen Österreichs im Nationalsozialismus anerkannt wurden. Das führte zu einer veränderten Wahrnehmung der Alliierten, die nicht mehr ausschließlich als Besatzer gesehen wurden, aufgrund derer Österreich die Souveränität als Staat versagt blieb, sondern auch als Befreier von der Diktatur und dem Nationalsozialismus. So entstand langsam ein Interesse daran, wie Menschen sowohl die nationalsozialistische Herrschaft als auch die Nachkriegszeit unter alliierter Besatzung erlebt hatten und wie sich die jeweiligen politischen Verhältnisse auf den Alltag und die materielle Kultur auswirkten. Die Gruppe der Kinder von Besatzungssoldaten tauchte daher auch erstmals in wissenschaftlichen Studien zu den Lebensrealitäten von Frauen in der Nachkriegszeit auf.

Es gibt noch weitere Gründe dafür, warum es lange Zeit wenig Auseinandersetzung mit den Erfahrungen der Nachkommen alliierter Soldaten und wenig Wissen über ihre Situation gab. Kinder von Besatzungssoldaten können als so genannte *hidden population* bezeichnet werden, also eine versteckte Bevölkerungsgruppe. Das bedeutet, dass Personen, die dieser Gruppe angehören, aus mehreren Gründen nicht leicht auffindbar und erreichbar sind. Im Gegensatz zu anderen Personengruppen ist es kaum möglich zu wissen, wer dazu gehört. Daher gibt es keine einfache Möglichkeit, Kontakt mit Gruppenmitgliedern aufzunehmen. Oftmals zeichnet eine *hidden population* zudem aus, dass die Zugehörigkeit negativ bewertet wird. Viele Kinder von Besatzungssoldaten haben das von klein auf am eigenen Leib erfahren und daher in ihrem späteren Leben häufig gar nicht oder nur wenig über ihre Herkunft gesprochen. Oder sie haben selbst erst spät, manche vielleicht sogar nie erfahren, wer ihr leiblicher Vater war.

Eine zusätzliche Herausforderung liegt darin, dass es nur wenige historische Quellen über Kinder von alliierten Soldaten in Österreich gibt und manche davon sehr schwer auffindbar sind. In der Nachkriegszeit war das öffentliche und wissenschaftliche Interesse an dieser Gruppe von Kindern eher gering, dementsprechend entstanden wenige schriftliche Aufzeichnungen. Zudem können zeitgenössische Dokumente, sofern es sie gibt, nur dann in Archiven gefunden werden, wenn sie entsprechend beschlagwortet sind. Und das ist nicht immer der Fall. Über viele Kinder von Besatzungssoldaten wurden Jugendfürsorge- und Gerichtsakten angelegt, weil sie als ledige Kinder unter der Vormundschaft der Jugendämter standen. Aber auch diese sind nicht leicht auffindbar: Erstens wurden nicht alle dieser Fallakten an Archive abgeliefert. Zweitens müsste eine enorme Menge an Akten gesichtet werden, denn im Verhältnis zu allen unehelich zur Welt gekommenen Kindern ist die Gruppe der Besatzungskinder klein. Drittens ist es gut möglich, dass viele in den Akten gar nicht als Nachkommen alliierter Soldaten sichtbar sind, zum Beispiel weil ihre Mütter aus Sorge vor negativen Reaktionen den Vater ihres Kindes nicht bekannt gaben. Besonders wichtig sind daher mündliche Überlieferungen, die Erzählungen von Zeitzeug:innen. Sie allein bieten einen Zugang zu einer Vergangenheit, die nicht schriftlich festgehalten wurde.

Neue Aufmerksamkeiten in Wissenschaft und Medien

In Österreich waren es vor allem Wissenschaftler:innen aus der seit den 1970ern und vor allem seit den 1980ern neu entstehenden Frauenforschung und Frauengeschichte, die im Zuge von Studien zum Alltag und dem Erleben der Nachkriegszeit auf die Beziehungen zwischen Frauen und Besatzungssoldaten und den daraus entstandenen Kindern aufmerksam wurden. Dazu zählt beispielsweise die Initiatorin der Steirischen Frauengeschichte Karin Maria Schmidlechner-Lienhart mit ihrer 1994 veröffentlichten Habilitationsschrift *Frauenleben in Männerwelten. Ein Beitrag zur Geschichte der steirischen Frauen in der Nachkriegszeit (1945–1951)*. In Salzburg befasste sich die Historikerin Ingrid Bauer im Rahmen eines Oral History Projekts zur amerikanischen Besatzung auch mit den Erfahrungen der Kinder von Besatzungssoldaten. Sie widmete ihnen ein Kapitel in dem 1998 erschienenen Buch *Welcome Ami Go Home. Die amerikanische Besatzung in Salzburg 1945–1955.** Ohne die Stim-

* Karin Maria Schmidlechner-Lienhart und Ingrid Bauer stehen hier exemplarisch für eine Reihe von Wissenschaftler:innen, die über die Auseinandersetzung mit den Erfahrungen von Frauen in der Nachkriegszeit oder über sozial- und alltagsgeschichtliche Forschungen zur Besatzungszeit die Situation der Besatzungskinder bzw. *Kinder des Krieges* in Österreich zu erforschen begannen. Zu den frühen Auseinandersetzungen

men der Kinder alliierter Soldaten und denen ihrer Mütter wären diese frühen Forschungen in dieser Form nicht möglich gewesen.

Ebenfalls in der zweiten Hälfte der 1990er Jahre kam es zu ersten Medienberichten über die Lebensgeschichten von Kindern alliierter Soldaten in Österreich und ihre meist schwierige Suche nach dem unbekannten Vater. Beides trug zum »Aufbrechen jenes Schweigens, das lange zu diesem tabuisierten Thema gehörte sowie [zur] Neubewertung der damit verbundenen Herkunfts- und Lebensgeschichten [bei]: sowohl in der öffentlichen Wahrnehmung als auch durch die Betroffenen selbst«, beschreibt Ingrid Bauer (2015: 183) im Rückblick die Anfänge der Auseinandersetzung mit den Nachkommen alliierter Soldaten in Österreich. Dieser Prozess kam durch unterschiedliche Initiativen der vergangenen 20 bis 25 Jahre in Gang und dauert meiner Wahrnehmung nach bis in die Gegenwart an.

Um 2005, vor allem aber ab 2015, als sich das Ende des Zweiten Weltkriegs zum 60. bzw. zum 70. Mal jährte, ist ein Erstarken der öffentlichen, aber auch der wissenschaftlichen Aufmerksamkeit zu beobachten. Nur auf einige der Ereignisse und Veröffentlichungen der vergangenen rund 15 Jahre möchte ich an dieser Stelle hinweisen. Mit der sowjetischen Besatzung in Österreich und damit auch mit den Kindern, die sowohl in Liebesbeziehungen als auch nach Vergewaltigungen durch sowjetische Soldaten zur Welt kamen, beschäftigte sich die Historikerin Barbara Stelzl-Marx (2012: insb. 466–558). Mittlerweile leitet sie das *Ludwig Boltzmann Institut für Kriegsfolgenforschung* in Graz, bei dem das Thema *Kinder des Krieges* eine der vier Programmlinien im Bereich der Forschung darstellt. 2012 organisierte sie gemeinsam mit der Historikerin Silke Satjukow eine Tagung in Wien, die für die Vernetzung im deutschsprachigen Raum sehr wichtig war und aus der der Sammelband *Besatzungskinder. Die Nachkommen alliierter Soldaten in Österreich und Deutschland* (Stelzl-Marx/Satjukow 2015) hervorging. Der Band enthält sowohl Beiträge von Wissenschaftler:innen aus der Geschichte, Pädagogik, Soziologie und der Psychologie als auch

damit gehören auch einige nicht veröffentlichte Diplomarbeiten und Dissertationen.

Abb. 6: *Im Prater.* Auch der Wiener Wurstelprater war während des Krieges durch Bombentreffer, das Anlegen von Schützengräben und schließlich einen Brand im April 1945 nahezu vollständig zerstört worden. Die Wiederaufbauarbeiten wurden vor allem durch Privatinitiativen vorangetrieben, sodass die Attraktionen des beliebten Vergnügungsparks ab 1946 nach und nach wieder in Betrieb genommen werden konnten. Das Bild aus dem Jahr 1947 zeigt einen amerikanischen Soldaten und eine Wienerin im Kettenkarussell. (Quelle: ÖNB)

insgesamt 13 autobiografische Texte. Erstmals gibt er einen Überblick über die Lebenssituation der nach dem Zweiten Weltkrieg geborenen Kinder alliierter Soldaten in Deutschland und Österreich.

Aus dem Forschungsprojekt *Lost in Administration. Black-Austrian GI Children* an der Universität Salzburg ging die Ausstellung *SchwarzÖsterreich. Die Kinder afroamerikanischer Besatzungssoldaten* hervor, die 2016 erstmals die vergessene Geschichte dieser ersten Generation von *Schwarzen* Österreichern und Österreicherinnen thematisierte und im Volkskundemuseum in Wien zu sehen war (Ausstellungskatalog: Wahl/Rohrbach/Adler 2016). Und auch einige Betroffene wurden selbst aktiv und verfassten autobiografische Bücher oder veröffentlichten Sammlungen selbstgeschriebener Berichte und Erzählungen über ihre Erfahrungen und ihre teilweise jahrzehntelangen Suchen nach ihren Vätern. Außerdem wurden Lebensgeschichten von Besatzungskindern immer wieder in Nachrichten, Reportagen, Fernsehserien oder auch Talkshows aufgegriffen.* Alle diese unterschiedlichen Initiativen aus Forschung, Medien und von einigen tatkräftigen Nachkommen alliierter Soldaten tragen dazu bei, den Rahmen für das Erinnern und Erzählen dieser Geschichten zu schaffen.

Kinder des Krieges: ein neues internationales Forschungsfeld

Die Forschungen zu Kindern von alliierten Soldaten sind Teil eines relativ jungen Forschungsfeldes: Aus dem Jahr 2006 stammt der Vorschlag, die auch international noch vereinzelten Forschungsbemühungen zu bündeln und unter dem Schlagwort *children born of war* zu einem Forschungsfeld zusammenzuführen (Mochmann 2006). Im englischsprachigen Diskurs hat sich *children born of war* mittlerweile als gebräuchlichste und übergeordnete Bezeichnung durchgesetzt. Auf Deutsch wird die Formulierung *Kinder des Krieges* verwendet.** Eine direktere Übersetzung könnte *aus*

* Hinweise auf einige davon sind im Anhang zu finden.

** Nicht zu verwechseln mit der Bezeichnung *Kriegskinder*: Zu den Kriegskindern werden üblicherweise alle Geburtsjahrgänge zwischen 1930 und 1945 gerechnet – also die Menschen, die als Kinder den Krieg selbst erlebten bzw. in ihn hineingeboren wurden.

dem Krieg geborene oder *vom Krieg hervorgebrachte Kinder* lauten. Damit würde dem Umstand viel deutlicher Rechnung getragen, dass Kriege bzw. Nachkriegszeiten die gesellschaftlichen Zustände sind, die die Zeugung und Geburt dieser Kinder überhaupt erst möglich machen: Es sind Situationen, in denen Soldaten einer anderen (Konflikt-)Partei auf die vor Ort lebende Bevölkerung treffen und sich unterschiedliche Formen intimer Kontakte ergeben können. Oft haben die Angehörigen feindlicher Truppen oder Kampfeinheiten eine andere Staatsangehörigkeit, aber nicht immer. Es können ebenso verfeindete Parteien in einem Bürgerkrieg oder in bewaffneten Konflikten innerhalb eines Staates sein, die sich etwa in ihrer ethnischen, nationalen oder religiösen Zugehörigkeit beziehungsweise in ihrer politischen Einstellung unterscheiden.

Zu den *Kindern des Krieges* werden meistens vier verschiedene Gruppen gezählt: Zunächst gehören dazu Kinder, die während bewaffneter Konflikte aus sexuellen Kontakten zwischen einheimischen Frauen und feindlichen Soldaten entstehen. Die zweite Gruppe sind Kinder von ortsansässigen Frauen und Angehörigen einer Besatzung, also jenen Militärangehörigen, die das besetzte Gebiet sichern und verwalten. Als dritte Gruppe werden die Kinder von Kindersoldat:innen zu den *Kindern des Krieges* gezählt. Vor allem in jüngeren bewaffneten Konflikten kam es immer wieder zu Rekrutierungen aber auch Entführungen von Mädchen und jungen Frauen. Viele waren damit konfrontiert, dass von ihnen auch sexuelle Dienste erwartet wurden, oder sie wurden gefangen gehalten, mit Kämpfern oder ranghöheren Armee- oder Rebellentruppenangehörigen zwangsverheiratet oder von diesen sexuell ausgebeutet. Schließlich werden viertens auch Kinder dazugerechnet, deren Väter Angehörige von UN-Friedenstruppen sind, die während ihrer Mission Beziehungen oder sexuelle Kontakte zu Frauen vor Ort haben (Lee/Mochmann 2015: 18f.). Bezogen auf den Zweiten Weltkrieg könnte erwogen werden, ob Kinder von Kriegsgefangenen sowie von aus anderen Ländern in das Deutsche Reich verschleppten Zwangsarbeiter:innen ebenfalls zur Gruppe der *Kinder des Krieges* gezählt werden sollen. Auch ihr Entstehen verdankte sich ursächlich dem Krieg und in vielerlei Hinsicht fanden sie sich in ähnlichen sozialen Situationen wieder wie etwa Kinder von Wehrmachtssoldaten oder alliierten Soldaten.

Die Beziehungen und sexuellen Kontakte, in denen *Kinder des Krieges* gezeugt werden, unterscheiden sich im Grad ihrer Freiwilligkeit und Einvernehmlichkeit. Entgegen der Vorstellung, dass es sich überwiegend um gewaltvolle oder erzwungene Sexualkontakte handelt, weist Sabine Lee (2017: 28) darauf hin, dass selbst in den brutalsten Konflikten Liebesbeziehungen zwischen feindlichen Armeeangehörigen und Angehörigen der lokalen Bevölkerung entstehen können. Häufiger ist das der Fall in besetzten Gebieten und in Einsatzgebieten von Friedenstruppen und wenn – zumindest vordergründig – kein feindliches Verhältnis zwischen Truppenangehörigen und Bevölkerung herrscht. Vor allem wenn Soldaten für längere Zeit vor Ort sind, ergeben sich sowohl im Rahmen der Berufsausübung als auch privat vielfältige Möglichkeiten des Kontakts mit der Wohnbevölkerung als Grundlage von manchmal auch länger andauernden Liebesbeziehungen bis hin zu Eheschließungen. In anderen Fällen entstehen einvernehmliche sexuelle Kontakte aus beidseitiger Anziehung oder Zuneigung, ohne dass sich daraus eine kürzere oder längere Beziehung entwickelt.

Die Grenze zwischen Freiwilligkeit und Zwang kann jedoch aufgrund der unsicheren, prekären und oft auch gefährlichen Situationen während oder nach Kriegen nicht immer eindeutig gezogen werden. In diesen durch Unsicherheit, mitunter durch unmittelbare Gefahr und materiellen Mangel geprägten Zeiten gingen manche Frauen aus Notwendigkeit Beziehungen zu Soldaten ein oder es entstanden Arrangements mit beidseitigem Nutzen. Nicht selten konnten die Frauen dadurch ihre eigene Existenz und die ihrer Familienangehörigen sicherstellen oder die Not und Knappheit ein wenig lindern. Außerdem kamen unterschiedliche Formen der Überlebensprostitution vor, also der Tausch sexueller Zuwendungen gegen notwendige Güter und Schutz, ebenso wie Sexarbeit im eigentlichen Sinne (ebd. 2017: 26ff.).

Seit jeher kommt es im Kontext bewaffneter Konflikte zu sexuellen Grenzüberschreitungen und sexueller Gewalt. Einerseits geschieht dies, weil sexuelle Gewalt gegenüber der Bevölkerung nicht verhindert wird. Innerhalb von militärischen Gruppierungen existiert mitunter die Vorstellung, dass durch die Vergewaltigung von Frauen der feindlichen Konfliktpartei die Gegner erniedrigt und bestraft werden. Gleichzeitig erachten manche Soldaten diese als eine ihnen zustehende Belohnung für den Einsatz des eigenen Lebens im siegreichen Kampf. Andererseits werden Vergewaltigungen als strategischer Teil der Kriegsführung eingesetzt, wie es beispielsweise in den vergangenen Jahrzehnten in bewaffneten Konflikten in Bosnien und im Kosovo, in Nigeria, Ruanda, Libyen und Bangladesch der Fall war.

Allerdings gibt es nicht immer einen direkten Zusammenhang zwischen den Umständen der Zeugung und den späteren Lebensumständen und Erfahrungen der Kinder. So können auf der einen Seite enttäuschte Hoffnungen und zerbrochene Träume sowie die ablehnenden Haltungen in Umfeld und Gesellschaft zu schwierigen innerfamiliären Beziehungen führen. Auf der anderen Seite gibt es Frauen, die liebevolle und zugewandte Beziehungen zu ihren Kindern entwickeln, selbst wenn diese einer Vergewaltigung entstammten. Eine Zeitzeugin erinnert sich daran, dass ihre Mutter einmal während eines Behördenganges aufgrund ihrer Erfahrung sexueller Übergriffe als »arme Frau« bezeichnet wurde. »Ich bin nicht arm. Ich bin reich: ich habe ein Kind!«, wies die Mutter diese Bemitleidung vehement zurück (Schrep 1995).

Die sich in den vergangenen Jahren durchsetzende Definition der Bevölkerungsgruppe der *children born of war* erlaubt nicht nur, die Gruppe umfassender zu bestimmen, sondern auch, den Fokus sowohl auf historisch frühere Zeiten als auch auf bewaffnete Konflikte der jüngeren Vergangenheit und der Gegenwart zu richten. Damit ist es möglich, unterschiedliche Forschungen zusammenzuführen und zu vergleichen. Beispielsweise geraten bezogen auf den Zweiten Weltkrieg neben den Kindern alliierter Soldaten in Deutschland und Österreich auch die so genannten *Wehrmachtskinder* in den Blick. Zwischen einer und zwei Millionen Kinder dürften im Zeitraum von 1939 bis 1945 in Belgien, Dänemark, Finnland, Frankreich, den Niederlanden, in Norwegen, in Polen, Rumänien, Bulgarien, Tschechien und der Slowakei, Lettland und Litauen, sowie den Gebieten des ehemaligen Jugoslawien und der ehemaligen Sowjetunion zur Welt gekommen sein, deren Väter deutsche Wehrmachtssoldaten waren. Vor allem die Geschichte jener Kinder, die von Wehrmachtssoldaten während ihres Vordringens in Richtung Osten und Südosten gezeugt wurden, ist nach wie vor fast vollständig ungeklärt (Drolshagen 2005: 9).

Eine erste Publikation, die die Situation von *Kindern des Krieges* im historischen Längsschnitt in den Blick nimmt, legte Sabine Lee, Historikerin an der Universität Birmingham, mit ihrem 2017 erschienenen Buch *Children Born of War in the Twentieth Century* vor. Ihre Untersuchung reicht vom Zweiten Weltkrieg bis ins 21. Jahrhundert. Neben den im und nach dem Zweiten Weltkrieg geborenen *Kindern des Krieges* geht es auch um die in Vietnam zur Welt gekommenen Kinder US-amerikanischer Soldaten sowie um *Kinder des Krieges* in Bosnien und in afrikanischen Konflikten der jüngeren Vergangenheit am Beispiel des Genozids in Ruanda 1994 und des Lord's Resistance Army Konflikt in Uganda 1987 bis 2006. Durch die wissenschaftliche Beschäftigung mit bewaffneten Konflikten der letzten drei Jahrzehnte kommen neue oder zuvor wenig beachtete Aspekte dazu: der genozidale Charakter einiger Konflikte, die Rekrutierung von Kindersoldat:innen (meist unter Androhung oder Anwendung von Gewalt oder durch Zwang und Entführung), die Verschleppung von Frauen und jungen Mädchen zur sexuellen Ausbeutung und der strategische Einsatz sexueller Gewalt in der Kriegsführung.

In den letzten Jahren entstanden außerdem internationale Vernetzungen sowie Initiativen, die wissenschaftliche Forschungen mit Unterstützungsmöglichkeiten für Betroffene verbinden. Mit vergangenen und gegenwärtigen Fragen sowie potenziellen zukünftigen Herausforderungen in Bezug auf *Kinder des Krieges* beschäftigten sich die Beteiligten des EU-finanzierten *Children Born of War* Netzwerkes, in dessen Rahmen 14 junge Wissenschaftler:innen an ihren Dissertationen arbeiteten (Homepage CHIBOW). Aus einem weiteren Forschungsnetzwerk, nämlich dem von der Politikwissenschaftlerin Ingvill C. Mochmann ins Leben gerufenem *International Network for Interdisciplinary Research on Children Born of War* (vgl. Homepage INIRC-CBOW) ging mittlerweile das *The Children Born of War Project* (vgl. Homepage CBOW Project) hervor. Das Projekt soll als Plattform dienen, um für *Kinder des Krie-*

Abb. 7 und 8: *Abzug der Franzosen aus Innsbruck*. Vor allem in militärisch besetzten Gebieten sind ausländische Soldaten oft langfristig stationiert, sodass sich viele Möglichkeiten zu freundschaftlichen und romantischen Kontakten zu ortsansässigen Menschen ergeben. Rund zwei Jahre vor dem Ende der Besatzungszeit wurde ein Großteil der französischen Soldaten abgezogen. Im Herbst 1954 waren in Österreich noch 542 Angehörige der französischen Truppen stationiert, davon lediglich 150 in Vorarlberg und Tirol, die übrigen in Wien. Am linken Bild holen nordafrikanische Soldaten die französische Flagge ein, oben beobachten Frauen und Kinder die Formation der französischen Gebirgsjäger vor ihren Baracken. (Quelle ÖNB)

ges international mehr Aufmerksamkeit zu erzeugen, Wissen zum Thema auf unterschiedliche und kreative Weisen zu kommunizieren und sich für die Rechte dieser Kinder einzusetzen. Es reagiert damit auf die Tatsachen, dass sich auch heute noch viele *Kinder des Krieges* in prekären Lebenssituationen befinden und unter den weit verbreiteten Vorurteilen ihnen gegenüber leiden, gleichzeitig aber kaum staatliche Unterstützung zur Bewältigung der durch ihre Herkunft bedingten Herausforderungen erhalten.

Biografische Erzählungen: Lebenserinnerungen der Nachkommen alliierter Soldaten in Österreich

Der Untertitel dieses Buches lautet »Nachkommen alliierter Soldaten erzählen«. Die hier vorgestellten Erzählungen bilden das Herzstück dieses Buches. Sie verleihen ihm Lebendigkeit und die notwendige Anschaulichkeit hinsichtlich des Zieles, Einblicke in das Leben der Kinder alliierter Soldaten zu geben und ihre Situation nachvollziehbar zu machen. Aber der Untertitel verweist auf mehr: Ohne die Bereitschaft und den Mut der Zeitzeug:innen, mir im Rahmen von lebensgeschichtlichen Interviews aus ihrer Kindheit und ihrem weiteren Leben zu erzählen, hätte ich dieses Buch nie schreiben können. Ihnen ist es zu verdanken, dass durch diese Annäherung an ihre eigenen Lebensgeschichten auch eine Annäherung an unsere gemeinsame Vergangenheit möglich wird.

Das biografisch-narrative Interview wurde in den 1970er Jahren von Fritz Schütze (1977; 1983) entwickelt. Durch eine erzählgenerierende Eröffnungsfrage wird die auskunftgebende Person zu einer spontanen, freien, autobiografischen Erzählung angeregt. Für die Studie zu den Lebensgeschichten der Kinder von Besatzungssoldaten erschien diese Vorgehensweise sowohl aus erkenntnistheoretischer als auch aus forschungsethischer Sicht geeignet. Zum einen lässt diese Interviewform »einen umfassenderen und in sich strukturierteren Zugang zur Erfahrungswelt« (Flick 2014: 227) der befragten Personen zu. Sie bietet ausreichend Offenheit für nicht bereits vorab Erwartetes und Vermutetes und macht auch nicht-explizierbares, latentes Wissen der Rekonstruktion zugänglich (vgl. Rosenthal 2008). Zum anderen wird das Leben der Interviewpartner:innen nicht darauf reduziert, dass sie als Kind eines Besatzungssoldaten zur Welt kamen. Durch den Erzählrahmen der ganzen Lebensgeschichte haben sie die Möglichkeit der eigenen Akzentsetzung und können so jene Aspekte hervorheben, die für sie selbst in Hinblick auf ihr Leben von Bedeutung sind.

In Forschungen, in denen mit biografischen Interviews gearbeitet wird, geht es aber nicht nur um die individuellen Erfahrungen von Betroffenen und um deren subjektive Deutung der eigenen Lebensgeschichte. In der Oral History wird davon ausgegangen, dass durch die Verwendung von mündlichen Quellen auch eine andere Geschichtsschreibung möglich wird, nämlich eine Geschichtsschreibung »von unten«. Anstelle der Perspektive von Herrschenden und gesellschaftlichen Eliten werden der Blickwinkel und das Erleben der Bevölkerung beziehungsweise bestimmter Bevölkerungsgruppen ins Zentrum gestellt. Dadurch können andere Fragen aufgeworfen und neue Antworten generiert werden, die die bisherige Geschichtsschreibung ergänzen, bereichern oder ihr in manchen Aspekten auch widersprechen (Obertreis 2012: 7ff.). Die Historikerin Ingrid Bauer verwendet zur Beschreibung dieses Zugangs eine Metapher aus dem Film: Aus der Totalen wird in eine Nahaufnahme hineingezoomt.

> »Mit dieser bewussten Distanzverringerung verkleinert sich zwar der Ausschnitt der beobachteten gesellschaftlichen Realität, gleichzeitig wird er aber deutlicher, nuancenreicher, detaillierter. Im Optimalfall lässt sich aus diesen differenzierten Teilstücken für manche Bereiche ein neues, anderes Gesamtbild zusammensetzen, das mehr Informationen und eine größere Tiefendimension als die bisherige ›Totale‹ enthält.« (Bauer 1998: 9)

Bei der Suche nach Personen, die sich zu einem Interview bereit erklärten, war mir Franziska Lacombe-Schuhmacher eine sehr große Unterstützung. Sie war viele Jahre ehrenamtlich für *Cœurs sans Frontières – Herzen ohne Grenzen. Deutsch-französischer Verein der Kinder des Zweiten Weltkrieges* tätig. Im Verein organisieren sich die Nachkommen von Wehrmachtssoldaten in Frankreich, von französischen Kriegsgefangenen und Zwangsarbeitern sowie von französischen Besatzungssoldaten in Deutschland und Österreich. Im Zentrum steht neben dem Erfahrungsaustausch die gegenseitige Unterstützung bei der Suche nach den Vätern und möglichen Angehörigen. Franziska Lacombe-Schuhmacher hat Betroffene teilweise jahrelang begleitet, für sie Informationen über den unbekannten Vater gefunden, Kontakte mit Angehörigen in Frankreich hergestellt, Briefe übersetzt und manchmal Reisen nach Frankreich begleitet. Insgesamt fünf Kontakte zu Töchtern und Söhnen französischer Soldaten in Tirol konnte sie mir vermitteln. Andere Interviews kamen über persönliche Verbindungen zustande und manche Zeitzeug:innen meldeten sich auch direkt bei mir, nachdem sie im Zuge der Berichterstattung über den Tiroler *Eduard-Wallnöfer-Preis für die mutigste Initiative* im Jahr 2018 über mein Projektvorhaben, das mit diesem Preis ausgezeichnet wurde, erfahren hatten.

Insgesamt führte ich im Jahr 2019 Interviews mit sieben Frauen und zwei Männern, deren Väter entweder französische oder US-amerikanische Soldaten waren. Diese Gespräche dauerten im Durchschnitt zwischen eineinhalb und zwei Stunden, in denen mir die Zeitzeug:innen von ihrer Kindheit und ihrem weiteren Leben erzählten – jeweils unter der leitenden Perspektive, dass sie als Kind eines alliierten Soldaten zur Welt kamen. Auch wenn es – zumindest zunächst – eine einmalige und kurze Begegnung war, gaben mir die Interviewpartner:innen sehr persönliche Einblicke in ihre Lebensgeschichten, in ihr Erleben und Empfinden. Die Interviews wurden in voller Länge transkribiert, also verschriftlicht, und bilden die Grundlage für die neun folgenden biografischen Erzählungen.

Keine Erzählung kann einen Menschen auch nur annähernd vollständig repräsentieren. Im Leben der Interviewpartner:innen ist natürlich sehr viel mehr Relevantes geschehen, als sie mir bei unserem Treffen erzählt haben. Allein die Tatsache, dass ich mich für die Lebensgeschichten von Kindern alliierter Soldaten interessiere, mobilisierte bei den interviewten Personen bestimmte Erinnerungen (und andere nicht) und fokussierte die biografischen Interviews auf dieses Thema hin. Das eigene Leben wurde im Licht meiner Anfrage erzählt und reflektiert, sie leitete auch beim Verfassen der Texte. Jede der hier versammelten Erzählungen zeigt auf persönliche und individuelle Weise, welche unterschiedlichen Bedeutungen es gehabt haben mag, in Österreich als Kind eines Besatzungssoldaten aufzuwachsen. Sie bleibt notwendigerweise eine bruchstückhafte, kondensierte und ein Stück weit auch fiktionale Erzählung, die versucht sich dem Erleben der Zeitzeug:innen und ihrem jeweils eigenen »wie es damals war« anzunähern und den Leser:innen ein Verstehen der besonderen Lebenssituationen von Kindern alliierter Soldaten zu ermöglichen.

Veronika: »[Meine Kinder] können das überhaupt nicht verstehen, dass das irgendwann einmal eine Schande war.«

Die Suche nach ihrem leiblichen Vater und der Wunsch, über ihre Herkunft Bescheid zu wissen, haben Veronikas Leben seit ihren Jugendjahren geprägt. Zu dieser Zeit unternahm sie die ersten Versuche, um etwas über den US-amerikanischen Soldaten herauszufinden, mit dem ihre Mutter im Frühling 1945 eine kurze Liebschaft hatte, aus der sie hervorgegangen ist. Gemeinsam mit ihrer Cousine entstand die »famose Idee«, wie Veronika schmunzelnd erzählt, einen Brief an Jackie Kennedy zu schreiben, »weil für die haben wir so geschwärmt.« (00:17) Veronika erhielt tatsächlich eine Antwort von der amerikanischen First Lady, aber leider keine Hinweise zur Identität ihres Vaters. Informationen über Militärangehörige wurden nicht weitergegeben. Auch über das Rote Kreuz versuchte sie, ihren leiblichen Vater ausfindig zu machen, jedoch ohne Erfolg. Für einen im Jahr 2006 veröffentlichten Sammelband über die Arbeit des Roten Kreuzes bei der Suche nach vermissten Angehörigen schrieb sie einen kurzen Bericht. Er endete mit dem immer noch unerfüllten Wunsch nach Kontakt zum Vater, von dem sie mittlerweile zumindest Name und Wohnadresse in Erfahrung bringen konnte:

> »Von dem Zeitpunkt an, als ich die Wahrheit erfuhr, versuchte ich, mit meinem Vater in Kontakt zu treten. Der Brief an seine Adresse kam ungeöffnet zurück. ›Unbekannt verzogen‹, hieß es. Alle Versuche, ihn durch verschiedene Organisationen ausfindig zu machen, scheiterten. Ein zerknittertes, blasses Bild, das einen jungen Mann in einer Uniform zeigt, der – wie ich feststellte – mit derselben Augenpartie ausgestattet ist wie ich, ist das einzige, das ich von meinem Vater besitze. Ich hätte ihn gerne kennengelernt.« (Goldmann/Guger 2006: 21)

Wenn Veronika an ihre Kindheit zurückdenkt, wird spürbar, dass sie die Jahre bei ihrer Großmutter sehr positiv in Erinnerung behalten hat. So beginnt sie ihre Erzählung:

> »Also ich bin bei meiner Oma aufgewachsen – meine Mutter hat immer arbeiten müssen – und da habe ich eigentlich eine ganz normale Kindheit gehabt, habe normal gespielt mit meinen Nachbarskindern, also ich hätte überhaupt nichts gemerkt, dass ich irgendwie anders wäre oder dass irgendwas mit mir vielleicht nicht in Ordnung wäre.« (00:00-00:01)

Die Wohnverhältnisse waren einfach und beengt. Die Großmutter hatte 13 Kinder, einige Tanten von Veronika lebten noch zu Hause und oftmals waren Enkelkinder zu Besuch, auch über Nacht. Ein eigenes Bett hatte sie nicht: »Geschlafen haben wir irgendwo, [...] wo halt gerade Platz war, habe ich mich hingelegt. Zwei Kinder oben, am Kopfende und zwei unten, weil meine Großmutter hat ja sehr viele Enkelkinder gehabt.« (00:03-00:04) So wuchs Veronika eingebettet in einem familiären Netz von Tanten, Onkeln, Cousinen und Cousins auf. Das Leben in der kleinen Wohnung und die häufigen Zusammenkünfte hat sie als sehr »gemütlich« in Erinnerung. Für die Zeit ihrer Kindheit beschreibt sie viele Freiräume: »Im Grunde genommen konnte ich tun und lassen, was ich wollte. [Ich hatte] sehr viele Freiheiten, aber ich war trotzdem total brav, ein braves Kind.« (00:49-00:50) Sie spielte mit ihren Cousinen auf der Straße oder im Wald und festgelegte Zeiten, zu denen sie zu Hause zu sein hatte, gab es nicht.

Diese unbeschwerte Zeit endete, als Veronika mit elf Jahren zu ihrer Mutter Lotte und ihrem Stiefvater Max übersiedelte: »Da hat das Unglück eigentlich richtig begonnen.« (00:05) Sie erinnert sich an diese Veränderung als tiefen Einschnitt in ihrem Leben: »Dann habe ich gehen müssen von meiner Oma in diese andere Wohnung, wo meine Mutter gewohnt hat – schon mehrere Jahre – und wo ich mich überhaupt nicht wohl gefühlt habe.« (ebd.) Zu beiden hatte sie ein kompliziertes und ambivalentes Verhältnis. Ihre Mutter hatte sie bis zu diesem Zeitpunkt nicht sehr häufig gesehen und eher wie eine Besucherin erlebt: »Die war sehr viel flügge, war sehr sportlich und ich nicht. Da hat sie mich dann halt daheim gelassen und ist ihrem Sport nachgegangen. [...] Meine Mutter hat mich eigentlich als Kind schon sehr viel allein gelassen.« (00:02; 00:18)

Aufgewachsen in einem kinderreichen, von Armut geprägten Haushalt hatte ihre Mutter Lotte versucht, sich von ihren Geschwistern abzuheben. Sie wollte etwas »Besseres« für ihr Leben. Veronika erinnert sich, dass ihre Mutter »wahnsinnig gut nähen konnte, sehr geschickt in Handarbeiten [...] und immer tip top gekleidet war.« (00:38) Im Gegensatz zu ihren Geschwistern rauchte Lotte, lackierte sich die Nägel rot und ging abends aus. »Meine Mutter war sorglos, Hauptsache das Vergnügen. Im Krieg, da haben sie zu essen gehabt, sie haben es lustig gehabt« (00:40), so Veronika über ihre Mutter. Lotte war bei der Flugabwehr tätig und lernte Max, der eine höhere Funktion in einer der NS-Parteiorganisationen bekleidete, bereits während des Krieges kennen. Unmittelbar nach dessen Ende wurde Max aufgrund seiner Funktion und Parteimitgliedschaft mehrere Jahre lang im Camp Marcus W. Orr, landläufig als Lager Glasenbach bezeichnet, interniert – also in der Zeit, als Lotte den amerikanischen GI kennenlernte, der Veronikas Vater werden sollte. Erst nach seiner Rückkehr – Veronika muss damals zwei oder drei Jahre alt gewesen sein – war Max für das Mädchen als Partner ihrer Mutter präsent. Sie wusste aber bis in ihr Jugendalter nicht, dass er nicht ihr leiblicher Vater war. Veronika erinnert sich, dass er auf der einen Seite »total nett« zu ihr sein konnte, ihr Skifahren und Schwimmen beibrachte, auf der anderen Seite aber auch ein cholerischer Mann war: »Er konnte von einer Minute auf die andere explodieren – wegen nichts – also da ist er ausgerastet, da hat es sehr viele unschöne Szenen gegeben.« (00:08)

Als Veronika elf Jahre alt war, wurde Lotte schwanger. Da die Mutter ihre Arbeit aufgegeben hatte, um mit dem Neugeborenen zu Hause zu bleiben, und sich der Gesundheitszustand der Großmutter verschlechterte, entschied sie, dass ihre Tochter nun zu ihnen kommen sollte. Also übersiedelte Veronika zu Mutter und Stiefvater, die im gemeinsamen Haushalt mit den Eltern von Max lebten. Zwar hatte sie dort erstmals ein eigenes Bett, sogar ein eigenes Zimmer, aber das änderte nichts daran, dass sie sich in der Familie nicht wirklich aufgenommen fühlte. Vor der Mutter von Max, einer frommen und stets schwarz gekleideten Frau, fürchtete sie sich. Der Vater von Max ignorierte sie oder begegnete ihr sogar mit offener Ablehnung:

> »Wenn ich von der Schule heimgekommen bin und die Mama nicht da war, dann hat er die Tür aufgemacht und gesagt: ›Was willst Du, Deine Mutter ist nicht da.‹ Dann bin ich wieder gegangen und habe gewartet, bis die Mama gekommen ist. Also der hat mich gar nicht rein gelassen, obwohl ich da gewohnt habe.« (00:08)

Nach der Geburt von Veronikas Bruder änderte sich auch die Beziehung zum Stiefvater Max. Veronika geht davon aus, dass er sich wegen des eigenen Kindes nicht mehr für sie interessierte. Er wollte auch nicht, dass sie das Baby auf den Arm nimmt. Veronika war in dieser neuen Familienkonstellation sehr unglücklich, auch für ihre Mutter musste die Situation schwierig gewesen sein: »Die war da zwischen zwei Stühlen« (00:07), vermutet Veronika.

In den folgenden Jahren machte Veronika Erfahrungen von Ablehnung und Ausgrenzung, die sie zum damaligen Zeitpunkt nicht einordnen konnte. Weder wusste sie, warum manche Nachbarskinder sie immer so seltsam anschauten und miteinander flüsterten, wenn sie vorbei ging, oder andere Kinder im Hof nicht mit ihr spielen wollten, noch warum in der Hauptschule manche Lehrerinnen abwertende Bemerkungen über sie machten. Wenn ihr etwas nicht gut gelang, sie beispielsweise nicht gut im Rechnen war oder eine Socke fehlerhaft gestrickt hatte, bekam sie oft Sätze zu hören wie: »Ist doch kein Wunder, bei dem Vater …« (00:50) Als sie einmal – daran kann sich Veronika noch gut erinnern – nach der Schule heimkam, sah sie, dass jemand in großen Buchstaben »Amisau« auf eine Wand im Hausgang geschrieben hatte. Wenn sie versuchte, mit ihrer Mutter über solche Geschehnisse zu reden, antwortete diese ausweichend oder erfand Ausreden für das Verhalten der Menschen im Umfeld. Bis zum Alter von 15 Jahren mehrten sich solche Erfahrungen jedoch derart, dass sie das Gefühl nicht mehr loswerden konnte, irgendetwas stimme nicht.

Eines Tages – sie war gerade alleine zu Hause – machte sich

die Jugendliche auf die Suche. Wonach, das wusste sie in dem Moment selbst nicht, aber dann fand sie »im hintersten Kasten drinnen« eine kleine Schachtel mit Briefen und einem Foto von einem amerikanischen Soldaten namens Edward. »Von meinem Vater« (00:13), sagt Veronika leise im Interview. Da beschloss die Jugendliche, ihre Mutter damit zu konfrontieren – sie wollte endlich die Wahrheit erfahren. An diesen Moment kann sich Veronika noch genau erinnern:

> »Ich sehe sie heute noch [vor mir]: die Mama hat Nägel lackiert – die hat immer so schöne Nägel gehabt. Am Abend ist sie da gesessen und hat Nägel lackiert und mein Stiefvater ist dort gesessen und hat Zeitung gelesen und ich habe mir überlegt: ›Was mache ich?‹ Ich bin in der Mitte gesessen. Dann habe ich wortlos, wie in einem Film, das Foto auf den Tisch gelegt und den Brief daneben … Dann habe ich gesagt: ›So, was ist das? Ich will die Wahrheit wissen.‹ Die Mama ist sofort in Tränen ausgebrochen und mein Stiefvater hat gesagt: ›Ja, das stimmt, das ist dein Vater. […] Aber der hat überhaupt keine Bedeutung, weil ich bin ja jetzt dein Vater und Schluss.‹ Und die Mama hat gesagt: ›Ja, es stimmt …‹, [aber sonst] kann sie gar nichts sagen, sie ist ganz fertig.« (00:14)

Nach diesem Abend sprach ihre Mutter nie mehr wieder über Edward, Veronika konnte nicht viel über ihn in Erfahrung bringen. »Ein Wahnsinn« (00:21), wie sie findet, denn wenn ihr das passiert wäre, würde sie ihrem Kind so viel wie möglich erzählen. Erst Jahre später erfuhr sie ein wenig mehr von ihren Tanten. Immerhin weiß sie heute, dass ihre Mutter Lotte Edward kurz nach Kriegsende kennengelernt hatte, als sie trotz der Ausgangssperren in den Abendstunden noch mit einer Freundin draußen unterwegs war. Nach dem Abschluss des Zonenabkommens wurde Edward mit den amerikanischen Truppen nach Salzburg verlegt, versprach Lotte aber, dass er wiederkommen wolle. Einmal benutzten Edward und ein Freund unerlaubterweise einen Militärjeep, um nach Innsbruck zu Besuch zu kommen – ein Vergehen, für das er eine Haftstrafe verbüßen musste, bevor er in die USA zurückkehrte. Offenbar gab Lotte nicht nur ihre Hoffnung auf ein gemeinsames Leben mit Edward auf, sondern entschied sich auch dazu, diesen Teil ihres Lebens abzuschließen. Sie bat Edward, keinen Kontakt mehr zu ihr und zur gemeinsamen Tochter zu suchen, verheimlichte ihrem Kind dessen Herkunft und ließ Veronika glauben, dass Max ihr Vater wäre. Dass der Stiefvater damit überhaupt einverstanden war, schreibt Veronika im Rückblick unter anderem ihrem Aussehen zu. Als junge Erwachsene wurde ihr bewusst, dass sie in einem nationalsozialistisch eingestellten Umfeld aufgewachsen war und mehrere Verwandte an dieser Einstellung auch lange nach dem Zweiten Weltkrieg noch festhielten: »Der [Stiefvater] hat mich deswegen angenommen – das ist ja irre –, weil ich ›arisch‹ ausgeschaut habe, blaue Augen, blondes Haar!« (00:44)

Nachdem Veronika über ihre Herkunft Bescheid wusste, verschlechterte sich die ohnehin angespannte familiäre Situation: »Es haben sich sehr viele Dramen abgespielt, das kann ich gar nicht alles aufzählen« (00:16), fasst sie ihre Erinnerungen an diese Zeit zusammen. Sie habe sich von ihrem Stiefvater nicht mehr alles gefallen lassen, lief öfters von zu Hause fort und fand in diesen Situationen glücklicherweise Aufnahme bei einer ihrer Tanten. Ihren späteren Mann lernte sie als Jugendliche kennen, die beiden heirateten jung und gründeten eine Familie. Im Rückblick befindet Veronika, dass sie mit ihrem Partner »wirklich Glück hatte«, denn er sei immer für sie da gewesen und habe auch in schwierigen Zeiten zu ihr gehalten.

Das Verhältnis zu ihrem Stiefvater entspannte sich nach ihrem Auszug von zu Hause. Aus heutiger Sicht betont sie, dass er »ein toller Opa« für ihre Kinder gewesen sei. Vielleicht ist das auch ein Grund dafür, dass Veronika ihren eigenen Kindern zunächst nichts von ihrem leiblichen Vater erzählte, bis ihr jüngstes Kind es schließlich selbst herausfand. »Das war urig!«, erzählt Veronika schmunzelnd. Anlass war die Thematisierung des Zweiten Weltkrieges im Geschichtsunterricht der damals zwölfjährigen Tochter:

> »Dann habe ich mal so geredet mit ihr […] und habe gesagt: ›Ja, der Opa war ja drei Jahre in Glasenbach eingesperrt.‹ Dann hat sie gesagt: ›Drei Jahre – ja wann denn?‹ – ›Ja, nach dem Krieg.‹ Da hat sie mich angeschaut und hat gesagt: ›Das kann ja nicht

> dein Papa sein.‹ Ehrlich! Dann habe ich gesagt: ›Ja, das stimmt.‹ Ich habe es nicht abgestritten. [...] Die hat gerechnet und ist dann draufgekommen, das geht sich nicht aus, das hätte ich mir nie gedacht.« (01:05)

Veronikas Kinder reagierten auf diese Neuigkeiten in der Familiengeschichte mit begeisterter Neugierde und schlugen vor, sich auf die Suche nach ihrem leiblichen Großvater zu machen. Nach mehreren erfolglosen Anfragen beim Roten Kreuz, beim US-amerikanischen Militär und anderen Behörden gab Veronika die Suche aber wieder auf, trotzdem blieb eine Leerstelle in Bezug auf ihre Herkunft spürbar. Es ist der Initiative ihres Sohnes zu verdanken, dass sie einen neuen Anlauf unternahm. Nach dem Tod ihrer Mutter fand sie beim Sichten des Nachlasses ein kleines Foto ihres Vaters, auf dessen Rückseite eine Nummer notiert war. Vielleicht die Sozialversicherungsnummer, vermutete Veronikas Sohn und begann im Internet zu recherchieren. Tatsächlich gelang es ihm, mit dieser Nummer auf dem Foto einen Anhaltspunkt zur Identität von Veronikas Vater zu finden: Name, Geburtsdatum und Nachweis der Einberufung zum Militär im Jahr 1944. Anhand dieser Daten konnten Veronika und ihr Sohn insgesamt 24 in Frage kommende Männer ausfindig machen:

> »Edward Lee in Amerika haben wir 24 gefunden, diese 24 habe ich angeschrieben, aber nicht mit der Wahrheit – ich kann ja nicht einfach schreiben: ›Ich bin jetzt Ihre Tochter.‹ Das geht ja nicht. Sondern ich habe halt geschrieben, dass mein Vater einen amerikanischen Soldaten kennengelernt hat und gerne wissen wollte, was aus dem geworden ist.« (00:25)

Nach einiger Zeit meldete sich Olivia Lee, die Tochter von einem der 24 in Frage kommenden Männer. Ihr Vater, ebenfalls ein Kriegsveteran, sei zwar nicht der Gesuchte, aber sie finde die Geschichte schön und wolle bei der Suche weiterhelfen – vor Ort sei dies erheblich leichter. Nicht viel später fand Veronika in ihrem E-Mail-Postfach eine Nachricht von Olivia Lee vor. Sie schickte ihr die Todesanzeige einer Frau, die vermutlich die Schwester von Veronikas Vater sein könnte: »Und da waren die ganzen Geschwister aufgelistet [...] und dann habe ich gesehen, aha, Jacob und Michael sind die Söhne. Wahrscheinlich meine Brüder, sozusagen.« (00:26) Eine weitere Internetrecherche ergab, dass einer von ihnen einen Handwerksbetrieb besaß, allerdings misslang die Kontaktaufnahme, da der Betrieb aufgrund seiner Pensionierung dauerhaft geschlossen worden war. Noch einmal war Olivia Lee bereit zu helfen, sie konnte die Nummer der Tochter der Verstorbenen und damit Veronikas Cousine ausfindig machen. Diesmal gelang es Veronika, Kontakt aufzunehmen: »Dann hat sie gesagt, ja, dieser Edward Lee ist mein Onkel und der ist aber schon lange verstorben – 1960 bei einem [Arbeits]unfall. Also hab ich das durchs Telefon erfahren.« Veronikas Cousine hatte vor Jahren schon den Kontakt zu Jacob und Michael verloren. Von Michael wusste sie nur, dass er seit einigen Jahren in einem südlich gelegenen Urlaubsort am Meer leben würde. Immerhin konnte sie Veronika ein wenig von ihrem Vater und von ihren Brüdern erzählen.

Einige Zeit später erhielt Veronika eine überraschende Nachricht. Ihrer Cousine war es doch gelungen, Michael ausfindig zu machen, der den Beschluss fasste, sich bei seiner Halbschwester Veronika zu melden. »Dann habe ich auf einmal ein E-Mail gekriegt, da ist gestanden: Edward Lee ist mein Vater« (00:30), schildert Veronika die für sie überraschende Kontaktaufnahme ihres Bruders. Es ergab sich ein zunächst vorsichtiger E-Mailverkehr im Zuge dessen sich herausstellte, dass weder Michael noch Jacob von ihrer jüngeren österreichischen Halbschwester wussten. Sie seien nur etwas erstaunt gewesen, dass der Vater später als die anderen Soldaten aus Europa zurückgekehrt sei. Eine Weile wurden schriftlich Nachrichten und Informationen ausgetauscht, bis Veronika den Schritt wagte und um ein Treffen bat: »Und so haben wir hin und her geschrieben, dann habe ich gesagt, ich möchte sie gerne besuchen, ob das recht ist?« (00:30–00:31)

Michael war einverstanden und freute sich auf ein Kennenlernen. Er erklärte sich auch bereit, zu diesem Anlass in seinen Heimatort zu reisen, denn Veronikas Wunsch war es, das Grab ihres verstorbenen Vaters zu besuchen. Vor Antritt der Reise, auf der sie von ihrem Mann belgeitet wurde, hatte Veronika Bedenken, ob sie sich von dieser Begegnung nicht zu viel versprechen würde. Letztlich seien ihre Halbbrüder für sie doch »fremde Menschen« und sie selbst auch nicht »so ein emotionaler Typ, der jemandem um den Hals fällt oder in Tränen ausbricht, wie in solchen Sendungen.« (00:31)

Tatsächlich erlebte sie die erste Begegnung beinahe etwas befremdend, zur Begrüßung reichten sie sich die Hand und stellten sich vor. Auch das Kennenlernen des älteren Bruders Jacob verlief ähnlich. Schon in dieser anfänglichen Zurückhaltung, aber auch in ihrer Art, miteinander zu kommunizieren, sieht Veronika eine große Ähnlichkeit zwischen sich und ihren Brüdern und sie beschreibt eine Verbundenheit, die sie dadurch empfindet. Vor allem durch die herzliche Art ihrer Schwägerin Lucy veränderte sich das soziale Miteinander und sie konnte einige schöne Tage in der Gegend erleben, aus der ihr Vater stammte. Als besonders wichtig erachtet Veronika, dass sie sich zum einen durch das gemeinsame Ansehen von Fotoalben ein Bild vom Leben ihres leiblichen Vaters Edward und ihren Brüdern machen konnte. Zum anderen konnte sie die letzte Ruhestätte ihres Vaters, »ein Veteranengrab […] mit diesen amerikanischen Fähnchen« (00:34), besuchen. Später folgte ein zweiter Besuch und der Kontakt, den sie als »ganz, ganz … sehr bereichernd« bezeichnet, blieb auch fortan erhalten. Ihre eigenen Kinder und Enkel unterstützten sie in jeder Phase dieser Suche mit großem Interesse: »Jetzt haben wir amerikanische Verwandte und die [Kinder und Enkel] finden das toll. Also die sehen das mit ganz anderen Augen, die können das überhaupt nicht verstehen, dass das irgendwann einmal eine Schande war.« (01:06)

Für Veronika änderte sich durch das neu gewonnene Wissen über ihren Vater und durch die Begegnungen mit ihren Brüdern auch ihr Blick auf die Vergangenheit und ihr Zugang zur eigenen, phasenweise als sehr schwierig erlebten Biografie. Sie konnte schließlich mit dem über lange Zeit mit vielen Fragen behafteten Teil ihrer Geschichte, ihrer Herkunft als Kind eines amerikanischen Soldaten und einer österreichischen Frau, Frieden schließen: »Es ist schön, dass ich sie kennengelernt habe, ja, das ist ein schöner Abschluss in meinem Leben, muss ich sagen. Sehr versöhnlich, sehr, sehr versöhnlich.« (00:35)

Julia: »Die angefangene Suche weiterführen, um einen befriedigenden Platz in der Familie(-ngeschichte) zu finden.«

Julia ist zwei Jahre nach Kriegsende zur Welt gekommen und bis zu ihrem 10. Lebensjahr in einem Tiroler Dorf aufgewachsen. Wenn sie erzählt, dass sie im Wohnort »das Franzosenkind« genannt wurde, klingt das nicht so wie in vielen anderen Erzählungen, in denen eine Bezeichnung wie diese mit Stigmatisierung und Abwertung verbunden ist. Nein, das ist bei ihr nicht der Fall – es hat etwas schlicht Faktisches, wie eine Feststellung: das Kind des Franzosen. Ihrer Erinnerung zufolge waren ihr viele Bewohner:innen des Dorfes wohlgesonnen und kümmerten sich auch um sie, wenn ihre berufstätige Mutter es manchmal nicht konnte: die Kellnerin des Gasthauses gegenüber, der Schuster, der im gleichen Haus wohnte, oder der Schuldirektor und seine Frau. Als kleines Kind hatte sie zusätzlich zu ihrem Vornamen noch einen französischen Rufnamen, daran kann sie sich noch gut erinnern: »Der Papa und die Mama haben mich, wie ich klein war, *Lili* genannt. Da war ich nicht die Julia, sondern einfach die *Lili*, auch in der Familie. [...] Einfach jeder hat gewusst, dass die *Lili* auch die Julia ist, im Dorf.« (I/00:06) Ihr Vater, das war der französische Besatzungssoldat Antoine.

Julias Geschichte unterscheidet sich von jener vieler anderer Kinder alliierter Soldaten, denn ihre Eltern lebten einige Jahre gemeinsam in Tirol und machten nie ein Geheimnis aus der Tatsache, dass ihr Vater ein französischer Soldat war. Bewusste Erinnerungen an ihren Vater Antoine hat Julia jedoch nicht. Die Beziehung zwischen Julias Mutter und ihrem Vater währte nicht lange, denn als das gemeinsame Kind etwa eineinhalb bis zwei Jahre alt war, musste Antoine Tirol verlassen. In den 1950er Jahren wurde er nach Vietnam verlegt, wo Frankreich im Kampf gegen die Liga für die Unabhängigkeit Vietnams seine politische Macht in der Kolonie zu erhalten suchte. »Das Schicksal hat es nicht gut mit uns gemeint!« wird Antoine auf eine Postkarte an Julia und ihre Mutter schreiben, die er im damaligen Saigon, heute Ho-Chi-Minh-Stadt, abgeschickt hatte.

Lina, die Mutter von Julia, heiratete im Jahr 1940 einen Mann aus dem gleichen Dorf und bekam während des Krieges zwei Söhne. Nach Kriegsende war ihr Ehemann in der Bezirkshauptstadt in Gefangenschaft. Immer wieder fuhr Lina die rund 15 Kilometer mit dem Fahrrad in die Stadt, um ihn dort zu besuchen. Auf einer dieser Fahrten hielt ein französischer Soldat seinen Wagen an und machte ihr das Angebot, sie auf der Ladefläche mitzunehmen: »Da hat er sie mit dem Rad aufgelesen und dann hat sich da eine Bekanntschaft und dann eben eine Liebschaft ergeben.« (I/00:08) Linas Ehe sei nie besonders harmonisch gewesen und sie beschloss, sich von ihrem Mann scheiden zu lassen, um weiterhin mit Antoine leben zu können. Eine Scheidung »mit Schmutzwäsche und so – halt eben, wie es in einem Dorf ist.« (I/00:02) Ihre zwei Söhne wurden dem Vater zugesprochen, der aus einer wohlhabenden Bauernfamilie stammte, und zwar – so die Schilderung von Julia – mit der Begründung, dass die Mutter sich »so quasi unehrenhaft da benommen hat.« (I/00:05)

Die Jahre mit Antoine hatte Julias Mutter bis an ihr Lebensende als die schönste Zeit ihres Lebens in Erinnerung. »Wenn wir dann allein waren, als sie schon alt war und ich auch schon alt war, da haben wir dann schon ab und zu geredet«, erinnert sich Julia: »Und sie hat immer gesagt, also das war ihre feinste Zeit, also die große Liebe.« (II/00:00) Aber nicht nur Julias Mutter erzählte sehr positiv von dem jungen Mann:

> »Also mein Papa [ist] total liebevoll umgegangen mit mir, er hat sogar Sachen gemacht wie Baby baden und wickeln, was die Männer eigentlich damals – Tiroler Männer – so nicht gekannt haben. Also das war nicht der Alltag der damaligen Männer, das haben die Oma und Tanten und Onkel so erzählt. Die haben immer gesagt: ›[Der] Anton‹ – also Antoine hat er geheißen – ›Der Anton, der war immer so nett mit dir!‹ […]. Das haben sie immer erzählt.« (I/00:01)

So durchzieht Julias Erinnerungen ein schönes Vaterbild, das ihr von der Verwandtschaft in Geschichten aus ihrer Kleinkindzeit vermittelt wurde. Auch ihr fünf Jahre älterer Bruder hat gute Erinnerungen an ihn, ein netter Mann sei Antoine gewesen und er

Abb. 9: *Julia mit ihrem Vater Antoine*. Dieses Foto wurde an einem sonnigen Wintertag in der Nähe des gemeinsamen Wohnortes der Familie aufgenommen. Soweit es seine dienstlichen Pflichten erlaubten, verbrachte Antoine so viel Zeit wie möglich mit Julia und ihrer Mutter. Julia kann sich selbst nicht an ihren Vater erinnern, aber immerhin ist diese Aufnahme, die sie auf dem Arm ihres Vaters zeigt, erhalten geblieben. (Quelle: Privatbesitz Julia)

habe sich bemüht, die Familie in dieser Zeit der Knappheit mit Nahrungsmitteln zu versorgen. Jedenfalls wurde er in der Familie von Julias Mutter willkommen geheißen und aufgenommen. Es mutet ein wenig traurig an, als Julia hinzufügt: »Das haben sie mir erzählt, da war er aber nicht mehr da.« (I/00:01)

Julia war ein noch sehr kleines Kind, als Antoine Tirol verlassen musste. Das erzählt sie bereits in den ersten Minuten des Interviews – der erste von vielen Momenten, in denen sie bedauert, so wenig über ihren Vater, sein Leben und die kurze gemeinsame Zeit ihrer Eltern zu wissen.

> »Das habe ich eigentlich auch gar nie so richtig rausgekriegt, das war aber auch nie ein Gesprächsthema leider [...] in der Familie: wann er die Mama verlassen hat. Das kann ich leider nicht sagen und meine Mama ist seit zehn Jahren tot, nein, seit neun Jahren ist sie tot [...]. Ich habe sie nie gefragt: ›Wann hat er dich eigentlich verlassen und warum‹ [...], ich habe immer nur dann gehört von der Mama, ja, er ist versetzt worden.« (I/00:04)

Ihre Mutter erzählte auch, dass Antoine sie wohl gerne nach Frankreich mitgenommen hätte. Weil sie ihre zwei Söhne nicht verlassen wollte, hätte sie das aber abgelehnt, vielleicht aber auch, vermutet Julia, weil sie Angst gehabt habe, als Österreicherin nach Frankreich zu übersiedeln.

Für Mutter und Tochter ging das Leben in Österreich weiter. Lina lernte einen Mann aus der Landeshauptstadt kennen und ging eine Beziehung mit ihm ein. Fortan lebten sie zu dritt in Linas Heimatort im Dachzimmer eines früheren Hotels, sie und ihr Partner fanden Arbeit in einem Industriebetrieb vor Ort. Der neue Partner wurde Julias Stiefvater, aber so richtig akzeptiert hat er sie wohl nie. Wenn Julia an diese Zeit zurückdenkt, ist ihre Erinnerung davon geprägt, dass sie schon als kleines Kind oft alleine zurechtkommen musste. Der Stiefvater stellte sicher, dass er immer in der gleichen Schicht wie Julias Mutter eingeteilt wurde – vielleicht war er eifersüchtig, denkt sich Julia. Jedenfalls hatte das zur Folge, dass das Mädchen oft alleine zu Hause auf den Feierabend von Mutter und Stiefvater warten musste. Die Mahlzeiten hatte die Mutter dem Kind immer schon hergerichtet, eingeheizt war auch, aber die Tage waren lang und vor allem »sooooo langweilig« (II/00:54), erzählt Julia. Obwohl sie noch sehr klein war, noch kein Schulkind, gelang es ihr an diesen Tagen, einen Tisch an die Wand zu schieben und einen Stuhl darauf zu hieven, um aus dem Dachfenster hinaussehen zu können. Aber viel mehr als die Dächer der anderen Häuser erblickte sie nicht. Warum es keine »bessere Möglichkeit« gegeben habe, fragt sich Julia, schließlich hätten im Dorf viele Verwandte der mütterlichen Seite gelebt, die Oma, mehrere Tanten und Onkel. Und sie fragt sich, ob es möglicherweise Schwierigkeiten gegeben haben könnte, vielleicht wegen ihres Vaters und ihres Stiefvaters? Später, als die Familie in ein Zimmer mit Fenster zur Straßenseite wechseln konnte und Julia einen eigenen Schlüssel erhielt, um die Wohnung eigenständig verlassen zu können, verbesserte sich ihre Situation.

Julia betont, dass sie von der Dorfbevölkerung gemocht worden sei: »Ich war ein nettes kleines Mädel, wie man so sagt«, erinnert sie sich. »Ich habe schon Freunde gehabt, aber ich bin irgendwie immer mehr am Rand [gewesen]. Aber ich glaube nicht, dass sie mich nicht mögen haben, sondern ich glaube, dass ich mich zurückgezogen habe.« (II/00:56) Für das Gefühl des nicht vollständig Dazugehörens steht sinnbildlich eine der Fotografien aus ihrer Kindheit im Dorf: Die Kinder stehen alle aufgereiht nebeneinander, nahe beisammen, fast Schulter an Schulter – »Und ich stehe daneben, aber da hätte noch ein halbes Kind Platz gehabt« (II/01:01), so ihre Beschreibung dieses Fotos.

Dieses Gefühl hatte Julia auch innerhalb der Familie, es verstärkte sich nach der Geburt ihres jüngeren Bruders. Sie war mittlerweile etwa zehn Jahre alt, die Familie hatte ihren Lebensmittelpunkt nach Innsbruck verlegt. Wie das fünfte Rad am Wagen habe sie sich zuhause meistens gefühlt. Sie äußert aber auch Verständnis für ihre Mutter, die wohl »immer zwischen zwei Stühlen [war]« (I/00:02) und versuchen musste, die familiären Beziehungen auszubalancieren. Rückblickend hat Julia den Eindruck, als wäre sie mit ihrem Stiefvater in Konkurrenz um die Gunst und Zuneigung ihrer Mutter gestanden, dadurch seien wohl einige »Reibereien« entstanden. Außerdem merkte Julia, wie der Stiefvater den kleinen Bruder sichtlich bevorzugte. »Ja wahrscheinlich hat er nicht anders können« (II/01:20), denkt Julia, seltsam findet sie aber doch, dass er sich nicht einmal an den Geburtstagsgeschenken für sie beteiligt habe. Zeitweise konnte sogar die Mutter ihr nur heimlich etwas schenken, obwohl sie stets ein eigenes Gehalt zur Verfügung hatte.

Die Mutter nahm ihre Berufstätigkeit wieder auf, als Julias Geschwisterchen noch ein Kleinkind war. »Ich habe natürlich die Aufgabe gehabt, auf meinen kleinen Bruder aufzupassen« (II/01:07), erzählt Julia. Wieder war sie auf sich alleine gestellt, denn die Mutter und ihr Partner arbeiteten im Schichtbetrieb, die Nachtschicht begann abends um 22:00 Uhr:

> »Ich war alleine mit meinem kleinen Bruder, weil die haben ja wieder miteinander Schicht machen müssen. [...] Was ich da Ängste ausgestanden habe in der Nacht. Wir haben im Parterre gewohnt, also ich habe einfach nicht schlafen können. Es hat geknistert, es hat geknarrt. [...] Jetzt so in Erinnerung, bin ich sehr, sehr lang wach gewesen.« (II/01:23)

Noch kaum im Jugendalter übernahm Julia viele Aufgaben im Haushalt und in der Kinderbetreuung: den Bruder in den Kindergarten bringen, putzen oder die Wäsche machen. Dafür wurde sie immer gelobt: »›Die Julia kann alles!‹, hat es geheißen, ›[d]ie hat auch Kuchen gebacken ...‹ Und blöderweise war ich auch noch stolz, wenn sie das gesagt haben.« (II/01:28) Natürlich habe sie den kleinen Bruder geliebt, versichert sie, aber rückblickend käme ihr schon vor, dass sich der Stiefvater bei der Betreuung von seinem Sohn mehr einbringen hätte sollen und dass ihre Gutmütigkeit und Bereitschaft, ihre Mutter zu unterstützen, ausgenutzt worden sei. Mit zunehmendem Alter suchte Julia mehr Zeit für sich und blieb lieber zu Hause, wenn die Familie einen Ausflug machen wollte. Oder sie gab an, sie müsse länger im Büro bleiben, in dem sie nach Abschluss der Pflichtschule Arbeit gefunden hatte. »Nachher habe ich immer gesagt, [...] ich muss Überstunden machen, damit ich alleine hab sein können.« Schmunzelnd fügt sie hinzu: »Also da habe ich nachher schon viele ›Überstunden‹ gemacht.« (II/01:08)

Es muss schwierig sein, einen Umgang mit dem Gefühl zu finden, nicht wirklich zur Familie zu gehören. In Julias Familie mit ihrer Mutter, dem Stiefvater und dem kleinen Halbbruder konnten die menschlichen Grundbedürfnisse nach Zugehörigkeit und Verbundenheit nicht ausreichend gestillt werden – eine Erfahrung, von der auch andere Kinder von Besatzungssoldaten erzählen. Aber unabhängig davon, wie sehr sich Betroffene in ihren Familien angenommen und eingebunden fühlen, bleiben darüber hinaus oft Fragen nach dieser anderen Hälfte ihrer Herkunft offen. Julia wusste zwar von Kindheit an, dass ihr Vater ein französischer Besatzungssoldat war, aber über ihn, über die Beziehung ihrer Eltern und die kurze gemeinsame Zeit als Familie weiß sie wenig. Wenn sie zurückblickt, wird der unerfüllte Wunsch, genauer Bescheid zu wissen, spürbar. Die Mutter erzählte nicht mehr aus dieser Zeit, es waren stets die gleichen wenigen Auskünfte. »Und ich weiß nicht, warum ich nicht so klug war und dann doch [nach] gebohrt habe. […] Ja, also die Mama ist verstorben, jetzt habe ich niemanden, von [den] Onkeln und Tanten eben auch niemanden, wo ich fragen könnte« (I/00:06, I/00:08), so Julia nachdenklich.

Vielleicht haben diese offen gebliebenen Fragen auch mit Julias Stiefvater zu tun, den sie als eifersüchtigen Menschen einschätzt. War er auch eifersüchtig auf die von Julias Mutter so gut in Erinnerung behaltene Beziehung mit Antoine? Julia erinnert sich an einen heftigen Streit, sie muss damals etwa sechs Jahre alt gewesen sein, der so eskalierte, dass die Gendarmerie ins Haus kommen musste. Auslöser war, dass sich ihr Vater Antoine wieder bei ihrer Mutter Lina gemeldet hatte:

> »Er hat der Mama Briefe geschrieben und das wollte [der Stiefvater] nicht haben, weil er eifersüchtig war. Der wollte das … also er hat das auch unterbunden. Er hat alles, alles was da war so an Fotos und Briefen, die die Mama gehabt hat – das hat sie mir auch dann erzählt –, das hat er verbrannt. Das hat er vernichtet. Nur ein paar Fotos hat sie retten können und eine Karte, […] die er [gemeint ist Julias Vater Antoine, Anm. d. V.] geschrieben hat, von Saigon.« (I/00:10–00:11)

Vielleicht haben diese gewaltvollen Reaktionen des Stiefvaters und seine Versuche, die Erinnerungen an die frühere Beziehung auszulöschen, auch bei Julias Mutter dazu geführt, dass sie die Erinnerungen daran mehr oder weniger erzwungenermaßen ad acta legte. Möglicherweise wurde diese Zeit für sie zu einem teilweise oder sogar gänzlich verschlossenen Kapitel ihrer Lebensgeschichte. Es könnte für Julias Mutter auch zu schmerzhaft gewesen sein, zu diesen Erinnerungen an diese glückliche Zeit zurückzukehren und sie mit ihrer Tochter zu teilen.

Die Postkarte aus dem damaligen Saigon, heute Ho-Chi-Minh-Stadt, vielmehr die acht Schnipsel, die davon übrig sind, hat Julia zum Interview mitgebracht. Gemeinsam legen wir die einzelnen Teile vorsichtig zusammen. Auf der Vorderseite ist eine kolorierte Straßenansicht der Đường Đồng Khởi abgebildet, die zur Zeit der französischen Kolonialherrschaft *rue Catinat* hieß, eine Straße im Zentrum der Stadt mit einigen gut erhaltenen und renovierten kolonialen Gebäuden. Das auf der Karte zu sehende, im Jahr 1880 eröffnete Continental Palace Hotel war zur Zeit des Vietnamkrieges ein Treffpunkt internationaler Journalist:innen. Heute sieht es noch fast gleich aus und wird unter dem Namen Hotel Continental Saigon geführt, dahinter steht inzwischen ein modernes, türkis-blau verglastes Hochhaus mit 26 Stockwerken. Dem Text auf der Rückseite der Postkarte ist zu entnehmen, dass sich Antoine wohl nach einer längeren Pause wieder gemeldet haben dürfte: »Ihr werdet sicher überrascht sein, diese Karte zu erhalten«, beginnen seine Zeilen, mit denen er bei Lina und Julia, die er liebevoll mit den Kosenamen aus ihrer gemeinsamen Zeit in Tirol anspricht, trotz ihrer »Trennung« kurz von sich hören lassen möchte. Dass er das Wort Trennung unter Anführungszeichen setzt, könnte auf ihren unfreiwilligen Charakter hindeuten – eine Trennung, die weder seine noch Linas Entscheidung war. Schon seit 18 Monaten befinde er sich in Vietnam, berichtet Antoine. »Das Schicksal hat es nicht gut mit uns gemeint!«, stellt er fest und bittet Lina um eine Nachricht sowie um Fotos von der gemeinsamen Tochter. Mit »Danke – Ich umarme euch alle beide, Anton«, beendet er die Karte.

Beim Lesen der Karte entsteht der Eindruck, als würde Antoine sich fragen, was aus der Beziehung, aus der kleinen Familie hätte werden können. Ob Lina es noch wagte, seine Bitte zu erfüllen? Julia weiß nichts Genaueres und es sind auch keine späteren Briefe oder Postkarten mehr vorhanden. Julias Mutter musste möglicherweise sehr darauf Acht geben, dass die wenigen Bilder, die sie noch hatte, und die Stückchen der Karte aus Vietnam stets gut versteckt waren, damit diese wenigstens erhalten bleiben konnten. Als Julia eine junge Frau war, übergab ihre Mutter ihr ein Kuvert mit den Bildern und der Karte. Die Vorsicht im Umgang damit konnte Julia lange nicht ablegen. Bis vor kurzem sah auch sie sich die Bilder meistens nur dann an, wenn sie alleine war. Die ersten Versuche, etwas über den Verbleib und das Leben ihres Vaters herauszufinden, fanden ebenso in aller Heimlichkeit statt.

Julia hat ihren Vater nicht mehr kennengelernt. An mehreren Stellen im Interview erzählt sie von der Suche nach ihm und denkt darüber nach, was es für sie bedeutet, so wenig über ihn zu wissen: »Ein bisschen was habe ich schon rausgefunden, aber er ist eben auch verstorben 2009, das habe ich herausgefunden«. (I/00:12) Etwas später erzählt sie, wie es ihr damit geht:

> »Das macht mich traurig, zugleich bin ich so verärgert über mich, dass ich es nicht geschafft habe. [...] Ich hätte das ja schon lange wieder intensivieren können, die Suche. Ich habe das einmal gemacht, als ich 18, 19 oder 20 war [und] da habe ich nachher kein Feedback gekriegt von Frankreich. Und dann war ich auch verheiratet und [hatte] die Kinder und so, und ich wollt eigentlich niemandem einen Ärger machen.« (I/00:13)

Nach wie vor beschäftigen sie die offen gebliebenen Fragen – »jeden Tag«, wie sie erzählt – und es macht sie traurig und wütend, dass ausführlichere Gespräche mit der Mutter sowie eine Kontaktaufnahme mit dem Vater zu Lebzeiten nicht gelungen sind: »Und so kann mir das niemand sagen, weshalb er sich nicht gekümmert hat. Oder hat er sich gekümmert und ich weiß es nur nicht?«, überlegt sie weiter. Die Tabuisierung des Themas, das Zurückstellen eigener Bedürfnisse und die Sorge, jemandem Ärger zu machen, haben ihr zufolge zu den beschriebenen Leerstellen in ihrer Lebensgeschichte geführt.

Aber Julia hat noch eine weitere Vermutung, warum ihr und möglicherweise vielen anderen auch die Suche nach dem unbekannten Vater so schwerfällt:

> »Man baut sich da eine Geschichte auf und das habe ich ja gewusst, der wohnt in Frankreich. Und also so als Kind und als Teenager und als junge Frau [...] habe ich mir halt so sein Leben vorgestellt. Und nachher habe ich mir gedacht: Wenn ich jetzt aber dann genau rauskriege, was los ist mit ihm, nachher wird das Bild, das ich mir gemacht [habe] – das war natürlich ein schönes Bild, das habe ich dann später so reflektiert, da habe ich mir gedacht: Das wolltest du dir vielleicht nicht zerstören. Mit dem Traum zu leben war einfach schön.« (II/00:10–00:11)

Diese letzten Worte sagt sie mit zitternder Stimme und fährt fort: »Und wenn mir jetzt die Wirklichkeit dazwischengekommen wäre, dann wäre das zerstört gewesen, gell? Total blöd, aber ich habe es mir halt so gedacht, wahrscheinlich, dass es deshalb halt nie so richtig funktioniert hat, die Recherche.« (II/00:10–00:11)

Die offenen Fragen zu ihrem Vater begleiteten Julia ein Leben lang und blieben dennoch meist im Verborgenen. Dass ihre Mutter in Anwesenheit von Julias Stiefvater nicht sprechen konnte und – selbst wenn sie zu zweit waren – auch kaum wollte, hat Spuren hinterlassen. »Ich habe auch die Fotos immer nur heimlich angeschaut, aber ich hätte das nicht müssen« (00:24), bekennt sie. Auch in Gesprächen mit ihren Kindern und im Freundes- und Bekanntenkreis erzählte sie selten von ihrem französischen Vater. Eine bewusste Entscheidung war das nicht, im Gegenteil: Julia wünscht sich, dass ihr französischer Vater ein selbstverständlicher Teil ihrer Lebensgeschichte ist. Aber es scheint schwierig zu sein, Verhaltensweisen zu ändern, die man sich angeeignet hat und die sich über Jahrzehnte hinweg unbemerkt zu Konventionen entwickelt haben. Das ist Julia aufgefallen, als sie vor einigen Jahren beschlossen hatte, eines der Bilder ihres Vaters aus dem Kuvert in der Schublade zu nehmen und in der Wohnung aufzuhängen. Bemerkt haben es alle, aber die Einzige, die nachgefragt hat, war ihre jüngste Enkeltochter – es war, als hätte sich ein »Schweigeband«

Abb. 10: *Postkarte vom Vater.* Diese Postkarte ist die letzte erhalten gebliebene Nachricht von Antoine an seine mittlerweile siebenjährige Tochter Julia und ihre Mutter. Die anderen Briefe und die meisten Fotos aus Julias ersten Lebensjahren wurden von ihrem Stiefvater vernichtet. Auch diese Karte erzürnte den neuen Lebensgefährten von Julias Mutter und er zerriss sie, aber Julias Mutter konnte die acht Stückchen der Postkarte aus dem Altpapier »retten« und heimlich aufbewahren, bis Julia erwachsen war. (Quelle: Privatbesitz Julia)

(II/00:41) über diesen Teil ihrer Geschichte gelegt, das Julia erst mühsam wieder lösen musste.

Mit über 70 Jahren hat sie für sich neuerlich beschlossen, »die angefangene Suche nach meinen Wurzeln doch weiterzuführen, um einen befriedigenden Platz in der Familie(-ngeschichte) zu finden« – so ihre Worte in einem E-Mail im Zuge der Arbeit an diesem Buch. Die eigene Lebensgeschichte lässt sich nicht unabhängig von der Familiengeschichte mit ihren unterschiedlichen Verwurzelungen und Verzweigungen denken, welche die Vergangenheit mit der Zukunft verbinden. Eine große Aufgabe. Aber vielleicht gelingt es doch, mit den französischen Halbgeschwistern, von denen sie mittlerweile erfahren hat, in Kontakt zu treten und den Wunsch, in die Heimat des Vaters zu reisen, zu erfüllen. Die Hoffnung, die sie damit verbindet, verspricht mehr Klarheit und Eindeutigkeit: »Wenn ich vielleicht einmal so klare Fakten habe … nichts ist so einfach wie die Wahrheit selbst, alles andere ist kompliziert.« (II/00:18)

Freda: »Ich habe immer mehr Leistung erbringen müssen als Kinder aus so genannten geordneten Verhältnissen.«

Freda gehört zu den wenigen Kindern von alliierten Soldaten, die von Kindheit an darüber Bescheid wussten, wer ihr Vater war. Auch in ihrer Familie wurde nie ein Geheimnis daraus gemacht. Sie beginnt ihre Erzählung im biografischen Interview mit folgenden Worten:

> »Ich [habe] einen französischen Vater, der in Innsbruck stationiert war und ich [bin] eigentlich kein Zufallsprodukt, wie so viele, sondern meine Mutter und mein Vater haben sich also wirklich geliebt. Mein Vater war die Liebe ihres Lebens, bis zum Tod, eigentlich. Und es sind nur verschiedene Umstände dann gewesen, dass eben mein Leben so verlaufen ist und ich meinen Vater nie kennengelernt habe. Und das hat mein Leben sehr geprägt, muss ich sagen.« (00:00–00:01)

Fredas Vater Théodore sprach sehr gut Deutsch, da er während des Krieges in Oberösterreich einige Zeit lang in Kriegsgefangenschaft gewesen war. In Innsbruck war er in der französischen Verwaltung tätig und für die Transporte von Gütern zwischen Paris und Tirol zur Versorgung der Truppen zuständig. Fredas Mutter Emmi lernte Théodore über ihre Schwester Judith kennen, die bereits mit einem Franzosen liiert war. Obwohl Théodore alle drei Wochen nach Frankreich reisen musste, fanden er und Emmi Zeit, sich besser kennenzulernen und es entstand eine innige Liebesbeziehung.

Während Emmis Schwangerschaft wurde der werdende Vater, von Beruf ursprünglich Polizist, nach Frankreich zurückbeordert, um dort wieder in den Polizeidienst einzutreten. Er hätte Emmi gerne geheiratet, aber sie hatte Bedenken, nach Frankreich mitzukommen. Sie konnte die Sprache nicht und offenbar versuchten auch Emmis Eltern, sie von dieser Idee abzubringen – möglicherweise auch, weil sie mit Judith bereits eine Tochter hatten, die mit einem Franzosen verheiratet war und später dauerhaft nach Frankreich übersiedelte. Théodore lebte zur Zeit der Geburt seiner kleinen Tochter bereits wieder in Frankreich, zu Beginn bestand noch ein wenig Kontakt. Auch seine Familie hätte das Baby gerne nach Frankreich geholt, gelegentlich wurde Babykleidung nach Österreich geschickt. Etwa ein Jahr nach Fredas Geburt brach ihre Mutter jedoch die Beziehung zu Fredas Vater ab. Wie Freda später in Erfahrung brachte, hatte ihre Mutter den Vater auch in der Geburtsurkunde nicht angegeben. »Dadurch sind auch keine Zahlungen für mich eingegangen«, erzählt Freda:

> »Sie hat auf alles verzichtet, sie will das nicht. Nur war halt die Sache dann die, dass ich halt auch dann dagestanden bin und meine Mutter diesen Verpflichtungen absolut nicht nachgekommen ist. Die hat mich da schwer hängen lassen und das hat dann auch dazu geführt, dass ich zu meiner Mutter nie ein positives Verhältnis gehabt habe.« (00:11)

Freda ist bei ihren Großeltern in einem Dorf aufgewachsen: »Da war es schon schlimm, erstens, dass meine Mutter ein lediges Kind gehabt hat und dann kam noch dazu: ein Ausländer. Also das war ja dann doppelt schlimm.« (00:03) Nach ihrer Geburt seien die Nachbar:innen zu Besuch gekommen, um das Baby zu sehen. In Wirklichkeit wären sie neugierig gewesen, wie ein »Ausländerkind« aussieht. »Das hat meine Oma oft erzählt, weil sie hat gesagt: ›So was deppertes, nit?‹« (00:31), erinnert sich Freda. Von klein auf hatte sie das Gefühl, ein »Exot« zu sein, wie sie es nennt, auch in der eigenen Familie. Nur im kleinsten Kreis, bei den Großeltern, ging es ihr gut, dort war ihre Kindheit mehr oder weniger unbelastet. Sie erinnert sich an ihre Großeltern als »herzensgute Leute«, die ihr Enkelkind sehr geliebt haben. Vor allem zum Großvater hatte sie eine sehr innige Beziehung. Die Großeltern waren immer Vorbilder für Freda im Hinblick darauf, wie die beiden gelebt und vor allem auch wie sie ihre Beziehung zueinander gestaltet hatten. Mit dem Kind dürften die beiden einen liebevollen, angenehmen und ruhigen Umgang gehabt haben. Im Unterschied zu ihren Freundinnen, bei denen Schläge in der Erziehung vorkamen, und zwar durchaus auch mit dem Kochlöffel oder dem Hosenriemen des Vaters, wenn dieser wieder einmal getrunken hatte, erlebte Freda als Kind niemals körperliche Gewalt.

Von den übrigen Familienmitgliedern hingegen wie Tanten und Onkeln, aber auch der eigenen Mutter und später dem Stiefvater bekam sie deutlich zu spüren, dass ihre Herkunft als Makel betrachtet wurde und der Blick auf sie immer durch diese Vorbehalte geprägt war. Im Laufe unseres Gesprächs entsteht bei mir der Eindruck, dass Freda mit hohen und teils widersprüchlichen Erwartungen konfrontiert wurde und es gar nicht möglich war, ihnen gerecht zu werden: »Wenn ich mich nicht so verhalten habe, wie man erwartet hat, dann war ich halt sofort der Franzosenfratz. Ja und das hat mich dann schon sehr verletzt, muss ich sagen.« (00:03)

Im Rückblick beschreibt sie sich selbst als sehr schüchternes Kind, das irgendwie »immer ein bissl anders« (00:26) war. Einen Grund sieht sie darin, dass ihre Mutter ihre Vorstellungen von dem, was sie für Freda als angemessen erachtete und was nicht, in großem Ausmaß durchsetzen konnte, obwohl sie mittlerweile weiter weggezogen war. So durfte sie als Kind weder Skifahren noch Schwimmen und aus ausgelasseneren Spielen mit den Kindern aus der Nachbarschaft musste sie sich heraushalten. Sie sollte stets sauber sein und sich nur ja nicht die Kleidung schmutzig machen, das war ihrer Mutter am wichtigsten. Dadurch geriet Freda in die Rolle der Außenseiterin, worunter sie als Kind litt und was dazu führte, dass sie sich zunehmend zurückzog und viel las. Aber auch das wiederum war nicht recht: »Dann hat es geheißen: ›Musst du nur immer hinter einem Buch sein?‹« (00:27)

Freda war wissbegierig, sie lernte gerne und hatte in der Schule gute Noten. Aber die Schule war auch eine Institution, die ein bürgerliches Familienideal vertrat und es Kinder spüren ließ, die dem nicht entsprachen. Zum Beispiel war es üblich, die Namen der Eltern öffentlich abzufragen. Mehrmals in ihrer Schullaufbahn wurde Freda in die Situation gebracht, darauf nicht erwartungsgemäß antworten zu können:

> »Das war für mich schon sehr, sehr schlimm, dass ich immer so diejenige war, die hat jetzt keinen Vater, nicht? Vielleicht haben

> es die Mitschüler gar nicht so empfunden, wie ich das jetzt empfinde. Aber trotzdem: es hat mich die ganze Schullaufbahn eigentlich immer irgendwie eingeholt.« (00:14)

Auch in den damals noch üblichen Schülerbeschreibungsbögen wurden Bemerkungen zur Familiensituation eingetragen, die den pejorativen Blick der Lehrpersonen widerspiegelten: »›milieugeschädigt‹ oder ›Mutter kümmert sich nicht‹. Also sehr negativ, aber ich selber sei halt sehr fleißig und brav« (00:15), erinnert sich Freda an die Einträge. Aufgrund ihrer guten Noten stand ein möglicher Übertritt in ein Gymnasium nach dem Abschluss der Pflichtschule im Raum. Im familiären Umfeld wurde das für ein Mädchen nicht als geeignete Wahl erachtet, da habe es geheißen: »Ja, ein Mädel, das heiratet.« (00:04) Außerdem wurde ihr vorgehalten, sie brauche sich nicht besser zu fühlen als andere. Auch vonseiten der Mutter war ein Gymnasialbesuch nicht erwünscht. Freda denkt, dass der Stiefvater zu dieser Haltung beigetragen habe, da er ihr unterstellte, dass sie sich zu schön vorkomme, um arbeiten zu gehen.

Bei Freda erwies sich die gesetzliche Lage, die vorsah, dass bei ledig geborenen Kindern das Jugendamt zum Vormund bestellt wurde, als Glücksfall. Die zuständige Jugendamtsmitarbeiterin setzte sich dafür ein, ihr den Weg zur Matura zu ermöglichen – ein Weg mit Mühen und Hindernissen, der beinahe schon wieder endete, bevor er richtig begonnen hatte:

> »Dadurch, dass [die Mutter] so dagegen war, dass ich ins Gymnasium gehe, hat sie mich sogar hinter meinem Rücken … Also [als] das Jugendamt mich angemeldet hat, hat sie mich abgemeldet. Also es war immer ein Theater um mich, es hat nichts normal laufen können.« (00:29)

Auch während der Schulzeit im Gymnasium war es nicht leicht. Die Großeltern konnten Freda nicht unterstützen, denn »die haben ja selber nichts gehabt« (00:27). Sie musste sich um Stipendien bemühen und Wege finden, um die Kosten für das Schülerinnenwohnheim aufzubringen. Als Jugendliche bei »sämtlichen Ämtern herumbetteln« zu müssen, hat sie als unangenehm in Erinnerung. In der Schule hatte sie das Gefühl, sich stets mehr beweisen zu müssen als andere Kinder: »Im Gymnasium habe ich immer mehr Leistung erbringen müssen als Kinder, die aus so genannten geordneten Verhältnissen kamen.« (00:15)

Rückblickend denkt Freda, dass ihr Leben wahrscheinlich ohne diese engagierte Jugendamtsmitarbeiterin anders verlaufen wäre. Ihr verdankt sie auch die Anmeldung für das Patenschaftsprogramm des damals relativ neu gegründeten Vereins »Rettet das Kind«. Sie bekam eine Patentante, zu der sich eine langjährige Beziehung entwickelte, die bis kurz vor deren Tod in den 1990er Jahren andauerte. Fredas Patentante war eine Journalistin aus Wien, die sie auf mehreren Ebenen unterstützte. Zum Beispiel interessierte sie sich dafür, wenn Freda Aufsätze schrieb und ließ sich diese zusenden, um der Jugendlichen Rückmeldungen und Verbesserungsvorschläge zu geben. Sie half ihr bei der Maturavorbereitung und schickte ihr Bücher, die besonders wertvoll für Freda waren, da sie zu Hause keine bekam. Darüber hinaus ermöglichte sie ihr auch Erfahrungen, durch die sich Fredas Horizont wesentlich erweiterte und an die sich Freda heute noch gerne erinnert:

> »Sie hat mir zum Beispiel einen England-Aufenthalt finanziert, [...] weil da hat sie Bekannte drüben gehabt und ich war dann als Au-pair drüben. [...] Oder nach Wien hat sie mich eingeladen und mir Provinzmädel halt dann ein bisschen kulturelle Dinge gezeigt und verschiedene Interessen geweckt.« (00:38; 00:40)

Diese Förderung des Bildungswegs und der kulturellen Interessen bedeutete viel für die Jugendliche, denn die Großeltern waren »ganz einfache Leute« (00:42) und sonst »hat sich doch niemand darum geschert, was ich da tu« (00:42), so Fredas Resümee.

Im Laufe des Interviews verstehe ich besser, was Freda meint, wenn sie das Gefühl beschreibt, dass sie von ihrer Mutter hängen gelassen worden sei. Nachdem Emmi erneut geheiratet und zu ihrem weiter weg lebenden Mann übersiedelt war, kam sie nur noch sporadisch zu Besuch. Die darauf folgenden Begegnungen hat Freda als »unentspannt« in Erinnerung, denn immer hatte die Mutter etwas auszusetzen. Einmal passte das Verhalten nicht, dann wiederum sei sie falsch gekleidet gewesen – irgendetwas gab es immer zu bemängeln. Die Treffen mit der Mutter waren »dann immer so irgendwo mit Kritik verbunden« (00:28), erzählt Freda. Sie versuchte, diese zunehmend zu vermeiden: »Wenn ich gemerkt habe, dass meine Mutter kommt, habe ich mich sogar versteckt, dass sie mich nicht findet. Das war schon keine gute Beziehung.« (00:28)

Freda hat rückblickend den Eindruck, ihrer Mutter sei es hauptsächlich darum gegangen, dass sie »funktioniere«: Sind die Noten gut? Ist das Kind sauber und ordentlich gekleidet? An Freda als Person – wie es ihr ging, welche Gedanken sie sich machte, was sie vielleicht gerne wollte und was ihr wichtig war – hatte ihre Mutter hingegen kein wirkliches Interesse. »Ich glaube ihr sogar, dass sie selber geglaubt hat, dass sie mich gerne mag. Aber was sie gesagt hat und was sie getan hat, hat halt nicht [zusammen]gepasst« (00:11), beschreibt Freda die schwierige Beziehung zu ihrer Mutter. Eine Ansprechperson, wenn es Freda einmal nicht gut ging oder sie etwas bedrückte, war ihre Mutter nicht. Um sich öffnen zu können, hätte es mehr Wohlwollen vonseiten der Mutter und ein grundlegendes Vertrauen zu ihr benötigt. Als Kind und Jugendliche musste Freda mit ihren Problemen allein zurechtkommen, was dazu führte, dass sie als junger Mensch »sehr, sehr introvertiert« (00:13) war.

Das Aufwachsen mit dem Stigma Besatzungskind und ihre Außenseiterrolle in der Familie wie in der dörflichen Umgebung, aber auch ihr Wunsch nach Bildung, der so gar nicht zu den Vorstellungen ihrer Verwandtschaft und ihres Umfeldes passte, hatte lang andauernde Auswirkungen auf Fredas Leben und ihre Persönlichkeit. Das Gefühl, nicht wirklich den Erwartungen zu entsprechen, setzte sich auch im späteren Leben fort. Obwohl sie eine Ausbildung als Lehrerin hatte, arbeitete sie im Büro ihres Mannes, der sehr darauf bedacht war, dass sie sich an traditionelle Weiblichkeitsvorstellungen anpasste:

> »Ich habe mich nicht kleiden können, wie ich es gerade gerngehabt hätte, ein bisschen ausgeflippt und so, das war da nicht möglich. Mein Mann hat sehr darauf Wert gelegt, dass ich mich

> halt ordentlich benehme und als seine Frau ihn da nicht blamiere. Ich habe zu laut gelacht, zu laut gedacht, aber das habe ich mir dann abgewöhnt … und das hat mir alles nicht gutgetan.« (00:23)

Mit der Zeit entstanden psychosomatische Beschwerden und erst nach dem Tod ihres Mannes konnte Freda sich aus der ländlichen Enge befreien. Die Übersiedlung in die Landeshauptstadt, aber auch die Auseinandersetzung mit sich selbst, zum Beispiel im Rahmen von Seminaren zur Persönlichkeitsbildung, waren eine große Hilfe, um sich die für sie so wichtigen Freiheiten zuzugestehen. Freda versucht zu beschreiben, was sie lange Jahre mit sich herumtragen musste: »Dieses Gefühl, als ob ich da jetzt schuld wäre« beschreibt sie als

> »eigentlich so ein undefinierbares Gefühl, das da immer da war, und ja, das war nie gut. Und das habe ich also im Laufe der Jahrzehnte, muss ich sagen, dann komplett abgelegt, aber es hat lang gedauert und ich habe sehr viel an mir gearbeitet, um bestimmte Muster da einigermaßen loszuwerden.« (00:21)

Im Laufe dieses langen Prozesses war es ihr möglich, sich mit ihrer Mutter auszusöhnen und sie so zu akzeptieren, wie sie war. Mittlerweile kann sie ohne Groll auf die Vergangenheit, auf ihre Kindheit und Jugend zurückblicken.

Bis sie sich mit ihrer familiären Herkunft väterlicherseits auseinandersetzen konnte, dauerte es noch einige weitere Jahre. Freda wusste zwar immer schon, dass ihr Vater ein französisches Besatzungsmitglied war, denn sowohl ihre Mutter als auch die Großeltern erzählten von ihm. Da Théodore gut Deutsch sprach, konnte er sich mit der Familie unterhalten, wenn er zu Besuch war. »Die haben den sehr gemocht« (00:33), erzählt Freda. Ihre Mutter und die Großeltern hätten immer positiv über ihren Vater gesprochen: »›Und ja, der Théodore, so ein feiner Mensch‹, [haben sie gesagt], ›und du schaust ihm total gleich.‹« (00:33) So entstand ein positives Vaterbild. Als Freda etwa 15 Jahre alt war, setzte die Jugendamtsmitarbeiterin eine erste Initiative um herauszufinden, ob eventuell eine Verbindung zum Vater aufgenommen werden könnte. »Da hat

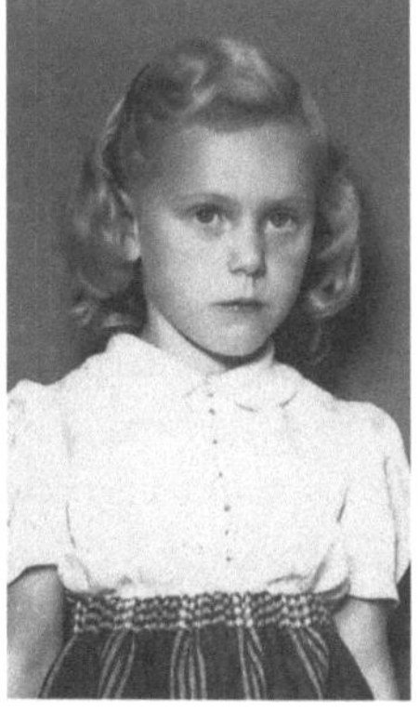

Abb. 11, 12 und 13: *»Ich und meine Eltern«*. Mit diesem Titel versehen hat Freda mir diese Zusammenstellung der drei Bilder zugesandt. Freda wuchs weder mit ihrem Vater noch mit ihrer Mutter auf, sondern bei ihren Großeltern. Es war ein lang gehegter Wunsch, ein Foto von ihrem Vater Théodore zu bekommen, denn ihr Stiefvater hat das einzige Bild, das Fredas Mutter besaß, zerrissen. Als vor rund zwei Jahren die Kontaktaufnahme zu Fredas französischer Halbschwester gelang, erfüllte sie diese Bitte und schickte ihr drei Fotografien ihres Vaters. (Quelle: Privatbesitz Freda)

meine Mutter dann ganz rigoros ›Nein!‹ gesagt, sie will das nicht. Und ich habe dann auch nimmer wollen« (00:16), erinnert sich Freda an diese Phase ihres Lebens. Das hatte auch damit zu tun, dass sie als Jugendliche im Gymnasium ohnehin dauernd damit beschäftigt war, den Mangel an »geordneten Familienverhältnissen« durch Leistung wettzumachen.

Als sie später wieder das Interesse an diesem Teil ihrer Familie und den Wunsch, den Vater kennen zu lernen, verspürte, war die Angst davor zu groß, was wohl auf sie zukommt, wenn sie sich auf die Suche begibt. Von ihrer Tante in Frankreich hatte sie erfahren, dass sie Halbgeschwister hatte. Aber wie würden diese reagieren, wenn sie versuchte, Kontakt aufzunehmen?

> »Man muss ja damit rechnen, dass die französische Familie ja sehr wahrscheinlich nicht weiß, dass es mich gibt. […] Und da war eigentlich die Angst größer als mein Bedürfnis, diese Fami-

> lie kennenzulernen … Auch wahrscheinlich die Angst, abgelehnt zu werden, oder dass man glaubt, ich will jetzt da etwas erben.« (00:17–00:18)

Erst als sie schon auf die 70 Jahre zuging, konnte sie sich auf die Auseinandersetzung mit ihrer französischen Herkunft einlassen. Dieser Prozess begann mit scheinbar unbedeutenden Schritten, etwa in Gesprächen ganz bewusst zu erwähnen, dass sie einen französischen Vater hat. Die Wirkung von solchen Entscheidungen sollte jedoch nicht unterschätzt werden. Die ersten kleinen Schritte führten Freda schließlich zur Teilnahme an einer wissenschaftlichen Studie und zur Kontaktaufnahme mit dem Verein *Cœurs sans Frontières – Herzen ohne Grenzen*. Mit dessen Hilfe gelang es, eine Halbschwester ausfindig zu machen, aber tatsächlich in Kontakt zu treten erwies sich als nicht so einfach. Freda schickte ihr eine Nachricht über Facebook, aber eine Antwort blieb aus. Wer weiß, was diese Nachricht, dass es eine Schwester in Österreich gibt, bei ihr ausgelöst hatte? Wer weiß, ob Théodore seinen Kindern von seinen Erfahrungen im und nach dem Krieg erzählt hatte? Es sind vor allem zwei Dinge, die sich Freda von der Halbschwester sehnlich wünscht:

> »Ich möchte nur einmal ein Foto [von meinem Vater] haben, weil das einzige Foto, das meine Mutter gehabt hat, hat mein Stiefvater zerrissen. Also ich weiß gar nicht, wie er ausschaut. Weil das nützt mir nichts, wenn wer sagt, du schaust wem gleich. Und mich tät es einfach interessieren, wie sie [die Halbschwester] ihn als Vater erlebt hat. Wie war er? Denn ich weiß ja gar nichts, ich habe nur dieses positive Vaterbild …« (00:34)

Nachdem wir uns kennengelernt haben und ich Freda zu ihrer Lebensgeschichte interviewen durfte, kam es mehr als zwei Jahre später, im Zuge der Vorbereitungen für dieses Buch, zu einem Wiedersehen. Nun erfahre ich, dass Freda in der Zwischenzeit tatsächlich die ersehnte Antwort ihrer Halbschwester erhalten hat. Ein intensiverer Austausch wurde daraus zwar nicht, aber der für Freda so wichtige Wunsch nach Bildern von ihrem Vater Théodore ging

Abb. 14: *Vater und Halbschwester vor ihrem Haus in Frankreich*. Eines der drei Bilder, die Freda von ihrer Halbschwester zugeschickt bekommen hat, zeigt diese als etwa zehnjähriges Mädchen, eingehängt im Arm des Vaters. Auch wenn sich Freda sehr darüber freut, endlich Bilder ihres Vaters zu besitzen, so ist das Betrachten dieser Aufnahme immer auch mit etwas Wehmut verbunden: Wie gerne hätte auch sie solche Momente mit ihrem Vater geteilt. (Quelle: Privatbesitz Freda)

in Erfüllung. Drei Fotos bekam sie zugeschickt: eines zeigt Théodore als Kind, eines ist ein Portrait von ihm als junger Mann und auf einem dritten Foto ist Fredas Schwester als etwa zehnjähriges Mädchen gemeinsam mit dem Vater abgebildet. Das habe sie sich wirklich schön überlegt, sagt Freda zu dieser Auswahl an Bildern. »Ich meine, ein jeder will doch wissen, wo er eigentlich herkommt« (00:16), brachte sie es im Interview auf den Punkt. Freda hat das noch fehlende Puzzlestück zu ihrer eigenen Geschichte erhalten.

Harald: »Ich hätte mir auf jeden Fall gewünscht, dass mir jemand die Wahrheit sagt.«

Harald ist in einer kleinen Tiroler Gemeinde aufgewachsen. An seine frühe Kindheit hat er nur wenige konkrete Erinnerungen, aber schon als kleines Kind habe er »einfach gemerkt, dass irgendwas nicht stimmt« (00:01), dass in seiner Familie etwas anders war als in anderen Familien. Immer wieder tauchen in unserem Gespräch kurze Episoden auf, mit denen Harald mir einen Einblick in sein Erleben als Kind geben will. Zum Beispiel erinnert er sich, dass er das einzige Kind im Dorf war, das am ersten Schultag alleine zur Volksschule gehen musste. Alle anderen Kinder wurden von ihren Eltern begleitet, nur er nicht, denn seine Mutter war scheinbar »unabkömmlich«. An anderer Stelle erzählt er, wie er in der Schule bemerkte, dass ihm niemand beigebracht hatte, seine Schuhe zu binden. Er schämte sich, weil ihm die anderen Kinder dabei helfen mussten. Seltsam war für Harald auch, dass er zu Weihnachten immer große Geschenke bekam, Süßigkeiten, Spielsachen und auch Bücher. Später, als er lesen lernte, fiel ihm auf, dass diese auf Englisch waren. »Once upon a time …«, so begannen die Geschichten. Nach dem Weihnachtsfest musste er sich jedes Jahr bei einem Münchner Unternehmer, der in der Nähe wohnte, für die Pakete bedanken. Harald ist sich sicher, dass seine Mutter diesen wohlhabenden Bekannten »vorgeschoben« hatte, denn es gab keine schlüssige Erklärung dafür, warum dieser Mann ihm derart großzügige Geschenke machen und in welchem Verhältnis er zur Familie stehen sollte.

Auch andere Menschen, die er in kein sinnhaftes Verhältnis zu seiner Familie einordnen konnte, spielten in seiner Kindheit eine

Rolle, zum Beispiel Rosa, eine Frau in Uniform, die monatlich zu Besuch kam. Heute denkt Harald, dass sie wohl der amerikanischen Garnison angehörte, die nicht weit entfernt in Deutschland stationiert war. Jedenfalls hat er sie als freundliche Frau in Erinnerung, die mit ihm öfter spazieren ging, und freute sich auf ihre Besuche. In gegenteiliger Weise erinnert er sich an die Hausbesuche der Fürsorgerin. Jedes Mal ermahnte ihn die Mutter, dass er besonders brav zu sein habe: »Ich habe müssen dahocken, wie ein Einser, sozusagen auf Befehl«, erzählt Harald, denn sonst, so die Drohung seiner Mutter, würde ihn die Fürsorgerin mitnehmen. »Ich hätte es eigentlich sollen ausprobieren, nicht?« (00:44), meint er lachend.

Keine Erklärungen vermittelt zu bekommen und vor vollendete Tatsachen gestellt zu werden, gehörten zu jenen Erfahrungen, die Haralds Kindheit und Jugend prägten und sich bis ins Erwachsenenleben fortsetzten. Das war manchmal seltsam oder irritierend, aber auch verletzend, wie zum Beispiel ein »prägendes Erlebnis als Kind« mit einer Katze, die ihm zugelaufen war:

> »Da habe ich eine entlaufene Katze gefunden, eine kleine Katze, und Katzen mochte ich gerne als Kind. Ja, die Katze habe ich genau zwei Tage gehabt, dann war sie weg. Ja, und ich weiß auch, wer sie weg[gegeben] hat, der Stiefvater: Ja, ich brauche keine Katze, nicht? Und das tut dann als Kind in dem Alter weh.« (00:46)

Auch im biografischen Rückblick, aus der Distanz vieler Jahrzehnte, scheint es schwer verständlich, dass ihm diese kleine Freude nicht vergönnt wurde.

Ähnlich wie bei einem Kaleidoskop fügen sich solche »Kindheitssplitter«, wie Harald sie nennt, zu einem fragmentierten Bild zusammen, das die Grundstimmung des familiären Umfeldes widerspiegelt, in dem er heranwuchs. Beim Zuhören kann ich mir im Laufe der Zeit immer eindrücklicher vorstellen, mit welchen Bedeutungen ein von ihm zu Beginn des Interviews geäußerter Satz verbunden ist: »Finanziell ist es mir nicht schlecht gegangen, emotional schon eher« (00:02), meint Harald. »Symptomatisch« dafür sei eine Erinnerung daran, wie er einmal von zu Hause weglaufen wollte:

»Mit vier Jahren – ich kann mich noch gut erinnern – [habe] ich meinen Rucksack gepackt und [wollte] auswandern, als Kind! Und da war ich schon über dem Dorf draußen, das hat überhaupt niemand gemerkt. Und dann haben sie mich geholt, ob ich spinne, oder was? Da sage ich: ›Nein, ich will eigentlich nicht mehr da sein.‹« (00:03)

Seine Erinnerungen an die Volksschule sind ambivalent. Auf der einen Seite ist es ihm wichtig zu betonen, dass er sich vom Schulsystem nicht hat unterkriegen lassen. Auf der anderen Seite erinnert er sich an prägende Ereignisse, beispielsweise wenn ihn der Lehrer, der gleichzeitig der Direktor der Dorfschule war, spüren ließ, dass seine Familie nicht den bürgerlichen Normvorstellungen der Nachkriegszeit entsprach. Erfahrungen von Abwertung und Stigmatisierung teilte er mit vielen ledigen Kindern in der Nachkriegszeit. Hinzu kam, dass er – ohne es selbst zum damaligen Zeitpunkt zu wissen – als ein »Kind vom Feind« (00:07) angesehen wurde und damit in dieser Zeit des Wiederaufbaus die unerwünschte Erinnerung an den verlorenen Krieg symbolisierte. Warum jedoch die Ablehnung durch den Lehrer derart ausgeprägt war, wurde für Harald nachvollziehbarer, als er nach dessen Tod erfuhr, dass dieser während des Krieges eine höhere Funktion im nationalsozialistischen Parteiapparat innegehabt hatte. Viele Strafen, denkt Harald, hatten wohl mehr damit zu tun, wer er war, als damit, wie er sich in der Schule verhielt. Auch im Religionsunterricht war es ähnlich: »Also ich habe die Bergpredigt sicher hundertmal abgeschrieben, aber ich habe nie gewusst, warum.« (00:07)

Harald wurde zum besten Schüler der Volksschule. Das Lernen fiel ihm leicht, in der Freizeit war Lesen seine Hauptbeschäftigung – »weil ich immer alleine war, ich war den ganzen Tag alleine« (00:04). Trotz erfahrener Ablehnung und Stigmatisierung war die Schule zugleich ein Ort, an dem er Bestätigung und – über den Umweg guter Noten – Anerkennung erfuhr. Auf Wunsch seiner Mutter sollte er nach der Volksschule ein bischöfliches Knabeninternat, das damals als »Pfarrerschmiede« galt, besuchen. Haralds Interesse entsprach das nicht unbedingt: »Ich habe […] in meinem Leben nicht eine Sekunde das Bedürfnis gehabt, Pfarrer zu werden.

Ja, schon allein aufgrund der hundertmaligen Bergpredigt, die ich abgeschrieben habe.« (00:07) Kinder hatten damals bei solchen Entscheidungen kaum die Möglichkeit mitzureden.

Allerdings gab es ein Hindernis, denn in der Nachkriegszeit wurden ledige Kinder an diesem Internat nicht aufgenommen, »weil das waren ja Kinder der Sünde«, so Harald nicht ohne Ironie über die in dieser Zeit weit verbreitete Haltung. Zur Lösung dieses Problems beschloss offenbar seine Mutter, ihren Lebensgefährten zu heiraten. Das Kind wurde darüber jedoch nicht informiert. Das führte wieder zu einer Reihe irritierender und kränkender Situationen. Von der geplanten Hochzeit erfuhr er nur zufällig, weil diese während des sonntäglichen Gottesdienstes bekannt gegeben wurde: »Dann liest der Pfarrer so … sagt er: ›Irma Fuchs‹ – [da] denk ich mir: ›Das ist ja meine Mutter.‹ Also ich habe praktisch in der Kirche erfahren, dass die zwei heiraten. Dann bin ich heim, dann sage ich: ›Das ist aber schon seltsam, ich weiß von nichts.‹« (00:09)

Die geplante Änderung seines Nachnamens wurde ihm auf ähnliche Weise zur Kenntnis gebracht: Unter dem Vorwand, es sei für die Aufnahme in die weiterführende Schule noch etwas zu regeln, sollte Harald am Gemeindeamt ein Formular unterschreiben: »Und da habe ich dann unterschrieben mit Harald Fuchs, und am nächsten Tag habe ich Harald Bachmann geheißen.« Im Gespräch erzählt er mir, wie sehr es ihn grämt, dass er nicht einmal nachgefragt hat und auf diese Art und Weise seines Namens, der doch ein wesentlicher Teil einer Person ist, gleichsam beraubt worden war. Wie es sich für ihn angefühlt hat, unterstreicht er mit folgender Überlegung: »Das hat schon sehr viel mit Identität zu tun, wenn man einem den Namen auch noch wegnimmt, den man eigentlich hat.« (00:08) Die Hochzeit fand in Innsbruck statt und ist heute noch, wenn Harald daran zurückdenkt, mit bitteren Erinnerungen verbunden:

> »Beim Hineingehen in die Kirche haben sie [die Eltern] zu meiner Tante und zu mir gesagt: ›Ihr bleibt's in der letzten Bank, damit die Leute nicht glauben, wir gehören zusammen.‹ Das habe ich ihnen nie vergessen, sie haben da vorne geheiratet … Und nachher, weiß ich noch, war das Hochzeitsmahl und dann

sagt der Herr Bachmann: ›Jetzt darfst zu mir Papa sagen.‹ Und dann habe ich gesagt: ›Das wirst du in deinem Leben nie hören von mir.‹« (00:10)

Nach einer Pause fügt Harald hinzu: »Habe ich auch nie gesagt.«

Im darauffolgenden Herbst begann für ihn das neue Schuljahr im Gymnasium mit dem angeschlossenen Internat. Im September wurde er von seiner Mutter hingebracht und erst zu Weihnachten durfte er zum ersten Mal wieder nach Hause. An die Schule selbst hat er die Erinnerung, dass sie »hart« aber »ganz gut« gewesen sei, das Internat hingegen bezeichnet er als »Katastrophe« (00:12). Er erinnert sich an Heimweh und an das Gefühl, alleine gelassen zu werden. Nach etwa zwei Jahren habe er sich gedacht: »Ob ich da weine oder nicht weine, ist völlig egal, es kommt eh niemand.« (00:12) Schon seit der Volksschulzeit hatte er die Haltung entwickelt, für sich selbst, für seine Wünsche und Bedürfnisse einstehen und sorgen zu müssen. »Entweder hilfst du dir selber«, hatte er sich damals gedacht, »sonst hilft dir niemand.« (00:12) Mit der räumlichen Entfernung von seinem Zuhause, vermutlich aber auch mit dem beginnenden Jugendalter folgte für Harald ein Prozess der zunehmenden emotionalen Distanzierung von seiner Mutter. Im Zuge dessen beschloss er, die sonntäglichen Besuche nicht mehr wahrzunehmen. Einmal im Monat durften die Internatszöglinge von 10:00 bis 18:00 Uhr von Familienangehörigen besucht werden. Haralds Mutter und sein Stiefvater kamen üblicherweise erst am frühen Nachmittag für ein ohnehin zeitlich sehr begrenztes Treffen – stets gaben sie an, in Eile zu sein –, bis Harald ihnen sagte, es sei ihm lieber, wenn sie nicht mehr kommen würden. Die Sonntage konnte er fortan für sich nutzen, boten sie doch die einzige Gelegenheit, ein wenig in der Gegend herumzustreunen.

Wenn Harald davon erzählt, wie er bereits in so jungen Jahren begann, die Bindungen zur Mutter zu lockern, und wie er versuchte, sich emotional unabhängig zu machen, mögen seine Worte hart klingen. Wie gut er jedoch daran tat, sich von dem Wunsch eines Kindes nach Bestätigung und Anerkennung durch die eigenen Eltern zumindest ein Stück weit zu verabschieden, zeigt beispielsweise die Reaktion der Mutter auf die bestandene Matura, von der er nur deshalb erzählt, damit »man sieht, wie das Verhältnis war«:

> »Wie ich dann nach der Matura heimgekommen bin, und [in meiner Schule] war die Matura sicher keine leichte … Der einzige Kommentar war von der Mutter: ›Bist durchgekommen?‹ Dann sage ich: ›Ja, sicher. Warum?‹ – ›Ja stell dir die Schande vor, die du mir gemacht hättest!‹ Und das ist für mich immer das Bild: Dass ich ihr nur Schande mache.« (00:14)

Diese Haltung ihm gegenüber habe Harald stets zu spüren bekommen. Wenn er es zuspitzen müsste, dann würde er sagen, dass für seine Mutter immer nur zwei Sachen wichtig gewesen wären: Geld und die Vermittlung eines guten Bildes nach außen. Ein ledig geborenes Kind, noch dazu von einem fremden, als feindlich erachteten Soldaten passte nicht zu diesem Bild. Es scheint, als hätte die Mutter ihm, der doch am wenigsten dafürkonnte, die Verantwortung für das Scheitern an den Normvorstellungen überantwortet. Für seine Mutter war »die Fassade […] alles« (00:57), dafür habe sie viel riskiert, so Harald, auch die Beziehung zu ihm, ihrem einzigen Kind.

Nach der Matura bekam er von der Familie für das angestrebte Pharmaziestudium keine finanzielle Unterstützung mehr. Dass er dennoch die – damals nur einjährige – Ausbildung zum Lehrer machen konnte, verdankt er seiner Partnerin, die damals schon gearbeitet hatte – er selbst hätte sich nicht einmal die Zugfahrt nach Innsbruck leisten können. Später, als er schon berufstätig war, begann er ein Universitätsstudium, Hochzeit und Familiengründung folgten. Die Auseinandersetzung mit seiner Herkunft und die Frage nach seinem Vater traten in den Hintergrund. Mit seiner Mutter darüber zu sprechen, war ohnehin nicht in befriedigender Weise möglich. Bis heute weiß Harald deshalb nichts Genaueres darüber, wie seine Mutter den amerikanischen Soldaten kennengelernt hatte, der sein Vater werden sollte. Wenn er zurückdenkt, kann er keinen spezifischen Moment ausmachen, in dem ihm selbst bewusst wurde, dass sein Vater ein Besatzungssoldat war. Über die Jahre gab es verschiedene Begebenheiten, die er zum damaligen

Zeitpunkt nicht immer einordnen konnte: die Kinder, die ihm am Schulweg »Ami, Ami!« nachriefen, diese Besuche der Frau aus der amerikanischen Garnison und die Weihnachtsgeschenke, eine Bemerkung in einem Streit mit dem Stiefvater, immer wieder Ungereimtheiten. Es sei »alles so verborgen, verschwommen« (00:26) gewesen, aber irgendwann konnte er sich ein ungefähres Bild über seine Herkunftsgeschichte und seinen Vater machen.

Von Menschen aus seinem Umfeld hat Harald erfahren, dass sein Vater in den Monaten nach Ende des Krieges im Haus der Familie einquartiert worden sein dürfte. In einem der alten Familienalben ist auch ein Foto erhalten, das einen jungen Soldaten in Uniform auf dem Pferd der Familie zeigt, sehr wahrscheinlich war dies sein leiblicher Vater. Andere wiederum teilten Harald mit, seine Mutter hätte nach Abzug der amerikanischen Truppen die Möglichkeit gehabt, mit in die USA zu gehen, aber ob das stimmt? Harald vermutet, dass es von seinem Vater wohl Versuche gegeben habe, durch Briefe oder Karten mit ihm in Kontakt zu treten, dass diese aber von seiner Mutter abgefangen worden seien. »Nein, es ist eine dürftige Geschichte, aber wenn sozusagen das Gegenüber so nicht bereit ist, auch nur im Ansatz etwas zu sagen, nicht? Was soll man dann machen?« (00:44), resümiert er im Interview. Einmal stellte er der Mutter ein Ultimatum: er sei nicht eher wieder bereit sie zu treffen, bevor sie ihm nicht zumindest grundlegende Informationen über seinen Vater geben würde. Tatsächlich erhielt er nach einer Weile einen kleinen Zettel von seiner Mutter mit einem Namen, Harold Greene, und einer Adresse. Auch wenn er seinen Vater persönlich nicht mehr ausfindig machen und kennenlernen konnte, gelang es mit Hilfe einer Bekannten immerhin, Unterlagen der amerikanischen Militärverwaltung zu erhalten und so einige wenige Eckdaten aus dem Leben Greenes zu erfahren. Erzählen wollte seine Mutter jedoch weiterhin nichts:

> »Das Problem ist, wenn die Hauptquelle, die Mutter, keine Kommunikation zu dem Thema zulässt. [...] Das habe ich auch gemerkt, wie sie mir die Adresse gegeben hat, da war sie ... Also so habe ich sie noch nie erlebt, also völlig entgeistert, also wie wenn sie in eine Zeit zurückversetzt ist.« (00:41)

Irgendwann, denkt Harald, muss es für seine Mutter in ihrer Geschichte so etwas wie einen Bruch oder einen Schock gegeben haben, der die Ursache für dieses Verhalten ihrem Sohn gegenüber sein könnte – die Ursache für diese Abweisung und dieses Schweigen. Harald hat deshalb auch darüber nachgedacht, ob die Umstände seiner Zeugung möglicherweise gewaltvoll gewesen waren, hat diese Überlegung aber wieder verworfen. Immerhin trägt er den Vornamen seines Vaters, wohl eher ein Indiz dafür, dass es einmal die Absicht gab, den amerikanischen Soldaten in guter Erinnerung zu behalten. War es die Art und Weise, wie die vermutlich kurze Beziehung ein Ende fand? Waren es möglicherweise enttäuschte Hoffnungen? Oder waren es die Reaktionen im dörflichen Umfeld, die dazu geführt haben, dass Haralds Mutter kaum einen positiven Zugang zu ihrem Kind finden konnte?

Wir sind schon seit fast einer Stunde im Gespräch, als ich Harald frage, was er sich rückblickend wünschen würde: Was hätte anders verlaufen sollen? »Also, was ich mir gewünscht hätte, als Kind?« (00:55), fragt er nach und macht eine nachdenkliche Pause:

> »Als Kind, oder zumindest wenig später, ich hätte mir auf jeden Fall gewünscht, dass mir jemand die Wahrheit sagt, ja, und nicht, dass immer nur gelogen wird. Ja, das war für mich eigentlich das Schlimmste: ich bin ja nur angelogen worden von hinten bis vorne. [...] Und, ja, als Kind hätte ich mir eigentlich nur gewünscht, dass man mich als Kind behandelt.« (00:56)

Es sind bescheidene Wünsche, die Harald formuliert. In ihrer Schlichtheit verweisen sie darauf, welche elementaren Bedürfnisse nicht erfüllt wurden und welche grundlegenden Selbstverständlichkeiten ihm gefehlt haben. Kinder nehmen oft die Verhältnisse, in die sie hineingeboren werden, als gegeben hin und akzeptieren sie als ihre je eigene Normalität. Aber schon in jungen Jahren ist Harald aufgefallen, dass er im Vergleich zu anderen Kindern in besonderen Umständen aufwächst.

Seine Familie war kein Ort, an dem er sich wohl fühlen konnte. Was zu Hause fehlte und wie es sein hätte können oder sollen, fällt Harald vor allem durch seine Kontakte mit zwei entfernteren Verwandten auf, bei denen er sich angenommen gefühlt hat. Von einer älteren Frau, vielleicht war es eine Großtante, die er als Kind öfters besuchte, erzählt er, dass sie mit ihm umgegangen sei, wie es mit Kindern üblich wäre: »Die hat mir auch was gekocht und war immer nett und ich bin zu der immer geflüchtet.« (00:50) Auch an einen älteren Mann, der in einem Zimmer des Elternhauses das Wohnrecht besaß, hat er gute Erinnerungen:

> »Der, [das] muss ich sagen, hat sich um mich sehr gekümmert. [...] Der hat mich auch immer beschützt, das muss ich auch sagen, weil einmal haben sie mich in den Keller runter gesperrt, dann hat er mich wieder raufgeholt. Also der hat mich zumindest mögen.« (00:56–00:57)

Diese entfernteren Verwandten tauchen in Haralds Erinnerungen als jene Personen auf, bei denen er das Gefühl hatte, dass sie ihn wirklich gern hatten. Zuneigung, Geborgenheit und Schutz sowie Ehrlichkeit dürften in der Beziehung zu seiner Mutter weitgehend gefehlt haben.

Der Umgang mit seiner Herkunft und vor allem das Verhalten seiner Mutter bewirkten, dass Harald sich distanzieren und sich aus ihrer Umklammerung lösen musste. Er lernte in seinem Leben schon früh sich »selber freizustrampeln« (00:47), beschreibt er die damit verbundenen Anstrengungen. Er benennt auch den Preis für den Beschluss, sich von niemandem mehr derart verletzen zu lassen: dessen Kehrseite bestehe darin, auch niemanden mehr so nahe an sich heranzulassen. Gleichzeitig war seine schwierige Geschichte auch ein Antrieb, selbst anders zu agieren. Da er so viel Ungerechtigkeit erfahren hatte, versuchte er später stets, gerecht zu handeln und sich für jene Kinder einzusetzen, die in schwierigen Verhältnissen leben mussten. Und welche Bedeutung hat der unbekannte Vater? Möglicherweise steht dieser für ein dringend benötigtes Außen, eine Art Ankerpunkt jenseits der familiären und heimatlichen Enge: »Deswegen bin ich auch froh, dass mein Vater sozusagen von Übersee ist«, sagt Harald: »Weil ich glaube, so bin ich halbwegs normal geworden ...« (00:32)

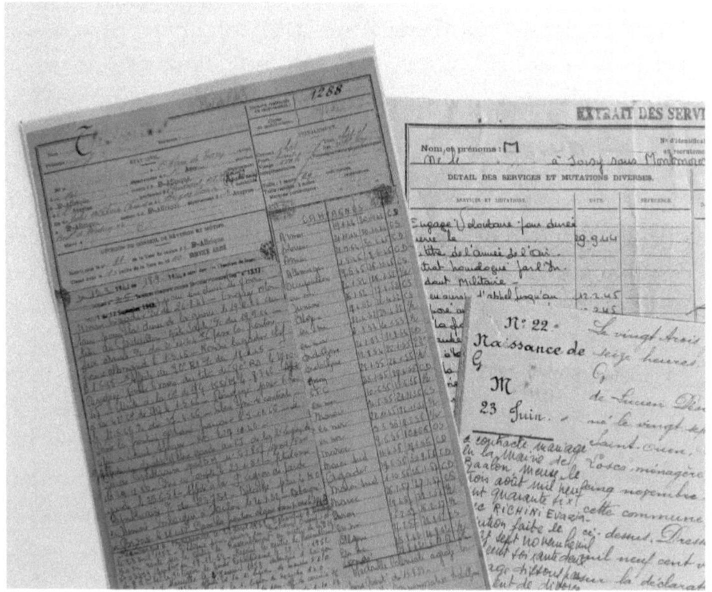

Abb. 15: *Militärakten und Geburtsurkunde*. Lange Zeit war es aufgrund von Sperrfristen nicht möglich, Einsicht in die Militärunterlagen der ehemals in Österreich stationierten alliierten Soldaten zu erhalten. In Frankreich beispielsweise ist die 70-jährige Sperrfrist mittlerweile verstrichen, sodass die Nachkommen der Soldaten die Möglichkeit nutzen können, Informationen über ihre Väter zu erhalten, wenn ihnen deren Namen bekannt sind. Manchmal kann dadurch die Kontaktaufnahme zu noch lebenden Angehörigen unternommen werden. (Quelle: eigene Aufnahme)

Helene: »Dann hat es immer geheißen: Frag da nicht weiter nach, das ist irgendwas von früher.«

Helene ist mit ihrer Mutter und Großmutter in einem – wie sie es liebevoll nennt – »Drei-Mäderl-Haus« in einer Tiroler Kleinstadt aufgewachsen. Über ihren Vater wusste sie lange Zeit nicht viel. Nur ein einziges Foto stand ihr zur Verfügung, das einen gutaussehenden Mann zeigte, der ganz in weiß gekleidet und mit Leinenschuhen auf einem Liegestuhl lag und in die Kamera lächelte. An der Umgebung – einer Palme im Hintergrund und dem Sand – war zu erkennen, dass es irgendwo »im Süden« aufgenommen worden war:

»Und dann hat sie [die Mama, Anm. d. V.] mir immer gesagt: ›Das ist dein Papa, er heißt Eberhard Rauth, ist Doktor und ist, als du zwei Jahre alt warst, in Afrika an Malaria gestorben.‹« (00:09) Die Großmutter väterlicherseits würde in der Salzburger Gegend leben, aufgrund ihres Gesundheitszustandes sei es jedoch nicht zumutbar, mit ihr in Kontakt zu treten oder sie zu besuchen. Helene gab sich mit diesen wenigen Informationen und den oft ausweichenden Antworten ihrer Mutter zufrieden. Erst als Helene schon auf die 60 Jahre zuging, erzählte ihr die Mutter von ihrer kurzen Beziehung zu Helenes Vater: Sein Name war nicht Eberhard Rauth.

Helene kann sich noch genau an dieses Gespräch mit ihrer Mutter erinnern, beim Erzählen kommen ihr heute noch die Tränen. Ihre Mutter war schwer erkrankt und Helene besuchte sie, um ihr im Haushalt behilflich zu sein. Nachdem alles aufgeräumt und geputzt war, setzten sich Mutter und Tochter gemeinsam auf den Balkon:

> »Da hat sie angefangen in den Fotos zu kramen und hat gesagt: ›Ich muss dir was sagen.‹ – ›Ja?‹ Und dann hat sie mir gesagt: ›Der Eberhard, das ist nicht dein Papa.‹ Da war ich [fast] 60 Jahre alt … ›Wer sonst?‹ Dann hat sie mir das andere Foto [gegeben]. ›Das ist dein Papa.‹ Da habe ich zuerst mal nichts gesagt.« (00:10–00:11).

Ihre Mutter habe ein wenig versucht, vom Vater zu erzählen und alles zu erklären, aber Helene konnte nicht länger ruhig sitzen bleiben: »Ich kann mich noch heute erinnern, ich habe meine Tasche gepackt und bin weg. […] Also sie hat mir ja nicht zu viel erzählt, weil ich habe ihr ja gar keine Zeit lassen.« Mit leiser Stimme fährt sie fort: »Ich war so schockiert, echt!« (00:12) Sie war überrascht, dass im Gespräch mit mir die Gefühle von damals wieder hochkamen. Vor dem Treffen hatte sie sich überlegt, dass es sich doch eigentlich um sachliche Information handle. Aber während des Interviews, als sie gerade nach einer Packung Taschentücher sucht, stellt sie fest, wie sehr sie dieser Teil ihrer Geschichte nach wie vor berührt. In der Erinnerung wird der emotional dichte Moment wachgerufen, in dem das Wissen über den eigenen Vater und damit über sich selbst, mit dem sie nahezu sechs Jahrzehnte gelebt hatte, plötzlich seine Gültigkeit verliert und ein Teil der eigenen Lebensgeschichte neu und anders geschrieben werden musste. Helene setzt ihre Erzählung fort und berichtet, dass sich ihre Mutter nach ein paar Tagen bei ihr mit dem Wunsch nach einem erneuten Gespräch gemeldet habe. Diesmal nimmt Helene sich vor, »cool« zu bleiben: »Ich muss ja wissen, was los ist« (00:12), denkt sie sich. Detailreich sei die Erzählung ihrer Mutter zwar nicht gewesen, aber immerhin hatte sie nun erfahren, wer ihr tatsächlicher leiblicher Vater ist.

Helenes Mutter Greta war als Kind zunächst in relativ wohlhabenden Verhältnissen aufgewachsen. Die Eltern betrieben eine Schneiderei und konnten sich sogar eine Hausangestellte leisten – nicht selbstverständlich in der damaligen Zeit. Das an sich unbeschwerte Leben endete, nachdem der Vater während des Zweiten Weltkriegs zum Militär eingezogen worden war. Bei Kämpfen in Italien wurde er so schwer verwundet, dass er seinem Leben schließlich selbst ein Ende setzte. Greta und ihre Mutter mussten nicht nur den Verlust des geliebten Vaters und Ehemannes verarbeiten, sondern in der Folge auch starke finanzielle Einbußen hinnehmen. Gretas Mutter Charlotte konnte den Betrieb alleine nicht weiterführen und wurde bei dessen Auflösung von einem anderen Schneider im Ort »über den Tisch gezogen – wie man eine Frau über den Tisch zieht, die keine Ahnung von Wirtschaft und Geschäft hat.« (00:15) Eindrücklich beschreibt Helene die ungünstigen Folgen einer geschlechtsspezifischen Aufgabenverteilung für ihre Mutter und Großmutter, bei der Frauen oft keinerlei Einblick in finanzielle Belange von Betrieb wie Familie hatten. Die Kriegswitwenrente reichte gerade für die Miete der Wohnung und die Ersparnisse waren bald mehr oder weniger aufgebraucht. Da Charlotte aufgrund eines Unfalles als Kind eine Beinprothese hatte, wurde Greta schon früh die Hauptverantwortung für das Familieneinkommen übertragen. Mit etwa 15 Jahren trat sie eine Stelle beim Zeugamt an, wo sie zunächst als Telefonistin arbeitete. Nachdem die Verwaltung von den Alliierten übernommen worden war, belegte die Jugendliche Französischkurse. Bald waren ihre Sprachkenntnisse so gut, dass sie als Dolmetscherin eingesetzt werden konnte. Im

Zuge ihrer Arbeit lernte sie Jean-Bernard, einen jungen Soldaten, kennen. Sie war damals 17 Jahre alt und »wahnsinnig verliebt«, es dauerte nicht lange, bis sie schwanger wurde. »Sie hat mir nur gesagt, glaub mir, wir haben uns sehr geliebt«, erinnert sich Helene an das Gespräch mit ihrer Mutter: »So als Trost, dass es nicht nur ein One-Night-Stand war.« (00:13) Kurz darauf wurde Jean-Bernard abgezogen und musste nach Frankreich zurückkehren. Möglicherweise spielte für diese Entscheidung das Bekanntwerden seiner Vaterschaft eine Rolle, eine zur damaligen Zeit übliche Vorgehensweise bei den Besatzungsmächten in Österreich und Deutschland, wenn aus Beziehungen oder Liebschaften zwischen Truppenangehörigen und ortsansässigen Frauen Schwangerschaften entstanden. Zugleich ist sich Helene gar nicht sicher, ob der junge Soldat überhaupt von seiner Vaterschaft erfahren hat. Jean-Bernard lernte jedenfalls seine Tochter Helene nie kennen und ihre Mutter Greta hörte nie wieder von ihm.

Bei Helenes Geburt war ihre Mutter 18 Jahre alt, »also noch sehr jung [...] und mein Vater ein französischer Besatzungssoldat. Für die damalige Zeit war das eine Katastrophe« (00:01–00:02), schildert Helene die Situation. Eine Bekannte hatte angeboten, einen Schwangerschaftsabbruch – damals noch strafbar – zu ermöglichen, aber ihre Mutter entschied sich dagegen. Vor allem Helenes Großmutter Charlotte hatte eine sehr deutliche Haltung: das werde man auf keinen Fall machen, denn das Kind, »das schaffen wir auch noch« (00:25). Helenes Mutter wandte sich offenbar an die Besatzungsmacht und wurde mit einer einmaligen Unterstützungszahlung abgefunden. Für diese Geschehnisse mit weitreichenden finanziellen Folgen schreibt Helene auch der Großmutter eine Verantwortung zu: »Ich glaube, da war meine Oma nicht ganz unschuldig, weil die wollte das überhaupt nicht, die wollte das ganz vertuschen und wollte gar nichts annehmen und denen war das natürlich recht.« (00:04)

In den Gesprächen mit ihrer Mutter wurde auch deutlich, warum Greta und Charlotte damals möglichst wenig an die kurze Beziehung von Greta und Jean-Bernard erinnert werden wollten und warum sie sich letztlich entschieden, Eberhard, einen Freund von Helenes Taufpatin, der tatsächlich bei einem Auslandseinsatz an Malaria verstorben war, als Helenes Vater auszugeben: »Und nachher hat sie mir aber eben gesagt, warum sie das getan hat und da ist eben dann rausgekommen, wie grausam die Leute damals waren.« (00:13) Wie viele andere junge Frauen, die romantische oder sexuelle Beziehungen zu Angehörigen der alliierten Truppen eingingen, war auch Greta in ihrem Umfeld jahrelanger Stigmatisierung und – in ihrem Fall verbaler – Gewalt ausgesetzt. Es galt als Verfehlung, sich als Frau mit einem »Feind« eingelassen zu haben, und das bekam die junge Frau noch lange zu spüren. Sie musste Beschimpfungen und Verunglimpfungen ertragen und wollte dies ihrer Tochter ersparen.

Obwohl Helene über ihren französischen Vater nicht Bescheid wusste, war ihre Kindheit dennoch durch diese besondere Herkunft geprägt. Als sie klein war, war ihr Leben zunächst noch weitgehend unkompliziert. Ihre Mutter ging arbeiten und das Mädchen wurde von der Großmutter, die aufgrund ihrer Gehbeeinträchtigung zu Hause war, betreut. Sie wohnten im Stöcklgebäude eines Hauses mit mehreren Parteien und einem großen Garten und hatten in diesem unmittelbaren Wohnumfeld großes Glück mit den Nachbar:innen: »Die Leute im Haus, die haben Bescheid gewusst, aber die haben mich alle mögen«, erinnert sich Helene. »Ja, vielleicht gerade deswegen« (00:25), vermutet sie. Möglicherweise waren die Nachbar:innen gerade aufgrund dieser Familiensituation besonders wohlwollend und freundlich mit dem Kind? Die Frau Castello vom zweiten Stock, eine alleinlebende »feine Dame«, war stets freundlich zu dem Mädchen. Jede Woche ging Helene zu ihr hinauf, um Domino, offenbar Frau Castellos Lieblingsspiel, zu spielen. Sie kann sich noch genau an den Geruch der Wohnung und an die beindruckende goldene Standuhr erinnern, bei der jeweils zur vollen Stunde eine goldene Figur des Todes mitsamt seiner Sense seine Runden drehte und in der die Nachbarin die Urne ihres verstorbenen Mannes aufbewahrte: »Dann habe ich immer einen Kuchen gekriegt, wenn ich bei ihr war, und einen Saft. […] Das war für mich immer ganz ein besonderes Erlebnis, weil ich habe nicht so oft Kuchen gekriegt. Damals war das nicht so selbstverständlich« (00:26–00:27), erzählt Helene. Im Haus wohnte eine weitere ältere Frau, Ärztin von Beruf, mit ihrem Ehemann, deren zwei

Enkeltöchter in einem ähnlichen Alter wie Helene waren. Beide gehörten zu Helenes frühen Kindheitsfreundinnen, eine von ihnen lebt heute noch in ihrer Nähe. Beim gemeinsamen Spiel hätten sie oft so viel Spaß gehabt, dass die Stunden nur so verflogen wären. »Das war eigentlich alles in Ordnung. Solange ich so klein war, habe ich nichts verstanden und niemand wollte mir was Böses« (00:05), so Helene über ihre ersten Lebensjahre.

Auch in der katholischen Mädchenvolksschule ging es ihr zu Beginn gut, erstmals wurde nun aber auch der fehlende Vater Thema. Helene fiel zunehmend auf, dass es nicht der Normalität entsprach, ohne Vater aufzuwachsen. Die damals entstandenen Nachfragen des Kindes veranlassten Helenes Mutter Greta wohl dazu, die Geschichte über den angeblichen Vater Eberhard Rauth zu erfinden. Vielleicht dachte ihre Mutter, dies wäre eine kindgerechtere Version als »einem kleinen Kind [zu] sagen: ›da war Krieg und da habe ich mich halt in einen verliebt und *patsch* und *tschack* und du bist auf die Welt gekommen ...‹« (00:08), überlegt Helene. Dass diese Erklärung nicht der Wahrheit entsprach, dafür gab es Anzeichen, zum Beispiel als Helene in der Schule einmal beim Ausfüllen eines Fragebogens Eberhard Rauth als Vater angab. Die Lehrerin, eine Ordensschwester, ließ Helene daraufhin ihrer Mutter ausrichten, sie möge doch zu einem Gespräch in die Schule kommen. Helene erhielt von ihrer Mutter daraufhin die Anweisung, ihren Vater nie wieder in Formularen anzugeben, denn das sei nicht erlaubt, wenn die Eltern nicht verheiratet wären. Damit war diese Angelegenheit für Helene wieder erledigt. Sie hatte als Kind gelernt zu akzeptieren, dass ihre Mutter nicht gerne über die Vergangenheit sprach:

> »Wenn die Mama [um] irgendwas herumgeredet hat und sich nicht klar ausgedrückt hat, dann hat es immer geheißen: ›Frag da nicht weiter nach, das ist irgendwas von früher.‹ Und ich habe gewusst, da habe ich nicht mehr weiter nachgefragt. Da war dann für mich einfach Schluss, aus.« (0:29)

Erst als Jugendliche hat Helene begonnen, darüber mehr nachzudenken. In der Schule bekam sie den abgewerteten Status als lediges

Kind zu spüren. In ihrer Klasse waren viele Töchter aus gutbürgerlichen Familien, die sich – so Helenes Erinnerungen – selbst wohl für besser hielten und sich mit Hänseleien nicht zurückhielten. Besonders bei einer der Lehrerinnen hatte Helene den Eindruck, dass sie jede Gelegenheit nutzte, um sie zurechtzuweisen. Sie räumte ihr nicht einmal die Möglichkeit ein, ihre Sichtweise zu vertreten, wenn sie von Mitschülerinnen fälschlich beschuldigt wurde, Unruhe zu stiften. Als sie etwa 12 Jahre alt war, kam ein gleichnamiges Mädchen neu in die Klasse. Die Lehrerinnen dachten sich daraufhin einen Spitznamen für Helene aus. Als Kind habe es ihr wehgetan, dass nicht sie, die schon seit sechs Jahren in der Schule war, sondern das später dazugekommene Mädchen den vollen Vornamen behalten durfte. Während ihrer Erzählung wird spürbar, dass es ihr auch heute noch nahe geht, wenn sie darüber spricht. »Das waren so viele kleine Sachen … Mobbing würde man heute sagen« (00:21), findet Helene rückblickend klare Worte.

Mit zunehmendem Alter bemerkte sie, dass sich einige Menschen ihr und ihrer Familie gegenüber abweisend oder gar unfreundlich verhielten. Zum Beispiel gab es einige Nachbar:innen aus anderen Häusern der Straße, die »immer komisch mit der Mama [waren], die haben sie nie gegrüßt« (00:29). Andere blickten der Mutter abschätzig nach, machten unfreundliche Bemerkungen oder Anspielungen. Obwohl sie es nicht richtig einordnen konnte, fiel Helene dieses Verhalten schon als Kind auf. Sie selbst wurde von klein auf dazu angehalten, sich stets gut zu benehmen und freundlich zu sein: »Mir hat halt jeder gesagt, sowohl die Mama als auch die Oma: ›Musst immer höflich sein zu den Leuten, immer schön Grüß Gott sagen!‹ Und ich habe das gemacht, also ich muss ein so ein braves Kind gewesen sein, dass mir das heute unheimlich ist.« (00:16) Rückblickend erkennt Helene, wie anstrengend es für sie als Kind gewesen war, immer auf gutes Benehmen zu achten und stets zu überlegen: Darf ich das machen oder nicht, wie weit kann ich bei »Blödsinn« und Späßen, die Kindern mitunter einfallen, mitmachen?

Dass Helene ein besonders wohlerzogenes Kind war, dürfte im Umfeld bekannt gewesen sein. In der Nachbarschaft gab es beispielsweise einen Ansitz einer wohlhabenden Familie mit zwei

Kindern und Helene war eines der wenigen Kinder, das zum Spielen eingeladen wurde. Diese Familie besaß bereits – wie sonst niemand in der Wohngegend – ein Auto und Mitte der 1950er Jahre kaufte der Vater, ein gut verdienender Arzt, einen Fernseher. Helene kam sich auf der einen Seite »wie auserwählt« (00:29) vor, wenn sie mit der Familie fernsehen durfte, gleichzeitig machte das für sie umso mehr die Unterschiede zu ihrer eigenen familiären finanziellen Situation deutlich.

Darüber täuschten auch die Bemühungen von Helenes Mutter und Großmutter letztlich nicht hinweg. Beiden lag viel daran, die gesellschaftlichen Erwartungen an Familie als einen guten Ort des Aufwachsens zu erfüllen. Helenes Großmutter nutzte ihr handwerkliches Geschick und ihre Ausbildung als Schneiderin, um ihrer Enkeltochter aus alten, abgelegten oder nicht mehr benötigten Kleidern und Stoffen schöne Kleidungsstücke zu nähen: kleine weiße Schürzen, wie sie damals von Mädchen über ihren Kleidern getragen wurden, einen roten Mantel mit dazu passendem Hut – die Großmutter habe immer schöne Ideen gehabt. Auch ihre Mutter hat sich sehr bemüht: »[Die Mama] hat viel Überstunden gemacht, dass ich immer ein nettes Kleidchen habe« (00:58), erzählt Helene. Sie erinnert sich auch daran, dass sie oft zu hören bekam, was für ein hübsches Mädchen sie sei. Aber oft genug seien solche Äußerungen nicht ehrlich gemeint gewesen, zum Beispiel, wenn die Eltern einer Freundin ihr Aussehen mit folgenden Worten kommentierten:

> »›Mei, heute bist aber aufgemaschelt!‹ So quasi, als wenn ich nicht schön sein dürfte. Sie haben ihrer Tochter auch ein neues Kleidchen, ein schönes angezogen, aber ich hatte damals immer das Gefühl, ich darf so schön gar nicht sein. […] Ich habe mich fast geschämt und habe mich oft kleiner gemacht als ich bin.« (00:58–00:59)

Früher dachte Helene, Neid oder Missgunst wären die Ursachen für solche Äußerungen. Mittlerweile ist sie der Meinung, dass ihrer Familie zu verstehen gegeben werden sollte, dass es einer alleinstehenden Mutter nicht zustehe, ihre ledige Tochter gleich schön anzuziehen, wie dies für Kinder aus »geordneten« Verhältnissen selbstverständlich war. Ein Versuch der Teilhabe am bürgerlichen Familienideal, der offenbar als Anmaßung empfunden und als illegitim zurückgewiesen wurde.

Nach dem Tod ihrer Großmutter, damals war Helene vielleicht 12 oder 13 Jahre alt, durfte sie mit einer Schulfreundin zum Mittagessen mit nach Hause gehen und den Nachmittag dort verbringen. Bei dieser Freundin erlebte Helene den Alltag in einer der so genannten »vollständigen« Familien, die sie als eine »von diesen altmodischen Familien« beschreibt:

> »[A]lso das war auch so richtig patriarchalisch. Da habe ich kennengelernt, wie es in einer Familie mit einem Papa sein könnte, aber da habe ich mir oft gedacht, so einen Papa möchte ich nicht. Mit [den] Kindern war er sehr streng, extrem streng und wie der mit seiner Frau manchmal umgesprungen ist. Wenn sie nicht eingeheizt hat oder irgendwas, dann hat er sie zum Ofen hinbefördert, mit dem Knie.« (00:31)

Im Vergleich dazu bevorzugte sie das Zusammenleben in ihrem »Drei-Mäderl-Haus«, in dem »jeder gleiche Rechte und Pflichten« (00:32) hatte. Auf der anderen Seite gibt es, wenn Helene an ihre Kindheit zurückdenkt, aber auch eine Sehnsucht nach einer Vaterfigur. Eine Weile hatte ihre Mutter einen Partner, Herbert, mit dem sich Helene sehr gut verstand. Herbert hätte Greta gerne geheiratet und war auch bereit, Helene zu adoptieren, aber Greta beendete die Beziehung aus Gründen, die Helene nie erfuhr. Sie fand das damals sehr schade, denn wäre ein Vater dagewesen, der sie unterstützt hätte, wäre die Situation in der Schule vermutlich nie so unerträglich geworden. Wahrscheinlich hätten weder die Lehrerinnen noch die Mitschülerinnen gewagt, so respektlos mit ihr umzugehen.

Sowohl Helene als auch ihre Mutter entschieden sich schließlich gegen das Leben in ihrem Herkunftsort, denn in dieser Kleinstadt erfuhren beide die Auswirkungen sozialer Kontrolle und die Macht bürgerlicher Normen und wurden auf einen abgewerteten Platz im sozialen Gefüge verwiesen. Der Ort war klein genug, um

Abb. 16 und 17: *Tanzabend. Links im Rainbow-Club in Wien (1945), rechts ein sowjetischer Informationsoffizier beim Tanz (1946).* Eine beliebte Freizeitbeschäftigung der in Österreich stationierten französischen, britischen, US-amerikanischen und sowjetischen Soldaten war das Tanzen. Zu ihren Tanzabenden luden sie Frauen aus der Umgebung ein, für die solche Anlässe eine willkommene Abwechslung im Nachkriegsalltag waren. (Quelle: ÖNB)

im sozialen Miteinander andauernd damit konfrontiert zu werden, aufgrund ihrer Familienkonstellation die Normalitätserwartungen zu verfehlen. Als junge Frau übersiedelte Helene zu ihrem damaligen Partner nach Innsbruck. Auch Greta entschied sich wenig später für einen Umzug in die Landeshauptstadt. Bei der Räumung der Wohnung kamen zwei Arbeitskollegen von Greta vorbei. Sie scherzten mit ihr, wie schade es doch sei, dass sie fortginge, dann würde im Ort etwas fehlen. Greta ließ sich darauf ein, lachte mit ihnen. Als die beiden Männer gegangen waren, wurde ihr Gesicht jedoch ganz ernst und traurig und sie sagte zu ihrer Tochter: »Mei, bin ich froh, wenn ich wegkomme von der Stadt.« (01:31) Helene vermutet, dass Greta ihr wohl längst nicht alles erzählt habe, was sie erleben und aushalten musste. Auch Helene selbst betont, dass sie mit dem Herkunftsort nichts mehr zu tun haben wollte und später kaum mehr hingefahren sei. Einmal, vor etwa 20 Jahren, wollte sie ihrem neuen Lebensgefährten zeigen, wo sie aufgewachsen war: »Dem habe ich [meinen Heimatort] gezeigt«, erzählt sie mir: »Dann hat er gesagt: ›Mei, ist das eine schöne Stadt.‹ – ›Hör mir auf!‹, habe ich gesagt: ›Die Stadt ist schön, aber die Leute sind weniger schön, die da wohnen.‹« (00:57)

Hildegard: »Man hat aber gemerkt, dass kein so ein Interesse für uns da war.«

Gleich zu Beginn unseres Gesprächs erzählt mir Hildegard, wie Ihre Eltern sich kennengelernt haben. Die französischen Soldaten bemühten sich schon bald nach ihrem Eintreffen in Tirol und nach der Übernahme der Verwaltung in der Besatzungszone um einen guten Kontakt zur einheimischen Bevölkerung, unter anderem durch verschiedene kulturelle und gesellschaftliche Veranstaltungen. So auch in der Kleinstadt im Tiroler Unterland, in der Hildegards Mutter Agnes lebte: Regelmäßig fanden Tanzveranstaltungen statt, die sie häufig besuchte, denn sie war, wie ihre Tochter Hildegard später auch, eine leidenschaftliche Tänzerin. Bei einem dieser Anlässe lernte sie den französischen Versorgungsoffizier Armand kennen, mit dem sie sich fortan öfter verabredete. Dass er ein sehr charmanter und fescher Mann gewesen sein soll, weiß Hildegard aus den Erzählungen ihrer Großmutter Hannelore, die jedoch mit den Vergnügungen der noch jugendlichen Agnes nicht ganz einverstanden war:

> »Die Oma hat ihn [Armand, Anm. d. V.] natürlich kennengelernt, weil sie ja meine Mama suchen gegangen ist und dann wieder gefunden hat: Aha, sie ist jetzt im Hotel Post, oder da oder dort, wo sie halt wieder [eine Veranstaltung] gehabt haben. Da hat die Oma meine Mama natürlich schon geholt, in dem Alter, und hat gesagt: ›Du, so geht das nicht, Agnes!‹ […] Und mein Vater hat halt nachher immer gesagt: ›Mei, lassen Sie sie doch.‹ Einmal hat die Oma ihn gefragt warum [er sie so mag], da hat er gesagt: ›Ich weiß auch nicht, warum ich Agnes so liebe.‹« (00:51)

Für beide, so scheint es, dürften die Tanznachmittage und -abende eine willkommene Abwechslung im Alltag gewesen sein. Aus dem gemeinsamen Tanzen entwickelte sich eine Beziehung zwischen Agnes und Armand. Als Hildegard zur Welt kam, war ihre Mutter erst 17 Jahre alt. Hildegard vermutet, dass ihr Vater zum Zeitpunkt ihrer Geburt noch in Tirol stationiert war, denn er erkannte die Vaterschaft an und ist im Geburtenbuch eingetragen. Armand hätte Agnes gerne geheiratet, aber dazu hätten beide die Einwilligung ihrer Eltern benötigt, denn volljährig war man damals erst mit 21 Jahren. Aber Hildegards Großvater Emil war der Meinung: »Einen Feind heiratet man nicht!« (00:01)

Der Großvater verdiente sein Geld als Musikant und war beruflich viel unterwegs. Er leitete eine kleine Musikkapelle, in der auch seine Söhne spielten, und zog von Auftrag zu Auftrag durch die Schweiz und Deutschland. Aufgrund der Stigmatisierung in ihrem Heimatort nahm Emil seine Tochter Agnes mit, als Hildegard noch ein Kleinkind war. Agnes fand Arbeit in der Uhrenindustrie in der französischen Schweiz. Vielleicht aufgrund der Arbeit, vielleicht aber auch aufgrund ihres neuen Partners, den sie später heiratete, blieb sie dauerhaft dort. Hildegard ist daher bei ihren Großeltern beziehungsweise – aufgrund der beruflichen Abwesenheit des Großvaters – hauptsächlich bei ihrer Großmutter aufgewachsen.

Die Kindheit hat Hildegard aufgrund von Armut und schlechten Wohnverhältnissen als schwierige Zeit in Erinnerung:

> »Ich meine wir waren sehr arm, das muss ich sagen. Meine Großmutter hat ja fünf Kinder aufgezogen, das fünfte Kind, [die Erna,] war schwer behindert und mit der bin ich aufgewachsen. Die Erna war meine Tante, aber sie war für mich zugleich die Schwester. Es war eine schwierige Zeit, weil wir halt nie etwas hatten.« (00:09)

Die Großmutter bemühte sich sehr um ihre Kinder und auch um ihr Enkelkind, zum Beispiel versuchte sie abgelegte Kleidung oder ein paar Schuhe für Hildegard zu organisieren. Obwohl sie gelegentlich Unterstützung aus dem Umfeld erhielten, mangelte es an Vielem. An ein Erlebnis erinnert sich Hildegard noch ganz genau: Sie musste als Siebenjährige für eine Blinddarmoperation ins Krankenhaus und als die Großmutter sie wieder abholen sollte, hatte sie keine Schuhe für das Kind: »Dann hat [die Oma] Schischuhe aufgetrieben, aber wie die früher schwer waren, mit den Eisen dran. [...] Meine Güte, [...] ich habe gemeint ich komme nicht mehr heim, bis mich die Oma das letzte Stück dann heimgetragen hat.« (00:10–00:11) Finanziell hatte es die Familie schwer, selbst in der Zeit, als in Österreich schon ein wirtschaftlicher Aufschwung einsetzte. Natürlich hätte es geholfen, wenn sie Unterstützung von Hildegards französischem Vater bekommen hätten, aber in dieser Zeit gab es kaum eine Möglichkeit, grenzüberschreitend Alimente einzufordern, schon gar nicht bei Militärangehörigen. Sie erhielten nur die damals sehr geringe Kinderbeihilfe. Zudem war der Großvater sparsam und kontrollierte streng die Ausgaben der Familie. Hildegards Großmutter verfügte nie über eigenes Geld, da sie Hausfrau war. Im Lebensmittelladen mussten sie »anschreiben« lassen, bis der Großvater von seinen Reisen nach Hause kam und die Rechnungen begleichen konnte.

Ihre damaligen Wohnverhältnisse bezeichnet Hildegard als »katastrophal«, das könne man sich heutzutage kaum mehr vorstellen. Im Winter konnte nur die Küche beheizt werden, dort schlief die Großmutter. Im Zimmer von Hildegard und ihrer Tante war es manchmal so kalt, dass sich an den Wänden Eis bildete. Mit ihrem ersten Gehalt, das erinnert sich Hildegard genau, kaufte sie für sich und ihre Tante eine Heizdecke, damit sie endlich nicht mehr frieren mussten. Als Kind hatte sie viele Erkältungen, mit fünf Jahren erkrankte sie aufgrund der Wohnverhältnisse an der Lunge und wurde zur Genesung in die französische Schweiz zu einer Pflegefamilie geschickt. »Damit ich gesund werde, haben sie gesagt, müsse ich unbedingt eine Luftveränderung haben, auf über 1 000 Höhenmeter« (00:40), erzählt Hildegard. Leider machte sie dort nicht die besten Erfahrungen – im Gegenteil: Sie fand es schrecklich, manchmal sei sie sogar im Keller eingesperrt worden. Hin und wieder kam die Mutter zu Besuch, aber dieser fiel nicht auf, dass es ihrem Kind nicht gut ging, obwohl Hildegard sich an sie klammerte und ganz verzweifelt war. Einmal gelang es ihr, aus dem Kellerfenster zu klettern und davonzulaufen, aber es war eine kurze Flucht: »Sie haben mich suchen lassen und bald gefunden, da war so ein sumpfiger Boden und da bin ich bis zu den Knien im Sumpf drinnen gestanden.« (00:42)

Nach etwa eineinhalb Jahren kam sie zur Einschulung zurück in ihren Heimatort, konnte aber kaum mehr ein Wort Deutsch, da in der Pflegefamilie Französisch gesprochen worden war. In der Volksschulklasse war sie nicht das einzige Kind eines Besatzungssoldaten. Allmählich kam ihr zu Bewusstsein, dass sie aufgrund ihrer Herkunft anders behandelt wurde als die Kinder einheimischer Eltern. In Hildegards Erzählung wird die ambivalente Rolle der Institution Schule sehr deutlich, die soziale Ungleichheiten entweder verstärken oder auch verringern kann. Am Anfang, als etwa siebenjähriges Kind, nahm sie es noch nicht so wahr, aber etwas später merkte Hildegard, dass sie benachteiligt wurde:

> »Die Besatzungskinder sind in eine Reihe gekommen und die von den anderen Eltern in die andere Reihe. Also wir waren in einer Klasse, aber getrennt. [Da waren Kinder] von den Franzosen, natürlich, von Amerikanern, von Marokkanern, auch Engländer waren dabei. Wir sind dann einfach abgeschottet worden, sozusagen, was mir natürlich erst später so richtig bewusst wurde. Man hat aber gemerkt, dass kein so ein Interesse für uns da war und dass man uns auch gleich einmal abqualifiziert hat. Also da war schon ein bisschen eine Diskrepanz da.« (01:12)

Diskriminierung aufgrund der Herkunft, aber auch aufgrund des Status als Kind einer ledigen Mutter war in der Nachkriegszeit nicht selten. Zum Glück gab es einen Religionslehrer, den Hildegard als aufmerksam und unterstützend beschreibt. Ohne ihn wäre ihre Schullaufbahn mit Sicherheit anders verlaufen. In ihrer Kindheit gab es noch achtklassige Volksschulen. Hildegard erinnert sich, dass andere Kinder in die Hauptschule wechseln durften, während sie und andere Kinder von Besatzungssoldaten keine derartige Empfehlung erhielten. Der Religionslehrer hatte offenbar erkannt, dass Bildung eine der wenigen Möglichkeiten bietet, »doch ein bisschen weiterzukommen«, wie Hildegard es ausdrückt, und er setzte sich dafür ein, dass diese Kinder zumindest zur Aufnahmeprüfung antreten durften. Hildegard bestand und besuchte fortan die Hauptschule, in der zum Beispiel auch Englisch und andere Fächer unterrichtet wurden, die sie in der Volksschule nicht gehabt hätte.

Nach dem Abschluss der Hauptschule stellte sich die Frage, wie es nun weitergehen sollte. Hildegard hatte einen großen Wunsch, sie wollte Kindergärtnerin werden, aber damals gab es vor Ort keine entsprechenden Ausbildungsmöglichkeiten. »Ja, bist du wahnsinnig?« erwiderten die Großeltern, »Wir kriegen eh nichts für dich!«, denn Hildegards Mutter Agnes hatte zu wenig Geld, um ihr Kind finanziell zu unterstützen. Die Optionen schienen zunächst tatsächlich sehr eingeschränkt: »Dann hat es geheißen: ›Du gehst arbeiten, in einem Betrieb, irgendwas werden wir finden. Lehre kommt keine in Frage, das ist finanziell auch nicht möglich.‹ Und der Opa [hat sich vorgestellt]: ›Ja, arbeiten gehen und mit 18 Jahren heiraten.‹« (01:05)

Die Großmutter fand für ihre erst 14-jährige Enkelin eine Anstellung in einem Textilbetrieb, bei dem sie als Laufmädchen arbeiten konnte. An die Arbeitsabläufe erinnert sich Hildegard noch gut. Im Betrieb wurden zum Beispiel Jacken und Pullover gestrickt. Jede der etwa 20 Arbeiterinnen hatte jeweils eine Kollektion mit bestimmter Wolle. Hildegards Aufgabe bestand darin, anhand von Nummern die richtigen Wollknäuel zu bringen: »Ich habe die Nummern bekommen und in das Lager laufen müssen und suchen, wo die Wolle umgeht. […] Und dann habe ich die Wolle gebracht und bin halt für die nächste gerannt, also ich bin den ganzen Tag gerannt.« (00:54) Andere Tätigkeiten durfte sie erst mit 16 Jahren verrichten, zuerst wurde sie am Bügeltisch eingeteilt und musste die gestrickten Teile bügeln, bevor diese zu den entsprechenden Kleidungsstücken zusammengenäht wurden. Später durfte sie an einer Strickmaschine arbeiten.

Erneut setzte Hildegard auf Bildung, um ihren eigenen beruflichen Wünschen näher zu kommen. Neben ihrer Tätigkeit im Textilbetrieb nahm sie an Weiterbildungskursen teil und bewarb sich nach einiger Zeit erfolgreich als Bürokraft in einem anderen Unternehmen. Sechzehn Jahre blieb sie in diesem Betrieb, danach wechselte sie in eine Firma, bei der sie bis zu ihrer Pensionierung als Sekretärin arbeitete. Hildegard blickt mit Zufriedenheit auf ihr Berufsleben zurück. Ihr Beruf habe ihr viel Freude bereitet und sie fand es schön, mit vielen Menschen zu tun zu haben. Sie ist sich dessen bewusst, dass sie ihr gelingendes berufliches Leben hauptsächlich ihrer Eigeninitiative und ihrem Willen zur (Weiter-)Bildung verdankt, denn »man hat es als Besatzungskind schon viel schwieriger gehabt. Man kann zwar nicht sagen, dass wir es nur schlecht hatten, doch wir haben uns viel mehr anstrengen müssen.« (00:25) Neben den finanziellen Schwierigkeiten galt es auch, die Vorbehalte von großen Teilen der Bevölkerung zu überwinden und mit Ablehnung und Diskriminierung umgehen zu lernen. Hildegard kann sich noch gut erinnern, dass die Großmutter ihre Bildungswünsche wohl befürwortete, aber ihr keine praktische Unterstützung bieten konnte: »Die Oma hat immer gesagt: ›Lernen musst du selber, und eines sag ich dir auch: Ich kann dir nicht helfen.‹ Weil sie ist damals schon nach der vierten Klasse ausgeschult worden und musste als Magd arbeiten.« (01:28)

Im Interview erkundige ich mich, ob die Vormundschaft durch das Jugendamt ihrer Einschätzung nach eine Rolle in ihrer Jugend gespielt hat. Hildegard erinnert sich, dass es immer wieder Hausbesuche durch Fürsorgerinnen gab: »Nachschauen, ob alles in Ordnung ist. Was dann immer im Raum gestanden ist, wenn man sich nicht an Regeln hält, und dazumal sind die doch viel strenger gewesen: nachher kommt man ins Heim.« (01:24) Hildegard bezieht sich hierbei auf das Landeserziehungsheim St. Martin in Schwaz und auf die in ihrer Jugend durchaus geläufige Drohung einer Heimeinweisung, die als Erziehungsmaßnahme eingesetzt wurde. Nicht jedoch von ihrer Großmutter, diese hat sie als großzügig und verständnisvoll gegenüber ihren Wünschen in Erinnerung. Wenn sie zum Beispiel tanzen gehen wollte, meinte die Großmutter immer: »Man muss das in der Jugend alles machen, weil im Alter mag man nicht mehr oder man kann nicht mehr.« (01:25)

Nachdem die Großmutter eine neue, kleinere Wohnung bezogen hatte, übersiedelte Hildegard mit zwanzig Jahren nach Innsbruck. Sie kam wöchentlich zu Besuch bei der Großmutter, denn sie hatte damals als einzige Frau in ihrem Umfeld den Führerschein gemacht und besaß ein Auto. Ihre Großmutter sei »wahnsinnig gerne« Auto gefahren und so unternahmen die beiden am Samstag regelmäßig eine Ausfahrt, »bei jedem Wetter«, erinnert sich Hildegard:

»Da habe ich dann die Möglichkeit gehabt, ihr einfach etwas zurückzugeben, denn sie war ein wunderbarer Mensch, sie hat sich immer so bemüht. Die Oma war ein Goldmensch, also die hätte wirklich alles für einen getan und sie hat schon wirklich geschaut, dass ich nach Möglichkeit alles habe.« (00:14)

Hildegard ist sich dessen bewusst, dass das nicht selbstverständlich und für ihre Großmutter auch nicht immer einfach gewesen war. Besonders am Anfang sei die Ablehnung im Umfeld aufgrund der Beziehung ihrer Mutter Agnes und dem Besatzungssoldaten Armand groß gewesen. Als »Franzosenhure« sei ihre Mutter damals beschimpft worden, erinnert sich Hildegard. Als Kind konnte sie das noch nicht einordnen, aber als sie selbst jugendlich war, verstand sie, worauf die Vorbehalte und die offene Ablehnung beruhten, die sie immer wieder mitbekommen hat: »Ich habe zwar darunter gelitten, dass meine Mutter weggezogen ist, aber der Großvater hat ja im Prinzip Recht gehabt, dass er sie mitgenommen hat in die Schweiz, weil sie hätte in ihrer Heimat keine Chance gehabt.« (01:01) Ähnlich sieht das Hildegard auch für sich selbst, auch für sie hätten sich in Innsbruck mehr Möglichkeiten als in ihrer Heimatgemeinde eröffnet.

Als Hildegard etwa 30 Jahre alt war, verstarben im Abstand von nur wenigen Monaten ihre Großmutter und anschließend ihre Mutter. Die Großmutter war damals 78 Jahre alt und schwer krank. »Man hat es ihr ja dann gegönnt, dass sie sterben kann« (00:17), erinnert sich Hildegard. Obwohl sie in der Kindheit und bis ins frühe Erwachsenenalter ihre Hauptbezugsperson war und ihr vor allem auch emotional viel nähergestanden hatte als ihre Mutter, war Hildegard überraschenderweise vom Tod der erst 47-jährigen Mutter mehr betroffen. Sie vermutet, dass dies damit zu tun habe, dass zwischen ihr und ihrer Mutter so viel unausgesprochen blieb. Sie hätte sich gewünscht, dass ihre Mutter ihr mehr über den Vater erzählt, aber da habe diese »geschwiegen wie ein Grab.« (00:07) Das kann sie nicht ganz nachvollziehen, denn »jeder hat sein Schicksal und warum soll er nicht darüber reden, was er erfahren hat und was passiert ist?« (00:19) Hildegard beschreibt sich als sehr offenen Menschen und sie denkt, dass es hilft über Schwierigkeiten zu spre-

Abb. 18: *Hildegard mit ihrer Mutter und Großmutter*. Dieses Bild wurde aufgenommen, bevor Hildegards Mutter ihren Heimatort verließ und eine Arbeit in der Schweiz aufnahm. Sie blieb dauerhaft dort. Wie viele andere Kinder alliierter Soldaten wuchs Hildegard mit ihren Großeltern bzw. hauptsächlich mit ihrer Großmutter auf. Nicht selten übernahmen Großmütter die Sorge für Kinder, die aus Liebschaften oder sexuellen Kontakten mit alliierten Soldaten entstanden: »Das Kind schaffen wir auch noch«, war häufig ihre pragmatische Einstellung. (Quelle: Privatbesitz Hildegard)

chen, aber im Unterschied zu ihr selbst und zu ihrer Großmutter war ihre Mutter Agnes eine sehr verschlossene Frau:

> »Ich habe immer versucht, mehr zu erfahren, aber da hat sie abgeschaltet. Und das sind vielleicht die Sachen, wo ich mir immer gedacht habe, ja später wird sie es mir dann schon sagen und da werden wir vielleicht einmal über das Ganze reden können, wie sie aufgewachsen ist und wie das mit meinem Vater war und so weiter. Das habe ich nie erfahren können.« (00:17)

Hildegards Wissen über ihren Vater besteht somit vor allem aus den Schilderungen ihrer Großmutter. Diese wusste, dass Armand nach Vietnam verlegt wurde und vermutlich dort im Krieg gefallen ist. Von ihrer Mutter erfuhr Hildegard nur, dass ihr Vater gelernter Goldschmied war und sie ihm ziemlich ähnlich sei, mehr jedenfalls als ihrer Mutter. Ihren »eisernen Willen« zum Beispiel hätte sie von ihrem Vater geerbt. Armand hatte Agnes einmal eine selbstgemachte Kette geschenkt, die aber irgendwann verloren ging. Das bedauert Hildegard sehr, denn sie wäre ein schönes Erinnerungsstück gewesen. So blieb letzten Endes eine Leerstelle, die nach dem Tod ihrer Mutter nicht mehr gefüllt werden konnte.

Leonhard: »Ich bin eigentlich fast ein bisschen froh gewesen, dass es so ist, wie es ist.«

Es war nach einem gemeinsamen Skitag mit seinem Freund Peter, als dessen Vater Anton bei Kaffee und Kuchen Leonhard, damals 23 Jahre alt, beiläufig auf seinen »französischen Vater« anspricht. Leonhard war »total baff«, wie er im Interview erzählt. Nie zuvor hatte jemand mit ihm über seine Herkunft gesprochen. Außerdem hatte er ja einen Vater, oder vielmehr: Er hatte einen Stiefvater, wie ihm an diesem Nachmittag bewusst wurde. Nach Leonhards erstaunter Reaktion wollte Anton einen Rückzieher machen – er sei »ganz erschrocken zurückgefahren«, erzählt Leonhard. Aber nun ließ er sich nicht mehr davon abbringen, etwas über seinen leiblichen Vater in Erfahrung zu bringen.

Wie man sich wohl fühlt, wenn man zufällig erfährt, dass der eigene Vater ein ganz anderer ist als man bisher geglaubt hat? Rückblickend sei er sogar froh gewesen, dass er »endlich einmal« davon hörte, denkt Leonhard, denn er erinnert sich an einige Begebenheiten in seinem Leben, denen er nun, vor dem Hintergrund dieses neu erworbenen Wissens, wesentlich mehr Sinn zuschreiben konnte. Im Gespräch mit Anton stellte sich heraus, dass dieser nicht der Einzige war, der über Leonhards Vater Bescheid wusste. In diesem Moment des Gesprächs muss Leonhard schmunzeln, als er mir schildert: »Und daraufhin hat sich dann herausgestellt, [dass] natürlich alle meine Kollegen und Freunde, alle haben es gewusst. Ich war der Einzige, der es nicht gewusst hat.« (00:15) Daher war Anton auch nicht auf die Idee gekommen, dass Leonhard seine Herkunft als Sohn eines Besatzungssoldaten unbekannt sein könnte. »Das Kuriose« an seiner Geschichte beschreibt Leonhard folgendermaßen:

> »Ich war immer schon, wie soll ich sagen, auf der gutgläubigen Seite […] im Leben, nicht? Und mir ist bis zum 23. Lebensjahr nie etwas gesagt worden von zu Hause. Mir ist zwar einiges immer komisch vorgekommen, aber wie gesagt, ich bin so gutgläubig gewesen, immer schon, ich habe mir nicht viel dabei gedacht.« (00:04)

Nach diesem erkenntnisreichen Gespräch mit Anton sprach Leonhard seine Mutter Edith darauf an, die ihrerseits wiederum verwundert reagierte, war sie doch davon ausgegangen, dass ihr Sohn schon längst über seinen Vater Bescheid wisse. Daraufhin antwortete Leonhard seiner Mutter: »Woher sollte ich das wissen?« Im Interview fügt er weitere Überlegungen hinzu: »Ich hätte es spüren können [und] irgendwo hab ich es gespürt. Aber mir wäre es nie in Sinn gekommen.« (00:16) Seine Mutter Edith sei letztlich auch erleichtert gewesen, dass die Wahrheit nun endlich ans Licht kam. Von seinem Vater Philippe konnte sie ihrem Sohn jedoch nicht viel erzählen, immerhin gab sie ihm ein »winziges« Foto. Bis heute ist es das einzige Andenken, das Leonhard von seinem Vater besitzt.

Edith hatte ihre Eltern früh verloren und ist in einem Seitental des Inntals bei Verwandten aufgewachsen. Als junge Frau half sie in deren Lebensmittelladen mit, ohne Bezahlung, sondern – soweit Leonhard weiß – lediglich für Kost und Logis. Sie war noch keine 20 Jahre alt, als die französische Besatzung auch in diesem Dorf eine Kommandantur errichtete. Wie Edith und der französische Offizier Philippe einander kennenlernten, weiß Leonhard nicht. Jedenfalls aber wurde sein Vater bereits vor seiner Geburt aus Tirol abgezogen, nach Angaben der Mutter wusste er nichts von ihrer Schwangerschaft und dem gemeinsamen Kind. Zwar hatte er Edith versprochen, zu ihr zurückzukehren, aber dazu kam es nie. Was aus dem jungen Offizier geworden ist? Leonhard kann nur Vermutungen anstellen: Vielleicht wurde er, wie viele andere französische Soldaten auch, nach Vietnam verlegt? Kann es sein, dass er im dortigen Krieg gefallen ist? Möglicherweise wollte er sich aber auch nicht um die junge Frau und das Kind kümmern, war nur »ein Hallodri? Das weiß man ja nicht« (00:04), so Leonhard. Bislang sind diese Fragen offengeblieben.

Leonhard beschreibt seine Kindheit mit seiner Mutter bei den Verwandten als unbeschwert und weitgehend »ohne negative Erlebnisse« (00:07). Der spezifisch kindlichen Perspektive auf die damaligen Lebensbedingungen ist er sich jedoch bewusst: »Ein Kind«, so Leonhard, »nimmt die Gegebenheiten so an, wie sie eben sind.« (00:11) Seine Mutter hingegen hatte es bestimmt nicht leicht. Bereits ein uneheliches Kind zu bekommen, führte in der Nachkriegsgesellschaft zu Stigmatisierungen. Wenn noch dazu eine Frau in der Gesellschaft der Kriegsverlierer mit einem Angehörigen der Alliierten, die von großen Teilen der Bevölkerung nach wie vor als Feind betrachtet wurden, eine Beziehung einging und schwanger wurde, verschärften sich im konservativen dörflichen Umfeld die daraus folgenden Benachteiligungen. Auch aufgrund der nach wie vor vorhandenen nationalsozialistischen Ideologie bei einigen Menschen in der Verwandtschaft und im Dorf wirkte sich eine solche Familienkonstellation belastend auf die sozialen Beziehungen aus. So meint Leonhard ganz am Ende des Interviews, er hätte es vor allem seiner Mutter gewünscht, dass es anders verlaufen wäre. Möglicherweise wäre sie dann glücklicher geworden.

Als Leonhard etwa drei Jahre alt war, wurde seine Mutter Edith »quasi verheiratet« (00:02). Er ist sich sicher, dass seine Mutter und sein Stiefvater Otto unter heutigen Umständen nie ein Paar geworden wären. Otto war verwundet aus dem Krieg zurückgekehrt und hatte Zeit seines Lebens Probleme mit den Verletzungen. Leonhard beschreibt seinen Stiefvater als emotional unzugänglichen und »total verschlossenen Menschen«, eine Unterhaltung mit ihm sei kaum möglich gewesen. Diese Beschreibung trifft auf viele aus dem Krieg zurückgekehrte Männer zu, die ihre Kriegserfahrungen meist schwer verarbeiten, geschweige denn kommunizieren konnten. Seine Mutter wurde von ihren Verwandten mehr oder weniger mit ihm verkuppelt: »Es ist ihr gesagt worden: ›Also den magst jetzt nehmen, weil sonst hast keine Chance mehr‹ [...] so auf die Art.« (00:25) Offenbar wurde ihr vermittelt, dass sie als ledige Mutter nicht in einer Position wäre, um Ansprüche in Bezug auf die

Partnerwahl zu stellen. Nicht viel später kam Leonhards jüngere Schwester Karolina zur Welt. Leonhard ging in seiner Kindheit und Jugend davon aus, dass Otto der Vater von ihnen beiden war.

Die junge Familie lebte in einer Dachbodenwohnung in einem alten Haus, das Plumpsklo war ein Stockwerk tiefer. Wenn es im Winter kalt war, schliefen alle vier Familienmitglieder gemeinsam in einem Raum, da die Wohnung nicht wärmeisoliert war. Dennoch wurde es oft so kalt, dass man in der Früh den Raureif von den Innenwänden kratzen konnte. Trotz der prekären Wohnverhältnisse bewertet Leonhard sein Aufwachsen in der Nachkriegszeit in positiver Weise. Möglicherweise ging es ihnen im Vergleich zu manch anderen Familien sogar ein wenig besser, denn seine Mutter arbeitete in einem Gemischtwarenladen und brachte immer wieder übrig gebliebene Lebensmittel, sogar Wurstreste, nach Hause, die es bei vielen Freunden von Leonhard nicht gab. Trotz des Mangels und der materiellen Not in der Nachkriegszeit hat Leonhard keine schlechten Erinnerungen an seine Kindheit, das ist ihm wichtig zu betonen. Auch in der Schule sei es ihm gut gegangen. Nach Volksschule und Hauptschule besuchte er eine Fachschule, der er zwar wenig Interesse entgegenbrachte, aber die Wahlmöglichkeiten waren damals – vor allem im ländlichen Raum – begrenzt. Anschließend begann er in einem Betrieb zu arbeiten, bei dem er auch die Meisterprüfung ablegte. Nach etwa zehn Jahren Berufserfahrung wechselte er den Beruf und arbeitete fortan an einer Höheren Technischen Lehranstalt – HTL in Innsbruck als Lehrer.

Im Interview frage ich nach, was Leonhard damit gemeint habe, dass ihm bereits als Kind manche Dinge komisch vorgekommen seien. Wann hat er gespürt, dass bezogen auf seine Familie und Herkunft etwas »nicht stimmte«? Als erstes fallen ihm Hänseleien von älteren Burschen ein. Immer wieder hätten sie ihn gefragt, wie denn sein Vater heißen würde. »Und ich habe dann immer den Namen von meinem Stiefvater angegeben, nicht? Weil ich es eben nicht gewusst habe«, erzählt er. Für diese Burschen war das ein Anlass, lauthals loszulachen. Diese Reaktion konnte Leonhard als Kind nicht einordnen, gleichzeitig hat es ihn weder besonders gestört, noch machte er sich viele Gedanken. Was er sich auch erst im Nachhinein erklären konnte, war seine Beobachtung, dass er von einigen Erwachsenen kaum gegrüßt wurde, obwohl er, wie es damals im Dorf üblich war, allen stets mit einem inbrünstigen »Griaß di!« begegnete. Als Kind nahm er das hin, später wurde ihm klar, dass diese Ablehnung, die ihm von einigen Dorfbewohner:innen entgegengebracht wurde, wohl mit deren nationalsozialistischer Einstellung und damit auch mit der Abwertung seiner Herkunft väterlicherseits zu tun hatte.

Für seine Kindheit und Jugend besonders prägend war das Verhältnis zu seinem Stiefvater, von dem er, bis er 23 Jahre alt war, angenommen hatte, dieser wäre sein Vater. Er fand einfach keinen Zugang zu ihm, zum Beispiel wollte er ihm als kleines Kind nicht einmal die Hand geben, wenn sie gemeinsam unterwegs waren. Es lag nicht daran, dass er etwa schlecht behandelt worden wäre:

> »[E]s hat ganz einfach die Chemie nicht gestimmt, von Anfang an. […] Ich bin total ein Bauchmensch, also ein Gefühlsmensch, schon als Kind … Es ist einfach nicht zusammen gegangen und das ist dann so geblieben, nicht? […] Er hat sich immer anständig mir gegenüber verhalten: er hat meiner Halbschwester und mir gemeinsam einen Baugrund vererbt, er hat mich nicht geschlagen oder verbal beschimpft. Es war einfach eine Nichtbeziehung, kann man sagen.« (00:09–00:10)

Lange war Leonhard nicht bewusst, was ihm emotional fehlte, das kann er erst rückblickend in dieser Weise benennen. Er geht aber davon aus, dass in der Nachkriegszeit generell nicht so viel miteinander gesprochen wurde: »Zwischenmenschlich hat sich da relativ wenig abgespielt.« (00:23) Auch seine Mutter, zu der Leonhard, wie er betont, immer ein gutes Verhältnis hatte, war nicht »allzu gesprächig« (00:18). So erklärt er sich auch, dass sie ihm nie von sich aus von seinem französischen Vater erzählt hat.

Nachdem Leonhard von diesem erfahren hatte, änderte sich zunächst nicht so viel in seinem Leben. Dennoch denkt er, dass dieses Wissen um seine Herkunft längerfristig einen großen Einfluss auf sein weiteres Leben gehabt hat, denn er sieht darin den Beginn seiner Versuche, ein wenig aus der Enge des dörflichen Umfelds auszubrechen, das er als sehr konservativ empfand: »Mir

Abb. 19: *Suche nach dem Vater.* Mit diesem Bild – das einzige, das er besitzt – sowie mit dem Namen und Informationen über Zeitpunkt und Ort der Stationierung in Österreich gab Leonhard eine Suchanzeige auf: Er würde gerne mehr über seinen unbekannten Vater erfahren und danke allen, die ihm bei seiner Suche helfen könnten. Nach mehreren Jahren stellte sich heraus, dass der Nachname des Vaters fehlerhaft notiert gewesen war. Erst nach der Korrektur der Schreibweise führte die von *Cœurs sans Frontières – Herzen ohne Grenzen* unterstützte Recherche zu hilfreichen Informationen über den Vater und über Angehörige in Frankreich. Vielleicht gelingt die Kontaktaufnahme zu dem französischen Halbbruder noch? (Quelle: Privatbesitz Leonhard)

[war] das einfach alles viel zu eng und zu kleinkariert, da drinnen.« (00:37) Aus seinen Plänen, in Südafrika eine Arbeit aufzunehmen, wurde zwar nichts, aber »für Innsbruck hat es gereicht« (00:18), dort lebte er schließlich mit seiner Frau und seinem Kind. Wäre Leonhard Ottos leiblicher Sohn gewesen, hätte er wahrscheinlich den Familienbetrieb übernehmen müssen. Da ihn dieser jedoch überhaupt nicht interessierte, hatte er aufgrund seiner Herkunftsgeschichte wohl letztlich mehr Freiheiten gewonnen.

Leonhard unternahm einige Versuche, seinen Vater, der vermutlich aus der Gegend rund um Paris stammte, zu finden: über den örtlichen Gemeindechronisten und Freunde in Paris sowie durch direkte Anfragen bei Archiven und bei dem Verein *Cœurs sans Frontières – Herzen ohne Grenzen*. Da er aber nur seinen Namen, Philippe T., kannte und sich nicht einmal sicher war, ob die Schreibweise stimmte, verblieb die Suche bislang ohne Erfolg. Dennoch spürt Leonhard eine Verbundenheit zu Frankreich, die er als »fast ein bisschen mystisch« bezeichnet. Auf der Rückreise von einem Urlaub mit seiner Frau und seinem damals fünfjährigen Sohn in der Bretagne verbrachten sie vor der Abfahrt mit dem Autozug noch ein wenig Zeit in Paris. Sie gingen zu Fuß zur Île de la Cité, wo sie auch die Kathedrale Notre-Dame besichtigten. »Ich kann mich erinnern«, erzählt Leonhard,

> »da sind wir in einem Park gesessen und da hat mich das Gefühl beschlichen: ›Da fühle ich mich wohl, irgendwie heimisch.‹ [...] So ein ähnliches Gefühl habe ich gehabt und ich habe mir dann gedacht: ›Ja, ja, das bilde ich mir ein ...‹ Vielleicht, weil ich es gerne so gehabt hätte?« (00:30)

Klara-Maria: »Vom Feind ein Kind ... deswegen ist das so schlimm gewesen.«

Wenn Klara-Maria auf ihre Kindheit zurückblickt, dann ist für sie das Gefühl nachhaltig präsent, auf sich alleine gestellt gewesen zu sein. Aufgewachsen ist Klara-Maria mit ihren Großeltern, auch ihre Mutter war anwesend: zuerst im gemeinsamen Haushalt, später wohnte sie mit ihrem neuen Partner und den aus dieser Verbindung entstandenen gemeinsamen Kindern in der gleichen Straße. Dennoch hat Klara-Maria nicht das Gefühl, dass jemand wirklich für sie da gewesen wäre: »Schade, dass man so ins Leben reingestellt wird und nachher stehst alleine da. Und das bin ich das ganze Leben gewesen.« (01:37) Obwohl die Großmutter eine wichtige Bezugsperson gewesen war, konnte sie diese Leerstelle nicht füllen. In den Erzählungen wird sehr deutlich, was Klara-Maria an Fürsorge gefehlt hat: Schon früh musste sie lernen, sich um sich selbst zu kümmern. Das betraf zum Beispiel die schulischen Anforderungen, die sie ohne Hilfe erfüllen musste, weil ihre Großmutter sie aufgrund ihrer geringen formalen Bildung nicht unterstützen konnte. Aber auch mit ihrer Herkunft als Kind eines französischen Besatzungssoldaten musste sie letztlich selbst zurechtkommen. Lange Zeit wusste sie darüber nicht einmal Bescheid, merkte aber wohl, dass es irgendetwas gab, worüber – zumindest mit ihr – nicht gesprochen wurde und sie »anders« machte. Später, als sie begann Fragen zu stellen, weigerte sich ihre Mutter, darüber zu reden. Diese Umstände hatten erheblichen Einfluss auf ihr Selbstwertgefühl: »Mich hat man nie gefestigt, dass ich so ein Selbstbewusstsein gehabt hätte« (01:36–01:37), beschreibt Klara-Maria. Erst spät begann sie, für sich einzustehen und für Dinge, die ihr wichtig sind, zu kämpfen. Sie hat den Eindruck, dass sie sich das, was anderen durch Familie und Umfeld von klein auf mitgegeben wird, hart erarbeiten musste: »Heute bin ich so, wie ich vielleicht früher gewesen wäre, wenn eine Familie da gewesen wäre.« (01:41)

Einige der wenigen Informationen über ihre Herkunft verdankt Klara-Maria dem Zufall, dass die Hebamme, die die Geburt ihres ersten Kindes begleitete, 18 Jahre zuvor bereits sie selbst entbunden hatte. Von ihr hat Klara-Maria von dramatischen Umständen bei ihrer Geburt erfahren. Vermutlich aufgrund ihres erst Jahrzehnte später diagnostizierten Herzfehlers kam sie als »blaues Baby« (00:01) zur Welt: »Mittags bin ich geboren und bis um sechs Uhr am Abend haben sie mich immer reanimiert.« (00:01) Nach diesem schwierigen Start ins Leben wurde eine Nottaufe durchgeführt. Eigentlich hatte ihre Mutter den Namen Klara ausgesucht, spontan wurde daraus der Doppelname Klara-Maria. Mutter und Großeltern wollten damit wohl den besonderen Schutz der heiligen Maria für das kleine, geschwächte Kind erbeten, vermutet Klara-Maria. Einen solchen Schutz hätte sie in ihrem Leben durchaus benötigt, denn sie war als Kind, aber auch später »sehr viel krank« und hat – wie sie es im Interview ausdrückt – »noch dazu alles [immer] schlimm gehabt«. (00:07)

Schon als Kind merkte Klara-Maria, dass ihre Mutter Isabella nicht viel mit ihr anfangen konnte. »Sie ist auch mit mir nie spazieren gegangen oder so, das hat immer meine Großmutter [gemacht]« (00:02), erzählt sie. Nur abends, wenn es schon dunkel war und sie am benachbarten Hof Milch holen ging, nahm ihre Mutter sie mit. Zum Interview hat Klara-Maria ein Fotoalbum mitgebracht. Während wir es gemeinsam ansehen, macht sie mich darauf aufmerksam, dass es aus ihrer Kindheit nur zwei Fotos gibt, die sie gemeinsam mit ihrer Mutter zeigen. Offenbar muss es der Mutter schwergefallen sein, eine emotionale Beziehung zu ihrem Kind aufzubauen. Daher nahm die Großmutter die Position der wichtigsten Bezugsperson für das Mädchen ein. Mittlerweile denkt Klara-Maria, dass diese schwierige Mutter-Tochter-Beziehungskonstellation mit der Stigmatisierung von Verbindungen zwischen österreichischen Frauen und Angehörigen der Besatzungstruppen zu tun hat: »Aus meiner heutigen Sicht war es einfach, dass ich die Mama zu viel an das alles erinnert habe, deswegen hat sie ein bisschen zugemacht, sie hat da nicht so viel Verständnis gehabt, nicht?« (00:02) Als Kind konnte sie auf solche Erklärungen nicht zurückgreifen, denn sie wusste über ihre Herkunft nicht Bescheid, niemand hatte ihr davon erzählt.

Rückblickend erinnert sich Klara-Maria an einige Situationen, die bei ihr als Kind Irritationen ausgelöst haben. Manchmal waren es Blicke, einige Menschen haben ihr »auf der Straße [...] immer so nachgeschaut«. (00:03) Und einmal wurde sie am Rückweg aus dem Garten, der auf der anderen Straßenseite lag, von einer ihr unbekannten Frau aufgehalten: »Und die sagt dann zu mir: ›Gell‹, hat sie gesagt, ›du bist das Franzosenmadele!‹ – Weil oben [im Tiroler Oberland, Anm. d. V.] sagt man statt Mädchen ›Madele‹. – Und ich war ganz erschrocken und bin rüber [und] wäre bald in ein Auto reingelaufen.« (00:03) Als Klara-Maria in die Wohnung kam, bemerkte die Großmutter, dass das Kind ganz durcheinander war. Aber auf die Nachfrage, wer diese Frau sei und warum sie so etwas zu ihr sagen würde, meinte die Großmutter nur ausweichend: »Ja, das erkläre ich dir halt später einmal. [...] Wenn du größer geworden bist, dann erkläre ich dir das.« (00:04) Dieser Zeitpunkt kam jedoch noch länger nicht, auch nicht, als Klara-Maria eingeschult wurde.

Die Schule ist ein Umfeld, in dem für Schüler:innen besonders spürbar wird, wenn Kinder nicht aus als »normal« erachteten Familienverhältnissen stammen. Auch Klara-Maria erinnert sich daran und erzählt von einem Gespräch mit einer Lehrperson:

> »Dann bin ich in die Schule gekommen und in der Schule ist es halt [darum] gegangen: ›Ja, wie heißt du, wo wohnst du und, ähm, Vater, Mutter?‹ – ›Mutter, ja, Isabella.‹ – ›Und dein Vater?‹ – ›Ja, ich habe keinen‹, habe ich nachher gesagt. ›Ja, jeder hat einen Vater!‹ Dann haben natürlich alle gelacht, nicht? Und da ist eigentlich die Hänselei halt angegangen.« (00:05)

Durch dieses öffentliche Abfragen demonstrierte die Lehrperson, was als Ordnung der Dinge, in dem Fall der Familie, zu gelten hätte. Aus dieser Norm herauszufallen, führte bei Klara-Maria dazu, auf beschämende Weise auf einen Platz verwiesen zu werden, der von Abwertung und Ausgrenzung gekennzeichnet war. Die anderen Kinder verstanden das Abweichen von der Norm gleichsam als Erlaubnis, sich über Klara-Maria lustig zu machen. So wurde die Schule zu einem Ort, an dem sie die Erfahrung machen musste, nicht richtig zu entsprechen und ausgegrenzt zu werden. Dazu beigetragen hat ihrer Vermutung nach zusätzlich ihre soziale Herkunft. Sie wohnte bei ihren Großeltern, diese betrieben eine kleine Landwirtschaft, die gerade noch das Überleben der eigenen Familie sichern konnte. Spielraum für neue Kleidung oder Hygieneprodukte gab es nicht: »Wir sind halt arm gewesen, einfach« (00:11), bringt sie es auf den Punkt.

> »Ich habe halt immer mit dem zufrieden sein müssen, was wir gehabt haben, und die Oma hat immer gesagt: ›Wenn etwas geflickt ist, das ist nicht schlecht. Schlechter wäre, wenn noch ein Loch wäre. Es ist sauber und das kannst du ruhig anziehen.‹ [Aber] mir war das peinlich, nicht?« (00:11)

Zu Hause war dieses Erlebnis zu Schulbeginn für Klara-Maria ein Anlass, konkret nachzufragen, warum sie denn keinen Vater habe. Dieses Mal erhielt sie immerhin eine kurze Erklärung. Es wurde ihr mitgeteilt, dass der Vater weit weg sei und eine andere Sprache spreche: »Das verstehen wir eh nicht …« (00:06) Danach aber wurde sie von ihrer Großmutter beiseite genommen, die ihr eindringlich zu verstehen gab, dass weitere Nachfragen ausbleiben sollten: »Sie hat halt nachher gesagt, dass ich die Mama da nicht immer [drängen] sollte, weil sie das einfach nicht mehr hören will. Und ja, dann habe ich eigentlich auch nicht mehr gefragt.« (00:06) An mehreren Stellen im Interview lässt sich erahnen, dass in der Familie nicht viel miteinander kommuniziert wurde. Auf Nachfrage schildert Klara-Maria mit leiser Stimme:

> »Nein, da ist nichts geredet worden. Das ist gewesen, ja, wie in einem Stummfilm, manches Mal. Es ist nur das geredet worden, was momentan grad [zu tun] war, was an Arbeiten zu leisten ist, oder? Aber so schulisch und so, da habe ich niemanden fragen können.« (01:30)

Es waren offenbar nicht nur eigene Herkunft und Identität, sondern auch viele weitere Themen, mit denen die Heranwachsende mehr oder weniger alleine gelassen wurde, angefangen von oft ganz lebenspraktischen Fragen bis hin zu den körperlichen Veränderungen in der Pubertät. Manchmal gelang es Klara-Maria selbst, sich die nötigen Informationen zu beschaffen. Manchmal sind aber Gespräche mit Bezugs- und Vertrauenspersonen nicht zu ersetzen und das Ausbleiben solcher Gespräche kann langfristige Folgen haben. Sie sei in ihren Meinungen daher nie gefestigt worden und habe als Kind und Jugendliche kein Selbstbewusstsein entwickeln können. Während sie darüber im Interview reflektiert, fügt sie leise hinzu: »Bestärkt hat mich nie jemand, nein. Ich habe das immer alleine machen müssen.« (01:36)

So verging Klara-Marias Volksschulzeit mit häufigen krankheitsbedingten Unterbrechungen. Gegen deren Ende bahnte sich eine größere Veränderung an. Isabella, ihre Mutter, hatte schon vor mehreren Jahren – als ihre Tochter noch klein war – einen neuen Partner kennengelernt: Robert, Sohn eines Bauern aus der Nachbarschaft, bei dem sie immer Milch holten. Einmal kam es dabei zu einer Auseinandersetzung mit der Bäuerin des Hofes, erinnert sich Klara-Maria:

»Da habe ich das noch so in Erinnerung, dass die alte Frau [Roberts Mutter, Anm. d. V.] die Mama so geschimpft hat. Ich weiß nicht mehr, was die alles gesagt [hat], auf jeden Fall hat die Mama dann geweint und ich bin davon gelaufen zu der Oma. [...] Die Oma ist nachher reingegangen und – das hat sie mir nachher erzählt – sie hat gesagt, er braucht sie nicht heiraten. Weil die Mama hat ja von dem dann ein Kind gekriegt, meine Halbschwester. ›Wir bringen die zwei Kinder auch durch!‹, hat die Oma dann gesagt.« (00:08–00:09)

Die stigmatisierende Wirkung der früheren Beziehung zu dem französischen Besatzungssoldaten dauerte lange Zeit an. Auch nach der Geburt der kleinen Roswitha hielt Roberts Mutter ihre Ablehnung Isabella gegenüber mit derartiger Vehemenz aufrecht, sodass Isabella und Robert erst nach deren Tod heiraten konnten. Klara-Maria war zu diesem Zeitpunkt neun Jahre alt und wurde vor die Wahl gestellt, ob sie mit ihrer Mutter gemeinsam auf den Hof ihres Stiefvaters übersiedeln oder lieber bei ihren Großeltern bleiben wollte. Die Entscheidung fiel ihr nicht schwer, das Mädchen wollte bei der Großmutter wohnen.

Mutter Isabella bekam in den folgenden Jahren noch fünf weitere Kinder, zwei Zwillingspaare in relativ knappem Abstand und einige Jahre später noch das jüngste Kind. Klara-Maria wurde in die Betreuung ihrer Halbgeschwister eingebunden. Wenn ihre Eltern auf den Feldern und Wiesen arbeiteten, hatte sie oft vier oder gar fünf kleine Kinder zu beaufsichtigen und zu versorgen. Die Beziehung zu ihrer Mutter blieb über die Jahre eher distanziert. Wenn Klara-Maria sie besuchte, gab es kaum einen ruhigen Augenblick für ein Gespräch, denn Isabella war mit der Arbeit am Hof und ihrer neuen Familie immer sehr beschäftigt: »Ich habe sie nicht viel fragen können, und da waren Geschwister noch dabei ... Ich hab sie einfach nachher auf das gar nicht mehr so angesprochen.« (00:12)

Nachdem Klara-Maria die Hauptschule abgeschlossen hatte, begann sie mit einer Berufsausbildung. Infolge des Todes ihres Großvaters waren die finanziellen Mittel noch knapper, sodass ihr Wunsch, Kindergärtnerin zu werden, nicht verwirklicht werden konnte. Daher begann die Jugendliche eine Lehre als Einzelhandelskauffrau. Bei einem Besuch bei Verwandten im Heimatort der Großmutter lernte sie ihren späteren Ehemann kennen und brachte mit 18 Jahren ihren ersten Sohn zur Welt. Die Hebamme dürfte damals einige der wenigen, vielleicht sogar die einzige Person gewesen sein, mit der ein unbefangenes Gespräch über Klara-Marias Herkunft und ihren Vater möglich war. »Du brauchst dich nicht schämen« (00:14), versicherte ihr die Hebamme. Von ihr erfuhr sie, dass ihr Vater Louis geheißen habe und »ganz ein fescher Mensch« gewesen sei. Außerdem erzählte ihr die Hebamme, dass Louis über Klara-Marias Geburt durch das Militärkommando verständigt worden sei: »Er weiß von dir und er hat der Mama einen Brief geschrieben.« (00:14) Ein Stückchen Wissen und eine Spur, die letztlich im Sand verlief. Es war wohl eine Mischung aus ungünstigen Umständen, den Vorbehalten im familiären und nachbarschaftlichen Umfeld, ein wenig Pech und – wie Klara-Maria rückblickend feststellt – ihre Erziehung: zurückhaltend und bescheiden, aber bloß nicht neugierig sein, keine Ansprüche stellen und anderen keine Umstände machen. »Heute, jetzt im Nachhinein ist mir das alles […] bewusst geworden, auf was ich eigentlich alles nicht geachtet habe. […] Da hätte ich viel mehr nachfragen sollen und hätte nicht Ruhe [geben sollen]. Ich habe nicht gewusst, dass das mein Recht ist.« (00:15)

Im Rückblick hat sie das Gefühl, dass es in ihrem Leben einige verpasste Gelegenheiten und missglückte Versuche gab, mehr über Louis zu erfahren. Als beispielsweise sie und ihr Mann nach der Geburt des gemeinsamen Kindes heiraten wollten, benötigte Klara-Maria die Einverständniserklärung ihrer Mutter, da sie noch nicht volljährig war. Wenn sie damals zum Standesamt mitgegangen wäre, vielleicht hätte sie die Dokumente gesehen, in denen die Daten ihres Vaters vermerkt waren? Aber ihre Mutter meinte, dass sie alles Nötige erledigen würde: »Na, da brauchst nicht mitgehen!« (00:16), versicherte sie ihr. Klara-Maria hat auch den Eindruck, dass der Sachbearbeiter am Standesamt, ein Nachbar der Familie, ihr bewusst verschwiegen hat, wo sie Informationen über ihre Herkunft finden könnte. Oder die Gespräche, in denen es ihr nicht gelang, darauf zu bestehen, dass ihre Fragen beantwortet wurden. Und dieser Brief ihres Vaters, den ihr die Mutter bei einem Besuch zugesteckt hatte und dessen Inhalt ihr dennoch ein Geheim-

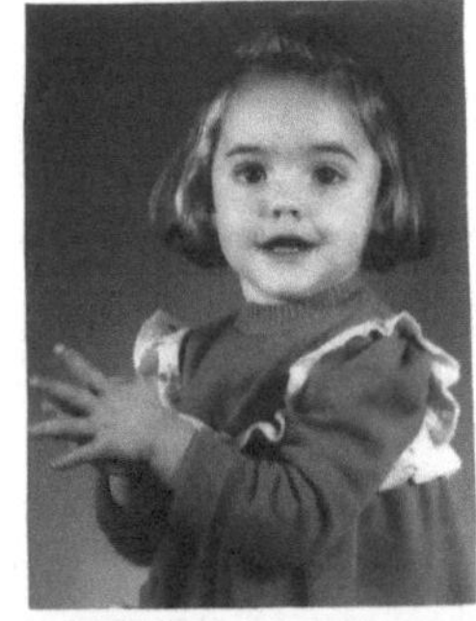
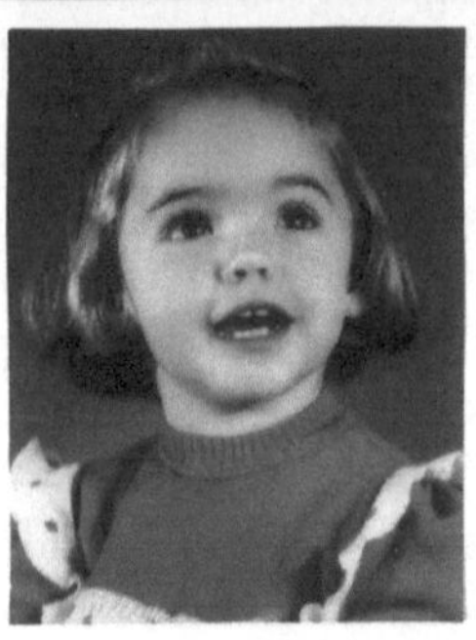

Abb. 20: *Seite aus dem Fotoalbum.* Wie viele Kinder alliierter Soldaten in Österreich besitzt Klara-Maria kein Foto, auf dem sie mit beiden Eltern zu sehen ist, da ihr Vater bereits vor ihrer Geburt das Land verlassen musste. In ihrem Fotoalbum hat sie eine Seite mit diesen vier Portraitfotos gestaltet. So hätte ihre Familie ausgesehen, wenn sie mit Vater und Mutter gemeinsam aufgewachsen wäre. (Quelle: Privatbesitz Klara-Maria)

nis blieb. Weil Klara-Maria noch ihre Kinder für die Abfahrt bereit machen und das Gepäck vom oberen Stockwerk heruntertragen musste, packte sie den Brief nicht gleich ein, sondern ließ ihn auf der Anrichte in der Küche liegen. Als sie gehen wollte, war er wie vom Erdboden verschluckt:

> »Dann habe ich sie zur Rede gestellt: ›Mama‹, habe ich gesagt, ›hast du den Brief weggenommen?‹ – ›Nein‹, hat sie gesagt, ›ich habe ihn dir ja gegeben. [...] Ich gebe dir nicht einen Brief und dann nehme ich ihn dir wieder ab. Ich hätte es dir vergönnt, den Brief [zu haben].‹« (00:57–00:58)

Klara-Maria ist sich sicher, dass es nur Robert, der Stiefvater, gewesen sein konnte, der den Brief verschwinden hat lassen, obwohl er es abgestritten hat. Unglaublich wütend sei sie damals gewesen und so »dumm« sei sie sich vorgekommen.

Im Erwachsenenalter geriet die Frage nach der eigenen Herkunft zunehmend in den Hintergrund. Nach der Hochzeit übersiedelte Klara-Maria in den Heimatort ihres Mannes und bekam drei weitere Kinder. Der Hausbau, die konstante Einmischung der dominanten Schwiegermutter in ihr Familienleben, die immer häufiger werdenden Migräneanfälle und der jahrelange Kampf für die schulische Integration des jüngsten Kindes nahmen ihre gesamte Aufmerksamkeit in Anspruch: »Ich habe eigentlich dann die ganze Vatersuche und das alles ein bisschen verdrängt.« (00:17) Sie erzählt von schwierigen Jahren, in denen es manchmal nur mehr darum ging, durchzuhalten. »Ab und zu habe ich weinen müssen, weil es hat mich niemand verstanden, weil ich mir gedacht habe, ich bin so hilflos« (00:24), erinnert sich Klara-Maria. Gleichzeitig sieht sie rückblickend die Auseinandersetzung mit der Beeinträchtigung ihres Kindes als eine Art Wendepunkt in ihrem Leben. Als ihr Sohn in die Sonderschule kommen sollte, beschloss Klara-Maria, sich zu wehren: »Dann habe ich angefangen, einmal so zu kämpfen, für mich. Weil ich mir gedacht habe, ich habe immer still sein müssen, immer nur schauen, dass es allen anderen recht ist und passt und ich selber bleibe immer auf der Strecke.« (00:28) Für sich selbst einstehen, auch das musste sie alleine lernen.

Klara-Maria war noch nicht Mitte 50, als kurz nacheinander ihr Mann und ihre Schwiegermutter versterben, beide hatte sie über ein Jahr lang zu Hause gepflegt. Ihr eigener Gesundheitszustand verschlechterte sich, nach mehreren Jahren wurde bei einer Untersuchung zufällig ein angeborener Herzfehler entdeckt und erfolgreich operiert. Nach der Rehabilitation und der Klärung belastender Erbschaftsangelegenheiten hatte sie endlich wieder Zeit und Energie, um sich den offenen Fragen nach ihrem Vater zu widmen. Als sie über das wenige nachdachte, das sie von ihrer Mutter erfahren hatte, fiel ihr ein Gespräch ein, in dem ihre Mutter ihr wohl einen Hinweis für die Suche gegeben haben dürfte: »Beim Gericht«, hatte sie einmal im Zuge eines Gesprächs über Grundstücksverhandlungen gesagt, »da erfragt man so allerhand« (00:53). Vermutlich sollte niemand merken, dass diese Feststellung eigentlich ihrer Tochter galt. Leider war der Hinweis so subtil, dass er Klara-Maria damals entgangen war – erst Jahre später kam ihr der Gedanke, dass diese Bemerkung vielleicht an sie gerichtet war. Tatsächlich stellte sich ein Gang auf das Gericht in ihrer Heimatgemeinde als Durchbruch in der Suche nach ihrem Vater heraus. Einem Mitarbeiter der Abteilung für Familienrecht nannte sie die wenigen ihr bekannten Daten und kurze Zeit danach erfuhr sie, dass im Landesarchiv eine Akte aufliegt:

> »[Da] habe ich mir gedacht: ›Nein, um Gottes Willen da musst 63 Jahre alt werden dass du erfragst, da liegt eine Akte auf …‹ Ich [kam mir vor], als hätte [man] mir den Boden weggezogen. […] Jetzt musste ich die Genehmigung vom Richter haben, dass ich in die Akte Einsicht kriege […] und dann habe ich das erste Mal den Namen von meinem Vater gesehen, wo er wohnt, die Adresse … Ich habe es nicht glauben können!« (00:58–00:59)

Mit den ihr bekannten Daten und mit Hilfe des Vereins *Cœurs sans Frontières – Herzen ohne Grenzen* gelang es, ihren Vater Louis und ihre Halbgeschwister ausfindig zu machen. Louis, der bei seiner Stationierung in Österreich ein junger Mann gewesen war, war noch am Leben und wohnte tatsächlich noch an der in der Akte angeführten Adresse. Die Kontaktaufnahme war erfolgreich und Klara-Marias

Wunsch, ihr doch Informationen zur Familie ihres Vaters und einige Fotografien zu schicken, wurde erfüllt. Die Möglichkeit einer persönlichen Begegnung blieb ihr aber bis zuletzt verweigert. Aus gesundheitlichen Gründen, erklärten die Angehörigen. Dennoch machte sich Klara-Maria auf die Reise nach Frankreich in den Heimatort ihres Vaters und konnte so ihre Halbschwester kennenlernen:

> »Meine Halbschwester in Frankreich heißt gleich wie ich, die hat er Claire-Marie genannt. Dann fragt sie mich, warum ich Klara-Maria heiße. Da habe ich gesagt: ›Ja, ich muss eher fragen, warum du Claire-Marie heißt!‹ Weil er hat ja von mir gewusst. [...] Sie haben das ja nicht glauben können. Ich meine, die fallen ja auch vom Hocker, der hat drüben alles verheimlicht.« (01:08–01:09)

Zwar kann Klara-Maria nachvollziehen, dass sich die Tatsache ihrer Existenz für die Familie von Louis etwas seltsam anfühlen muss. Aber mit der ablehnenden Haltung umzugehen, fällt ihr doch schwer, sie hätte sich mehr Empathie gewünscht: »Die verstehen ja nicht, wie es dir geht. Du bist ein Kind, aber du warst nie gewollt, das hast ja du immer so zu spüren gekriegt.« (01:09) Diese Erfahrung aus der Kindheit wiederholt sich bei der Suche nach dem Vater. Ihn zumindest kurz sehen zu dürfen und »einfach Grüß Gott sagen, wenn es auch nur zehn Minuten sind« (01:13), das wäre Louis ihr doch schuldig gewesen, findet sie – »[W]eil ich kann nichts dafür und ich habe das Leben leben müssen, in das sie mich reingestellt haben« (01:13). Klara-Maria spricht damit an, dass die aus Verbindungen mit Besatzungssoldaten entstandenen Kinder weder für ihre Herkunft noch für die damit einhergehenden Stigmatisierungen verantwortlich waren, sie aber diejenigen sind, die langfristig die Folgen zu tragen haben. Trotz allem ist es Klara-Maria – so wie einigen anderen Interviewpartner:innen – mittlerweile gelungen, ihre Herkunftsgeschichte auch positiv zu besetzen. Im Vergleich zu anderen Menschen aus ihrem Herkunftsort sei sie viel offener, weniger angepasst und habe tolerantere Ansichten, erzählt sie nicht ohne Stolz: »Nachher, da ist mir das eigentlich so wie Schuppen von den Augen gefallen, [da] habe ich mir gedacht, ich bin eigentlich ... ich bin echt anders.« (01:05)

Abb. 21: *Besuch in Frankreich*. Nachdem Klara-Maria erfahren hatte, dass ihr französischer Vater noch am Leben war, unternahm sie eine Reise nach Frankreich. Dort lernte sie ihre Halbschwester Claire-Marie kennen. Ihren Vater durfte sie nicht treffen. Diese ablehnende Haltung machte Klara-Maria traurig und für sie wiederholte sich die Erfahrung, als Kind nicht gewollt zu sein. Wenigstens zehn Minuten um ihrem Vater die Hand zu geben und »Grüß Gott!« zu sagen, hätte sie sich sehr gewünscht. (Quelle: Privatbesitz Klara-Maria)

Angelika: »Dann habe ich mir immer vorgestellt, und eines Tages steht er vor der Tür und sagt: Du bist meine Tochter und ich liebe dich!«

Als der Krieg endete, lebte Angelikas Mutter Theresa in einem größeren Dorf in Tirol mit rund 1 000 Einwohner:innen. Ihr Mann war schon länger fort, zuerst im Krieg, danach in Gefangenschaft in Norwegen. Wie viele andere Frauen in dieser Zeit der Kargheit und des Mangels war sie in der Sorge um ihre vier Kinder auf sich alleine gestellt. Nicht weit entfernt waren die französischen Truppen stationiert, gelegentlich organisierten sie Kinoabende oder Tanzveranstaltungen im Ort, erzählt mir Angelika: »Und da waren natürlich die Frauen und die jungen Mädchen alle immer eingeladen, wie es halt so ist, bei einer Gesellschaft, wo nur Männer sind und die ein bisschen Wärme auch suchen.« (00:01) Für Frauen bot sich die Möglichkeit, eine unbeschwerte Zeit zu verbringen mit ein wenig Abwechslung zum Nachkriegsalltag und einer Ablenkung von den Sorgen und Nöten des täglichen Lebens. Bei einer dieser Veranstaltungen lernte Theresa den jungen Raphaël kennen und verliebte sich in ihn.

Das hatte wohl auch damit zu tun, dass ihre Ehe keine besonders glückliche war, ihr Mann sei immer wieder alkoholisiert und eher »grob« gewesen. Ganz anders hören sich Angelikas Erzählungen über Raphaël an: »Also meine Mama hat immer gesagt: ›Das war der Mann meines Lebens! Ich habe noch nie gespürt, dass jemand zu mir so lieb war, so gut war und dass [...] eben alles gestimmt hat‹«, erzählt Angelika und fährt schmunzelnd fort: »Und ich bin am Stephanitag gezeugt worden, das hat sie ganz genau gewusst und das war ihr auch vollkommen egal. Sie hat überhaupt nicht versucht, mich abzutreiben [...], das hat sie immer gesagt: ›Du bist ein Kind der Liebe.‹« (00:02–00:03) Raphaël wurde noch vor der Geburt der kleinen Angelika nach Frankreich zurückgeschickt. Er schlug Theresa vor, zu heiraten und mit ihm nach Frankreich zu kommen, allerdings hätte sie nur zwei ihrer vier Kinder mitnehmen können und das kam für Theresa nicht in Frage. So blieb die Erinnerung an diese kurze Beziehung und innige Liebe, aus der Theresa Kraft schöpfte und die sie auch ihrer Tochter aus ganzem Herzen entgegenbrachte. Die große Liebe der Mutter für ihr Kind sei es auch gewesen, die Angelika durch ihr nicht immer einfaches Leben getragen habe.

Vermutlich aufgrund ihrer Beziehung mit Raphaël bekam Angelikas Mutter Theresa eine Stelle als Hausmädchen bei der Familie eines französischen Kommandanten. Finanziell bedeutete das für sie – alleinstehend, schwanger und mit vier Kindern – eine große Erleichterung, denn sie konnte den Unterhalt für die Familie mehr oder weniger bestreiten. Als Theresa hochschwanger war, stand – so Angelikas Schilderung – eines Tages ihr Mann wieder vor der Tür:

> »Sie hat ihm dann gleich angeboten, nein, wir können uns scheiden lassen. Dann hat er sie aber gebeten, nein, das tun wir nicht, und die Kinder und alles … Und ich werde das Kind annehmen, wie mein eigenes – und das muss man ihm lassen: das hat er auch getan.« (00:03)

Ihr Stiefvater kümmerte sich in besonders zugewandter Weise um das kleine Mädchen, sodass die älteren Geschwister mitunter auch eifersüchtig auf Angelika waren, da sie selbst weniger Zuneigung erhielten. Bevor er zum Heer eingezogen wurde, hatte er nicht besonders viel Aufmerksamkeit und Zeit für die Familie aufgebracht, sondern sei oft lieber im Wirtshaus gewesen. Angelikas Mutter Theresa aber ließ er nie vergessen, dass sie sich auf eine Liebschaft mit einem französischen Soldaten eingelassen hatte. »Mit mir [ist er] nett gewesen, […] aber meine Mama, die hat er fürchterlich behandelt – Franzosenhure hin und Franzosenhure her … Aber das war sie schon gewohnt, weil das hat ja das ganze Dorf gesagt« (00:04), erzählt Angelika. In der Ortschaft dürfte es besonders viel Ablehnung und Aggression gegenüber Frauen gegeben haben, die Freundschaften und Beziehungen mit Besatzungssoldaten eingegangen waren.

Einige Jahre vergingen, bis Theresa den Entschluss fasste, die unglückliche Ehe nicht mehr aushalten und mit diesem Mann nicht mehr zusammenleben zu wollen, erzählt Angelika weiter: »Sie hat sich dann scheiden lassen und wir haben alleine gelebt und das war eigentlich die schönste Zeit.« (00:04) In finanzieller Hinsicht hatte es die nunmehr sechsköpfige Familie nicht leicht. Theresa und ihre fünf Kinder lebten auf engem Raum in einer kleinen Substandardwohnung ohne eingebaute Toilette, diese befand sich separat hinter dem Haus. Im Freien gab es auch einen Erdkeller, in dem Nahrungsmittel für den Winter eingelagert wurden. Vielen Familien sei es damals ähnlich ergangen, meint Angelika:

> »Wir haben nichts gehabt, aber wir haben uns gehabt. Alle meine Geschwister haben immer zu meiner Mama gehalten. [...] Wir haben zu essen gehabt und wir waren zufrieden. Es hat ja damals niemand viel gehabt, nicht? Es war ja noch nicht der richtige Aufschwung.« (00:04-00:05)

Wenn sie an diese Zeit zurückdenkt, betont sie vor allem das friedliche und glückliche Zusammenleben – vermutlich fiel ihr dies aufgrund des Kontrastes zu dem vorangegangenen wenig harmonischen Familienleben und dem groben Umgang ihres Stiefvaters mit der Mutter umso mehr auf.

Von ihrer Herkunft als Kind eines Besatzungssoldaten wusste Angelika immer schon, aber im Alltag wurde dies erst mit dem Schuleintritt zum Thema. Besonders belastend sind schulische Situationen, wenn Diskriminierung von Lehrpersonen ausgeht, weil dadurch Abwertung und Ausgrenzung unter den Kindern verstärkt und legitimiert werden. Dies erlebte leider auch Angelika. Von vielen Mitschüler:innen wurde sie »gehänselt« und geärgert: »Franzosengschrapp! Franzosengschrapp!« riefen sie ihr nach. Nicht selten kam sie ganz aufgelöst und weinend nach Hause. Einmal erwischte Angelikas Mutter einen Jungen, als er gerade das Mädchen beschimpfte. Sie wurde zornig, stürmte aus dem Haus und verpasste ihm eine Ohrfeige. Der Junge war derart perplex, dass er rücklings in einen Schneehaufen stolperte. »Heute ginge das nicht mehr, aber damals ...«, so Angelika und fügt hinzu: »Dann ist es ein bisschen besser geworden, aber es hat sich durch meine ganze Schulzeit gezogen.« (00:07)

Für Angelika war die Schule somit kein angenehmer sozialer Ort. Nur ein paar wenige gute Freundinnen, mit denen sie heute noch sehr vertraut ist, hielten damals zu ihr. Das Lernen hingegen fiel ihr immer sehr leicht. Ein Wechsel der Lehrperson brachte positive Veränderungen mit sich, denn die neue Lehrerin kam nicht aus dem Dorf und hatte daher auch nicht dieselben Vorbehalte Angelikas Familie gegenüber. In der vierten Klasse waren ihre schulischen Leistungen so auffallend gut, dass die Lehrerin der Familie einen Besuch zu Hause abstattete, um über einen möglichen Übertritt in eine höhere Schule zu sprechen:

> »Die ist heimgekommen zu meiner Mama und hat gesagt: ›Eigentlich müsste die Angelika nach Innsbruck geschickt werden, aufs Gymnasium.‹ Aber dann hat [die Mama] zu mir gesagt: ›Ja, du weißt eh, wie das mit dem Geld ist … Wenn du das unbedingt willst, werde ich schauen, dass ich es zusammenbringe‹, hat sie gesagt.« (00:07)

Für das erst neunjährige Kind stellte sich eine schwierige Entscheidung. Sie verspürte zwar den Wunsch nach Bildung, letztlich überwogen aber Bedenken aufgrund der finanziell prekären Situation der Familie sowie der Ungewissheit, die sie mit diesem Weg an ein Gymnasium in der Landeshauptstadt in Verbindung brachte:

> »Und ich habe halt die Angst gehabt, da muss ich nach Innsbruck fahren und wieder alles so neu. Ich war so schüchtern und so ängstlich und das hat mich so geprägt, alles, das Ganze, dass ich eine Außenseiterin war und stigmatisiert. Dann habe ich gesagt: ›Nein.‹ Und ich wollte auch ihr das nicht antun, weil ich habe meine Mama geliebt.« (00:07–00:08)

Angelika erzählt mit leiser, zitternder Stimme weiter: »Meine Mama war ein Mensch, das kann man sich nicht vorstellen. Die war einfach so wunderbar, meine Mama, die hat uns allen gegeben, was wir gebraucht haben und das Wichtigste eben: die Liebe.« (00:07–00:08)

Für den Besuch eines Gymnasiums hätte Angelika nicht nur die räumliche Distanz durch einen längeren Schulweg überbrücken, sondern auch eine soziale Kluft bewältigen müssen. In ihrer Erzählung wird spürbar, dass sie nicht in selbstverständlicher Weise davon ausging, ein Anrecht auf höhere Bildung zu haben. Allzu oft wird Angehörigen der Arbeiter:innenklasse – im Gegensatz zu Kindern bürgerlicher Herkunft – vermittelt, dass das Gymnasium ein Ort sei, an den sie nicht hingehören. Gleichzeitig mangelt es an Vorbildern sowie an Personen im nahen Umfeld, die diese Erfahrung teilen und gegebenenfalls unterstützend und beratend zur Seite stehen könnten. In Angelikas Kindheit in den 1950er Jahren kam erschwerend hinzu, dass sie ein Mädchen war. Auch die Erfahrungen der Ausgrenzung und Stigmatisierung standen dem Aufbau des nötigen Selbstbewusstseins entgegen, um einen solchen Schritt aus dem bekannten dörflichen Umfeld hinauszuwagen. Ihr Leben wäre bestimmt anders verlaufen, denkt Angelika im Rückblick, fügt jedoch schmunzelnd hinzu: »Vielleicht ist es aber auch egal, weil so schlecht war es ja nicht, das Leben.« (00:08)

Angelika verbrachte somit die Pflichtschulzeit an der Schule im Dorf, später wieder bei weniger wohlwollenden Lehrpersonen. Der Klassenlehrer beschwerte sich bei der Mutter über die »aufmüpfige« jugendliche Tochter und stellte ihr eine düstere Zukunft in Aussicht: Sie werde bestimmt in einem Erziehungsheim oder gar im Gefängnis landen, prophezeite er. Negative Erfahrungen machte Angelika auch mit dem Pfarrer des Dorfes im Religionsunterricht. Er ließ das Kind deutlich spüren, dass es aus Familienverhältnissen kam, die nicht erwünscht waren. Anlässlich der Erstkommunion wies er Angelikas Mutter an, während der Messe auf jeden Fall in der Bankreihe sitzen zu bleiben, denn einer geschiedenen Frau stehe keine Kommunion zu. Wenn sie nach vorne kommen sollte, werde er ihr öffentlich, also vor der versammelten Gemeinde, die Kommunion verweigern. Angelika hat auch den Eindruck, dass sie häufig beschuldigt wurde für Vergehen, die sie gar nicht begangen hatte. Einmal warf der Pfarrer sogar den Kirchenschlüssel nach ihr. Diesen Vorfall nahm ihre Mutter zum Anlass, Angelika im letzten Jahr der Pflichtschule vom Religionsunterricht abzumelden – damals im traditionell katholischen dörflichen Kontext ein sehr ungewöhnlicher und mutiger Schritt. Im Rückblick erzählt Angelika, dass sie sich als Jugendliche bestimmt nicht immer besonders gut benommen hätte:

»... weil da war ich dann in der Pubertät und da habe ich natürlich sicher in der Schule, habe ich mich aufgeführt. Aber ich habe nie schlechte Noten gehabt, weil das haben sie mir nicht geben können. Sie haben mich können stigmatisieren, sie haben mich können schlecht behandeln, aber sie haben mir keine schlechten Noten geben können.« (00:09)

Mit 14 Jahren fand sie eine Lehrstelle in einer Schneiderei, viel Freude bereitete ihr diese Arbeit jedoch nicht. Sobald sie das Gefühl hatte, die Grundlagen erworben zu haben, brach sie die Lehre ab, fand eine Stelle als Hilfskraft in einer Näherei und erhielt ein reguläres Gehalt.

Sie war noch eine Jugendliche, als sie ihren späteren Mann kennenlernte. Zum ersten Mal trafen sie sich in einem Feriencamp der Kinderfreunde in Italien, bei dem sie beide mitarbeiteten. Zunächst fiel er ihr gar nicht auf, denn wenn das Tagwerk – Essen servieren, die Betten beziehen, Ordnung machen – getan war, war sie meistens mit drei Freundinnen unterwegs. Die vier Mädchen verbrachten eine lustige Zeit mit gemeinsamen Unternehmungen wie beispielsweise Besuchen einer Diskothek – ein Sommer, an den sich Angelika gerne zurückerinnert. Die in Italien geknüpften Freundschaften hielten nach der Rückkehr an. Zu diesem Freundeskreis gehörte auch Severin, in den sich Angelika bald verliebte:

»Da habe ich ihn kennengelernt und da habe ich dann seine Familie kennengelernt und da ist für mich irgendwie ganz eine neue Welt aufgegangen. Die waren eine Familie mit Vater, Mutter. [...] Und das hat nach außen hin alles so schön ausgeschaut, wissen's, das hat mich so beeindruckt. Da war ich siebzehn Jahre alt damals, da war ich beeindruckt von dem, dass die am Sonntag mit dem Auto Ausflüge gemacht haben, sowas habe ich überhaupt noch nie gekannt. Oder dass alle gemeinsam am Tisch gegessen [haben] – wir waren ja alle schon verstreut: Ich war die jüngste, meine Geschwister waren alle außer Haus, weil die haben den neuen Mann von meiner Mama alle nicht mögen.« (00:12–00:13)

Angelika durfte an dieser so intakt wirkenden Familie teilhaben. Die bürgerlichen Gepflogenheiten und Rituale, finanziell abgesicherte Verhältnisse und die dadurch erheblich größeren Spielräume in der Gestaltung des Alltages wie auch der Freizeit waren für sie neu und übten eine Anziehung aus.

Bald wurde Angelika schwanger. Sie war erst neunzehn Jahre alt, als ihr Sohn zur Welt kam. Drei Monate nach der Geburt heirateten Angelika und Severin, entgegen dem Rat von Angelikas Mutter: Das Kind, war diese überzeugt, würden sie alleine auch aufziehen können. Aus Angelikas Mutter sprach die Erfahrung einer Frau, die sich selbstbewusst gegen traditionelle Vorstellungen der Nachkriegszeit entschieden hatte, weil sie nicht gewillt war, so vieles in Kauf zu nehmen, um dem dominanten Familienbild mit verheirateten, in einem gemeinsamen Haushalt lebenden Eltern zu entsprechen. Sie ahnte nichts Gutes und war gegenüber der Beziehung ihrer Tochter zu dem jungen Mann skeptisch eingestellt. »Ich hätte sollen nicht heiraten«, weiß Angelika nicht erst im Rückblick:

> »Meine Mama hat zu mir gesagt: ›Ich gehe nicht auf deine Hochzeit, weil ich schaue deinem Unglück nicht zu!‹ Es hat mir zwar weh getan, aber ich habe vorher schon gewusst, dass das ein Fehler ist. Ich weiß auch nicht, warum ich es getan habe, wahrscheinlich wegen den Konventionen: Damals war eine ledige Mutter noch nicht das Gelbe vom Ei.« (00:13–00:14)

Das Selbstbewusstsein und die aus Lebenserfahrung gewachsene Stärke ihrer Mutter fehlten Angelika damals noch.

Bereits auf der Hochzeitsreise nach Venedig zeigte Severin seine weniger schönen Seiten: »Fürchterlich war das, ein einziges Desaster!« (00:14), stellt Angelika fest, ohne ins Detail gehen zu wollen. Dennoch hielt sie es noch drei Jahre lang in der Ehe aus. Als ihr Kind zwei Jahre alt war, fand sie eine Arbeitsstelle als Telefonistin. Täglich brachte sie ihr kleines Kind zu ihrer Mutter in den Nachbarort und holte es nach der Arbeit wieder ab, denn andere Kinderbetreuungsmöglichkeiten waren nicht verfügbar. Trotz des Aufwandes stellte sich diese Entscheidung als wegweisend heraus, denn im Betrieb schloss sie eine für ihr weiteres Leben wichtige Freundschaft mit einer Kollegin: »Diese Freundin hat mich aufgebaut« (00:15), erinnert sich Angelika. Als junge Frau fand sie sich selbst nicht hübsch genug, nicht dünn genug, und auch beruflich war sie davon überzeugt, nach der abgebrochenen Lehre nicht viel vorweisen zu können. Obwohl ihre Geschwister und ihre Mutter versuchten, ihr ein positives Selbstbild zu vermitteln, habe sie sich irgendwie ungenügend gefühlt: »Ich bin dann in die Welt rausgekommen [...] und ich war schüchtern, habe überhaupt kein Selbstbewusstsein gehabt. [...] Ich war niemand« (00:15), beschreibt sie ihre damaligen Gefühle. Ihre Freundin aber habe ihr gut zugeredet und sie gestärkt: »Da hat sie zu mir gesagt: ›Das kannst du nicht tun, Angelika, du kannst nicht ewig Telefonistin bleiben.‹ [...] Und ich [habe gemeint]: ›Nein, das schaffe ich nicht‹, [da] hat sie gesagt: ›Nein, jetzt, du musst aber!‹« (00:16)

Inmitten dieser Überlegungen zu beruflicher Veränderung eskalierte die Situation in der Partnerschaft, als Severin Angelika schlug. Dieser einmalige körperlich gewalttätige Übergriff gab den Ausschlag, die Beziehung zu beenden. Noch in der Nacht packte Angelika ihre Tasche und mit dem ersten Bus im Morgengrauen fuhr sie mit ihrem Kind zu ihrer Mutter: »›Lass dich scheiden!‹, hat sie gesagt. ›Das Kind, auf das schaue ich, brauchst dich nicht zu sorgen.‹« (00:17) Mit Unterstützung der beiden Frauen, ihrer Mutter und ihrer Freundin, schaffte es Angelika, die Scheidung durchzustehen, denn nun begann die Familie Severins, plötzlich Druck zu machen: »Wenn ich einen Groschen verlange für mich oder irgendwas, dann nehmen sie mir das Kind«, drohten sie Angelika: »Weil [ich mit] meiner Proletarierfamilie und sie, die gute Bürgerfamilie ...« (00:17)

Zu diesem Zeitpunkt hatte Angelika schon längst miterlebt, dass hinter der Fassade vieles nicht dem Anschein nach außen entsprach:

> »Jedenfalls war das keine so tolle Familie, wie ich mir das am Anfang so schön gesehen habe, nicht? Ja, da haben sie mich unter Druck gesetzt. Dann hat meine Freundin gesagt: ›Nein, das können sie nicht machen, weil du hast einen tadellosen Lebens-

wandel: du arbeitest, du verdienst, du hast eine Mutter, die dir auf das Kind schaut.‹ Dann hat sie mich ausstaffiert, zur Scheidung, an das kann ich mich noch so gut erinnern, an das Kleid, das wir da gekauft haben, was ich sonst mein Lebtag nie angezogen hätte. Ganz was Elegantes, ein dunkelgraues Etuikleid mit einer schwarzen Jacke dazu. Also ich habe wirklich gut ausgeschaut, meine ich, und sehr seriös. [Und meine Freundin] ist mit mir zur Scheidung auch hingegangen.« (00:18)

Angelika musste auf alles verzichten: »Ich bin mit null aus dieser Ehe gegangen. Dann hat meine Freundin gesagt: ›So, jetzt fängst du an. Weil jetzt wohnst du [bei deiner Mutter] und dann kannst du am Abend aufs WIFI [Wirtschaftsförderungsinstitut der Wirtschaftskammer Österreich; Organisation der beruflichen Erwachsenenbildung, Anm. d. V.] fahren.‹« (00:19) Angelika folgte dem Rat ihrer Freundin und belegte einen dreijährigen Buchhaltungskurs. Mit abgeschlossener Berufsausbildung erhielt sie schließlich auch einen besseren Verdienst.

Leicht war es damals nicht als alleinerziehende junge Frau. Angelikas Mutter und gute Freundinnen – mit einer davon wohnte sie mehrere Jahre zusammen – unterstützten sie im Alltag, sodass sie diese Jahre dennoch als schöne Zeit in Erinnerung behalten hat. Auch intellektuell fand sie Anschluss: die Beteiligung in einer Gruppe marxistischer Studierender ermöglichte es ihr, sich mit politischen Themen zu beschäftigen und sich zu bilden. Mit der Zeit wurde ihr immer bewusster, dass sie viel lieber einen Beruf im Sozialbereich ausgeübt hätte, aber für die Aufnahme in die Sozialakademie hätte sie einen höheren Schulabschluss benötigt. Als Kompromisslösung bewarb sie sich in Wien an der Semmelweis-Klinik und absolvierte dort zuerst die Ausbildung zur Hilfskrankenschwester und später zur Hebamme: »Da waren einige mit Matura, die nicht so gut waren [wie ich], ich war eine der wenigen, die einen Vorzug gehabt hat«, erinnert sich Angelika mit Stolz. Zurück im katholisch-konservativen Tirol musste sie ernüchtert feststellen, dass sie aufgrund von Vorbehalten gegenüber ihrem Ausbildungsort keine Anstellung als Hebamme fand. Der damalige ärztliche Leiter der Semmelweis-Klinik, Alfred Rockenschaub, war mit seinem Engagement maßgeblich an der Legalisierung von Schwangerschaftsabbrüchen und der Einführung der Fristenlösung in Österreich beteiligt gewesen. In Tirol hingegen war der Leiter der Universitätsklinik für Gynäkologie und Geburtshilfe in Innsbruck ein strikter Abtreibungsgegner. Erst nach jahrelanger Tätigkeit als Sitzwache und als Säuglingsschwester konnte sie schließlich doch noch in einem Krankenhaus einer Bezirkshauptstadt als Hebamme arbeiten.

Die Ausbildung zur Hebamme führte Angelika zwar nicht zum Traumberuf, aber sie ermöglichte ihr die Verwirklichung eines lange gehegten Wunsches: Ein Bekannter aus der marxistischen Gruppe hatte immer wieder von seinen Einsätzen im Feld der Entwicklungshilfe in unterschiedlichen afrikanischen Ländern erzählt. »Das hat mir wahnsinnig gefallen, weil abenteuerlich bin ich auch immer schon gewesen« (00:34), erinnert sich Angelika. Als ihr Sohn 20 Jahre alt war, hatte sie das Gefühl, jetzt könne sie endlich diesem Wunsch nachgehen:

> »[J]etzt kommt die Zeit, wo ich tue, was ich will. […] Ich habe alles verschenkt, was ich gehabt habe, ich habe nur mehr einen Rucksack gehabt und das war mein ganzes Hab und Gut. Und ich bin nach Nicaragua gegangen. Ich war richtig glücklich, ich habe nichts mehr gehabt, aber ich habe eine Aufgabe vor mir gehabt, die mir total getaugt hat!« (00:40–00:41)

Mehr als zehn Jahre arbeitete sie beim österreichischen Entwicklungsdienst in mehreren lateinamerikanischen Ländern und half, Projekte zu Geburtshilfe, Familienplanung, Frauengesundheit, Krebsvorsorge, Geschlechtskrankheiten oder Sexarbeit aufzubauen. Zu Beginn erschienen ihr die Aufgaben oft zu groß, aber die Notwendigkeit veranlasste sie, über sich hinauszuwachsen. Sie unterrichtete zum Beispiel auf Spanisch Geburtshilfe und begann notgedrungen, aus Mangel an weiterem Personal, medizinische Untersuchungen zu übernehmen, für die es sonst einer praktischen Ärztin bedurft hätte. »Das erste Mal in meinem Leben habe ich mir gedacht, ich bin wer, ich bin eine Person, die wichtig [ist]« (00:48), erinnert sie sich an ihre Zeit in Lateinamerika.

Bei einem Weihnachtsbesuch in der Heimat fragte sie ihre damals schon über 80-jährige Mutter: »Mei, wann kommst denn wieder heim?« (01:01) Angelika war zu diesem Zeitpunkt knapp über 50 Jahre alt und sie spürte, dass es an der Zeit war, nach Österreich zurückzukehren. »Gott sei Dank!«, sagt sie rückblickend: »Weil meine Mama ist drei Jahre später gestorben und da habe ich die letzten drei Jahre noch mit ihr viel Zeit verbracht.« (01:02) In Österreich war es jedoch für sie nicht leicht, wieder beruflich Fuß zu fassen, denn ihre vielfältige und langjährige Erfahrung in der Projektentwicklung sowie im sozialarbeiterischen und medizinischen Bereich zählten in Österreich nicht. »Ich bin plötzlich wieder niemand gewesen« (01:03), so Angelikas Sicht auf diese Abwertung ihres Wissens und Könnens. In dieser Zeit wurde die Frage nach ihrer Herkunft wieder Thema: »Dann habe ich wieder öfter an meinen Vater denken müssen« (00:02), erzählt sie.

Einen ersten Versuch, Kontakt mit ihrem Vater aufzunehmen, machte Angelika schon als Jugendliche. Durch die französische Familie, bei der ihre Mutter während der Zeit der Besatzung als Hausangestellte beschäftigt war, erhielt sie als 15-Jährige die Möglichkeit, als Au-pair-Mädchen nach Paris zu gehen. Bei dieser Gelegenheit könne sie auch nach ihrem Vater suchen, schlugen sie ihr vor. Zu Beginn war Angelika sehr damit beschäftigt, die Sprache zu lernen, dann wurde der Aufenthalt in Frankreich abrupt beendet: Bei einem Besuch in Tirol – Angelika war zum Begräbnis ihres Stiefvaters in die Heimat gereist – brach sie sich beim Rodeln den Fuß. Als der komplizierte Bruch endlich geheilt war, übersiedelte die französische Familie nach Marokko und hätte Angelika gerne mitgenommen, sie entschied sich letztlich aber dagegen. Warum ihr damals niemand geholfen hat, ihren Vater ausfindig zu machen, fragt sie sich heute noch, denn als Militärangehörige hätte es doch irgendwie möglich sein müssen, Zugang zu Informationen zu erhalten. Auch wenn sie lange keine konkreten Schritte mehr unternahm, blieb eine stille Sehnsucht nach dem unbekannten Vater präsent:

> »Durch das ganze Leben auch [haben sich die Fragen] gezogen: Wo ist mein Vater? Wer ist mein Vater? Dann habe ich mir immer

> vorgestellt, eines Tages steht er vor der Tür und sagt: ›Du bist meine Tochter und ich liebe dich!‹ Das habe ich mir immer vorgestellt. Das habe ich geträumt.« (00:24)

Später setzte sie, mittlerweile Ende 50, erste eigenständige, zunächst erfolglose Initiativen. Naheliegend erschien ihr ein Anruf bei der französischen Botschaft, doch sie erhielt keine Auskunft. »Die Franzosen haben kein Interesse gehabt, ihre Soldaten da als Väter herzustellen« (01:03), bemerkt sie nüchtern. Sie beschloss daher, ein Historikerbüro zu beauftragen. Diesmal war die Recherche erfolgreich, es konnte herausgefunden werden, dass sie in Frankreich eine ganze Reihe an Geschwistern hatte, insgesamt elf.

Via Facebook gelang eine unkomplizierte Kontaktaufnahme. Glücklicherweise stieß Angelika auch auf Interesse: »Und die haben mich dann angerufen und ich soll kommen, sie möchten mich auch kennenlernen.« (01:07) Ein Angebot, das sie gerne annahm. Fünf ihrer Geschwister konnte sie bei zwei Reisen nach Frankreich, die sie als »superschön« in Erinnerung hat, kennenlernen. Sie schildert mir den Moment, als sie zum ersten Mal einer Schwester gegenüberstand:

> »Dann haben wir geläutet [und] dann ist meine Schwester rausgekommen, die Martine. Dann hat sie so die Arme geöffnet, dann hat sie gesagt: ›Mon Papa, mon papa!‹ Dann hat sie gesagt: ›Die schaut total aus wie mein Vater!‹ Und dann sind wir reingegangen, dann hat sie mir als erstes das Foto gezeigt und dann habe ich gewusst, ich bin am richtigen Ort. Weil bis dahin habe ich immer noch gezweifelt, habe mir gedacht: ›Das kann ja nicht sein, dass der so viele Kinder da gemacht hat.‹ […] Ja und dann hat sie mir einen ganzen Haufen Fotos von ihm geschenkt, und wir haben geredet und sie hat mich immer wieder umarmt und sie ist so glücklich, dass sie mich kennenlernt. Es war wirklich […] eine wunderschöne Zeit.« (01:23–01:24)

Von diesem Besuch gibt es ein Foto, auf dem Angelika und ihre Schwestern zu sehen sind. »Nein, wenn ich euch anschaue«, sagte ihr einmal eine Freundin, »ihr habt alle das gleiche Gesicht.« (01:25)

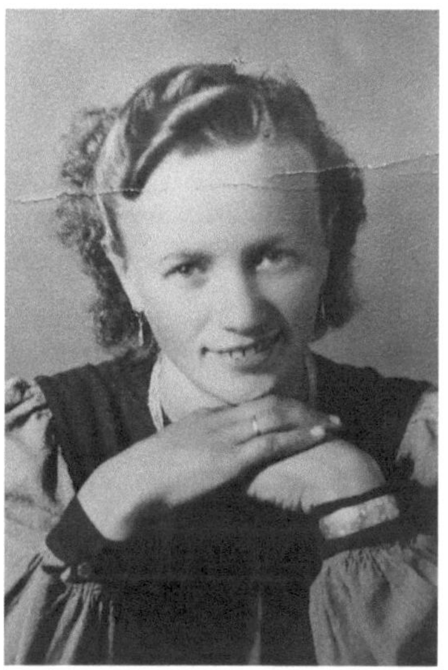

Abb. 22 und 23: *Vater und Mutter*. Früher besaß Angelika ein Foto, das ihren Vater und ihre Mutter gemeinsam zeigte: Die beiden standen nebeneinander, »sie ganz fesch und er ganz fesch, er den Arm so um sie rum« erzählt sie mir im Interview. Leider verlor Angelika das Foto während ihres Aufenthaltes in Lateinamerika. Jetzt sieht sie sich oft die beiden Portraits an und denkt, was für ein hübsches Paar die beiden damals waren. (Quelle: Privatbesitz Angelika)

Tatsächlich gleicht Angelika ihren österreichischen Geschwistern optisch gar nicht, denen in Frankreich dafür umso mehr. Und mittlerweile fällt ihr auf, wie ihr jugendlicher Enkel ihrem Vater Raphaël, also seinem Urgroßvater, immer mehr ähnelt. Die Kontakte zu ihren französischen Halbgeschwistern wurden zwar weniger, aber die Fotos vom gemeinsamen Treffen, die Erzählungen aus Raphaëls Leben und auch der Besuch an seinem Grab sind bis heute sehr wichtig für Angelika. Es tat ihr auch gut zu hören, dass ihre Geschwister den Vater in liebevoller Erinnerung behalten haben: »Das, was meine Mama von ihm erzählt hat, hat mir meine Schwester dann genau in gleichen Worten geschildert: ›Er war ein lieber Mensch, [...] er war die Herzensgüte in Person.‹« (00:28–00:29) Auf ihre Fragen, wer und was für ein Mensch ihr Vater gewesen war, hat Angelika Antworten erhalten.

Ihr leiblicher Vater Raphaël hatte seinen Kindern nie von seiner Tochter in Österreich erzählt. Das sei eben eine andere Generation gewesen, denkt Angelika, in der es noch üblich war, über Familienverhältnisse, die nicht der Norm entsprachen, zu schweigen. Kurz vor seinem frühen Tod soll ihr leiblicher Vater aber auf einmal den Wunsch geäußert haben, nach Österreich zu reisen:

> »Er hat mich nie gesucht – weil er hätte ja meine Adresse und alles gehabt – erst zum Schluss dann, wie er todkrank war, hat er immer zu [meiner Schwester] gesagt: ›Ich muss noch einmal nach Tirol, ich muss noch einmal nach Tirol.‹ Sie hat gesagt: ›Warum will er denn jetzt auf einmal nach Tirol?‹ Das war so ein Herzenswunsch noch.« (00:29)

Auch wenn Angelikas Traum, ihren Vater kennenzulernen, nicht in Erfüllung ging, so ist es ein gutes Gefühl zu wissen, dass er diesen Wunsch nach einem Treffen mit ihr geteilt hat.

Geteilte Erfahrungen

Die neun biografischen Erzählungen stehen exemplarisch dafür, wie die Lebensgeschichten von Töchtern und Söhnen alliierter Soldaten in Österreich verlaufen können. Sie unterscheiden sich in vielen Aspekten: War ihre Herkunft ein Geheimnis oder wussten die Kinder von klein auf davon? Wie war die finanzielle und materielle Lage ihrer Familie? Wie sehr gelang es der Mutter, den Großeltern oder einer anderen primären Bezugsperson, emotionale Nähe zu dem Kind aufzubauen? Kamen Sie in einer Stadt oder in einem Dorf zur Welt? Erlebten sie in ihrem familiären, schulischen und nachbarschaftlichen Umfeld Abweisung und Ausgrenzung und welche Wege fanden sie, damit umzugehen?

Manche ihrer Erfahrungen standen in engem Zusammenhang mit den gesellschaftlichen Bedingungen während ihrer Kindheit und Jugend und dürften jenen anderer gleichaltriger Kinder in vielem ähnlich sein. Auch andere Kinder kannten kriegsbedingt ihren Vater nicht und gerade in den ersten Nachkriegsjahren war der Anteil an Frauen, die unverheiratet Kinder bekamen, hoch. Viele Familien hatten mit der Not der Nachkriegsjahre zu kämpfen. Dennoch: Die Herkunft als Kind eines alliierten Soldaten war trotz aller Unterschiede in den individuellen Lebenssituationen eine Gemeinsamkeit, die bestimmte Erfahrungen nach sich zog oder wahrscheinlicher machte. Sie konnte auch dazu führen, dass Kinder alliierter Soldaten die gleichen Situationen anders erlebten als andere Kinder oder Jugendliche. Und schließlich waren sie mit gewissen Themen konfrontiert, mit denen andere Menschen sich nicht auseinandersetzen mussten.

Nach dem Krieg: Zeit des Mangels, der Not und Entbehrung

In der Geschichtsschreibung und im öffentlichen Diskurs haben sich bestimmte Deutungen der Nachkriegszeit durchgesetzt. Gerne wird sie als Zeit des Wiederaufbaus bezeichnet, als Weg zu einem freien Österreich und zur Demokratie. Im Rückblick mögen diese Deutungen zwar wichtige Prozesse der ersten zehn Nachkriegsjahre bezeichnen, im Erleben der Menschen standen aber vor allem zu Beginn ganz andere Erfahrungen und Eindrücke im Vordergrund. Zwar war die unmittelbare Bedrohung durch Luftangriffe und die schon aussichtslosen Bodenkämpfe vorbei, umso drückender waren Hunger, Not, Ungewissheit und die vielen Entbehrungen. Aufgrund der durch den Krieg stark veränderten Bevölkerungsstruktur – viele Männer im erwerbsfähigen Alter waren gefallen, vermisst oder noch nicht aus der Kriegsgefangenschaft zurückgekehrt – waren es vor allem die Frauen, die in den letzten Kriegsjahren und nach dem Krieg die »Überlebensarbeit« (Poutrus 1996: 73) zu leisten hatten. Daran erinnert etwa Fritz Molden, Widerstandskämpfer gegen den Nationalsozialismus und späterer Journalist und Autor:

> »[D]ie Frauen mussten alles machen. Sie waren allein und mussten sich um Kinder und Alte kümmern. Die Männer hatten als Soldaten auch lustige Zeiten; ich selbst hatte in Italien [im Widerstand, Anm. d. V.] lustige Tage. Für die Frauen gab es das nie. Sie haben diese letzten Jahre ab 1942 bis hin zum schlimmen Winter 1945/46 alles meistern müssen.« (Molden 2006: 139)

Die gesellschaftliche Situation, in die Kinder in Österreich in den Jahren nach 1945 hineingeboren wurden, ist aus heutiger Sicht kaum noch vorstellbar. Es mangelte nicht nur an Nahrung und den meisten Gütern des täglichen Bedarfs; Wohnraum und Infrastruktur waren durch den Krieg zerstört worden und es fehlte in den ersten Wintern an Brennstoff. Lebensmittel wurden rationiert, wobei die Ernährungssätze für so genannte Normalverbraucher immer wieder gefährlich unter die Kaloriengrenze sanken, die für das Überleben notwendig ist. Im Sommer 1945 konnten mit einem Bezugsschein beispielsweise folgende Lebensmittel eingekauft werden: 250 Gramm Brot, 30 Gramm Grütze, 20 Gramm Fleisch, sieben Gramm Fett und 15 Gramm Zucker. Offiziell waren das damals 891 (Kilo-)Kalorien, nach heutigen Nährwertberechnungen müsste die tatsächliche Kalorienzahl deutlich niedriger angegeben werden (Berger/Holler 1994: 26). Nicht selten geschah es, dass die Bevölkerung nicht einmal mit den geringen, laut Lebensmittelkarten vorgesehenen Rationen versorgt werden konnte. Manchmal wurden sie ersetzt, wie zum Beispiel im Dezember 1945, als in Tirol aufgrund von Transportschwierigkeiten die Getreidelieferungen ausblieben. Anstelle von Brot wurden Hülsenfrüchte und Kekse ausgegeben (TT Nr. 148 vom 14. 12. 1945: 3, in: Morscher 2012: 85). Zuweilen gelang selbst das nicht und so sind Extremfälle bekannt, bei denen die Tageskaloriensätze kurzfristig auf rund 300 (Kilo-) Kalorien fielen (Berger/Holler 1994: 27).

Vor allem in den Städten war der Hunger so groß, dass nicht wenige Menschen sich gezwungen sahen, ihre eigenen Haustiere zu essen. Hunde und Katzen habe es nur wenige gegeben, erinnert sich eine Zeitzeugin aus Wien, die Ende des Krieges eine junge Frau war. Viele Menschen versuchten außerdem, Tauben zu fangen und manche kochten in ihrer Not sogar Ratten (ebd.: 21). Fritz Molden erinnert sich an ein spätes Geständnis seiner Mutter Paula Preradović, die als Verfasserin des Textes der österreichischen Bundeshymne in Erinnerung ist:

> »Einem Buben war es gelungen eine dicke, fette Ratte zu fangen. Die Mutter hat sie abgehäutet und daraus ein Haschee gemacht, das sie uns zum Essen gegeben hat. Selbst hat sie davon nichts probiert, zu sehr grauste es ihr. Ganz verschämt erzählte sie es mir wie gesagt viel später.« (Molden 2006: 138)

Was sie denn sonst hätten tun sollen, wenn der Hunger zu arg war, fragen rückblickend manche Menschen, die zu solchen ungewöhnlichen, zu anderen Zeiten wohl nie in Frage kommenden Maßnahmen griffen (Berger/Holler 1994: 21).

Neben dem Hunger war die Wohnungsnot das größte Problem der Nachkriegszeit. Die Jahre des Krieges hatten beschädigte und gänzlich zerstörte Gebäude als Erbe hinterlassen und wieder waren die Städte besonders betroffen. Zwar zielten die Bombenangriffe überwiegend auf Industrie, militärische Ziele und kriegsrelevante Infrastruktur, doch die hohe Anzahl an über den Städten abgeworfenen Bomben richtete erhebliche Schäden in den Wohngebieten an. In Salzburg und Wien waren aufgrund der Zerstörung von Wohnungen jeweils rund 15 Prozent der Einwohner:innen der Stadt obdachlos geworden. Für Wien bedeutete das in absoluten Zahlen ausgedrückt, dass eine Viertelmillion Menschen anderweitig untergebracht werden musste. In Graz war zu Kriegsende etwa ein Drittel des Wohnraums nicht mehr benutzbar und noch schlimmer sah es in Innsbruck aus: Die Stadt, die am Knotenpunkt von vier wichtigen Bahnlinien lag, wurde 1943 bis 1945 22 Mal zum Ziel von Luftangriffen, die insgesamt 504 Menschenleben forderten und 60 Prozent der Wohnungen zerstörten oder beschädigten. Am schwersten bombardiert wurde aufgrund der dort angesiedelten Flugzeugindustrie Wiener Neustadt. Als der Krieg zu Ende war, gab es in der ganzen Stadt nur mehr neun unbeschädigte Häuser (Weidenholzer 1996: 60; Berger/Holler 1994: 141; Nussbaumer 1992: 13).

Verschärft wurde die Wohnungsnot nach Kriegsende durch zwei weitere Umstände. Der Krieg und das nationalsozialistische Regime hatten unvorstellbare Flucht- und Wanderbewegungen in Europa ausgelöst. Aus den verschiedensten Gründen fanden sich Millionen Menschen zu Kriegsende fern ihrer Heimat wieder oder sie wurden aus dieser vertrieben: aus den Großstädten aufs Land evakuierte Menschen ebenso wie befreite KZ-Häftlinge und polnische, französische, serbische oder ukrainische Kriegsgefangene, Menschen, die vor der anrückenden Front und insbesondere vor der sowjetischen Armee geflohen waren, Volksdeutsche aus osteuropäischen Gebieten, Menschen aus Südtirol, deutsche Truppenreste, mit dem Deutschen Reich Verbündete oder Kollaborateure und so weiter (Waitzbauer 1996: 67). Sie alle waren unterwegs oder vorübergehend irgendwo gestrandet und mussten versorgt und untergebracht werden. Für Oberösterreich gibt es zum Beispiel Schätzungen, dass sich im Mai 1945 zwischen 600 000 und 900 000 so genannte Displaced Persons im Bundesland aufhielten, also Menschen, die sich kriegsbedingt außerhalb ihres Heimatlandes befanden. Manche wurden in öffentlichen Gebäuden oder provisorisch eingerichteten Lagern für Geflüchtete untergebracht, andere waren auf der Durchreise und benötigten kurzfristig Übernachtungsmöglichkeiten und Verpflegung (Hageneder 1991: 115ff.).

Abb. 24: *Weihnachtsfeier für Kinder*. In allen Besatzungszonen versuchten die alliierten Truppen, durch wohltätiges Engagement das Leid und die Not der Bevölkerung und vor allem der Kinder zu lindern. Dazu gehörten etwa Schulmilchaktionen und Ausspeisungen, aber auch die Veranstaltung von Weihnachtsfeiern. Diese Aufnahme zeigt eine Weihnachtsfeier für jüdische Kinder, deren Eltern unter dem NS-Regime ermordet wurden. (Quelle: ÖNB)

Zusätzlich beanspruchten die Alliierten Wohnungen und andere Gebäude zur Unterbringung ihrer Truppenangehörigen und Militärbeamten. Vor allem im Frühjahr 1945 dürfte das immer wieder zu chaotischen Situationen geführt haben. Nach unkontrollierten und oftmals spontanen Beschlagnahmungen mussten die nunmehr ehemaligen Bewohner:innen innerhalb kurzer Zeit das Allernötigste packen und sich auf die Suche nach einer anderen Bleibe machen. Das alles stellte viele österreichische Gemeinden vor nahezu unlösbare Aufgaben. Wer über freien und benutzbaren Wohnraum verfügte, musste diesen melden und bekam obdachlose Menschen zwangsweise »eingewiesen«, wie es damals hieß (Weidenholzer 1996: 60ff.). In Innsbruck wurden zum Beispiel Mindestausnutzungsgrade von Wohnungen festgelegt: Eine Drei-Zimmer-Wohnung galt als voll ausgenutzt, wenn sie von vier Personen bewohnt wurde, eine Fünf-Zimmer-Wohnung erst bei acht Bewohner:innen, wobei je zwei Kinder unter zehn Jahren als eine Person gezählt wurden (Nussbaumer 1992: 24f.).

Aber auch die Überbelegung der vorhandenen Wohnungen reichte nicht aus und eine Vielzahl an Menschen musste in notdürftig adaptierten Kellern, Dachböden und Ruinen oder in Barackensiedlungen und Flüchtlingslagern unterkommen. Viele solcher Behausungen und Wohnstätten waren wegen beschädigter Fenster, undichter Dächer oder aufgrund von Löchern in den Wänden schlecht oder gar nicht beheizbar: »In den Nachkriegsjahren mussten Kälte und Nässe nicht durch Ritzen dringen, denn Tür und Tor standen ihnen weit offen«, bringen es Franz Severin Berger und Christiane Holler (1994: 151) in ihrem Buch über den Alltag in der Zeit nach dem Kriegsende auf den Punkt. Die sanitären und hygienischen Bedingungen waren mitunter gesundheitsgefährdend. Aufgrund der Baumittel- und Brennstoffknappheit konnten diese Zustände noch länger nicht behoben werden und die ersten beiden Nachkriegswinter trafen nicht wenige mit besonderer Wucht.

»Das österreichische Volk zählt zu jenen Völkern der Welt, die dem Hungertod am nächsten sind«, soll der UNRRA-Generaldirektor* Fiorello LaGuardia 1946 (zit. n. Haller 2016) nach einem Besuch in Wien gesagt haben. Der Mangel an allem – Nahrung, Wohnraum, Brennstoff, Baustoff, Energie, Transportinfrastruktur – hatte vor allem für Kinder gravierende Folgen. Eine in Wien und Niederösterreich durchgeführte Erhebung aus dem Jahr 1947 ergab, dass 50 Prozent aller Schulkinder in Wien unterernährt waren, als gar hochgradig unterernährt galten mehr als ein Drittel. In einigen niederösterreichischen Bezirkshauptstädten war die Situation noch schlimmer, zum Beispiel in Tulln und Wiener Neustadt, und am gravierendsten war die Lage in Gmünd, wo 85 Prozent der Schulkinder als unterernährt eingestuft wurden. Und so stand Österreich am Beginn der Geschichte der bekannten und in Krisen-

* UNRRA ist die Abkürzung für United Nations Relief and Rehabilitation Administration, auf Deutsch Nothilfe- und Wiederaufbauverwaltung der Vereinten Nationen. Die UNRRA wurde bereits 1943 gegründet und begann 1945 mit Hilfsmaßnahmen in der britischen, amerikanischen und französischen Besatzungszone Österreichs. (UNRRA 1947: 3, 27)

Abb. 25 und 26: *Hilfslieferungen der UNRRA, Eintreffen der Züge mit Weizen und Saatgut in Wien.* Die Nothilfe- und Wiederaufbauverwaltung der Vereinten Nationen wurde gegründet, da sowohl die Linderung der unmittelbaren Not der Bevölkerung als auch die Wiederherstellung der Wirtschaft als notwendige Voraussetzungen für die Sicherung des Friedens erachtet wurden. Im Zeitraum von Februar 1946 bis Juni 1947 erhielt Österreich Lebensmittel, Medikamente und Kleidung, aber auch Saatgut, Düngemittel und Fahrzeuge in einem Gegenwert von 137 Millionen Dollar. (Quelle: ÖNB)

regionen dringend benötigten C. A. R. E.-Pakete, im Gegensatz zu heute allerdings als Empfängerland dieser oft lebenswichtigen Hilfslieferungen. Die internationalen Hilfen z. B. aus den USA, der Schweiz und Schweden waren zur Linderung der Not unabdingbar und sogar innerhalb Österreichs fanden Sammlungen für Kinder in den am ärgsten vom Hunger betroffenen Gebieten statt (Berger/Holler 1994: 81ff.). In Schulen wurden von der Besatzung, aber auch von österreichischen Organisationen Ausspeisungen organisiert, manche der Zeitzeug:innen haben noch Erinnerungen daran.

Dass vor allem in den ersten zwei, drei Nachkriegsjahren niemand besonders viel hatte und sich die Menschen gegenseitig halfen, so gut sie es eben konnten, ist eine häufige Erinnerung an diese Zeit (Bader 2003: 22). Zusammenhalt und Nachbarschaftshilfe sind aber nur die eine Seite der Erfahrungen, die diese Zeit prägten. Auf der anderen Seite waren Menschen darauf angewiesen, unterschiedliche Wege einzuschlagen, um sich und ihre Kinder ernähren zu können. Zu ihren Überlebensstrategien gehörten die so genannten Hamsterfahrten aufs Land, bei denen die Stadtbewohner:innen versuchten, Wert- und Gebrauchsgegenstände gegen Nahrungsmittel einzutauschen. Nicht alle Methoden der Lebensmittelbeschaffung, die die Menschen damals anwandten, waren legal. Eine davon war das »Organisieren« von Nahrungsmitteln, etwa aus Lagern, die deutsche und österreichische Soldaten oder nationalsozialistische Funktionäre auf ihrem Rückzug oder ihrer Flucht zurückgelassen hatten. Nicht wenige sahen keine andere Möglichkeit, als zu stehlen und zu plündern, um irgendwie über die Runden zu kommen. Daran erinnert sich etwa die Zeitzeugin Fanny P., die die Nachkriegszeit als junge Frau in Wien erlebt hat: »[I]ch schäme mich heute noch dafür, denn ich habe ja anderen – wenn auch jedem nur wenig – etwas weggenommen. Aber wie hätte ich sonst meine nächsten Angehörigen durchgebracht?«, fragt sie sich (Berger/Holler 1994: 23). War die Not zu groß, dann war es manchmal gar nicht anders möglich, als nur an sich selbst und die eigene Familie zu denken. Berger und Holler kommen in der Beschreibung der Situation dieser Frauen, die unter schwierigsten Umständen zu ungewöhnlichen, teilweise verbotenen Mitteln griffen, um ihre Familien durchzubringen, zu einer treffenden Einschätzung: »[G]enausowenig, wie es eine Statistik über die Hungertoten der Nachkriegsjahre gibt«, schreiben sie, »läßt sich abschätzen, wie viele Leben gerettet wurden, weil beherzte Frauen in diesen Tagen noch Lebensmittel für ihre Familien zusammenrafften.« (Berger/Holler 1994: 24)

Es gab aber auch Situationen, in denen Menschen nicht halfen, obgleich es ihnen sehr wohl möglich gewesen wäre. Kind eines Besatzungssoldaten zu sein konnte einen Grund darstellen, um aus der Gemeinschaft jener, die sich unterstützten, ausgeschlossen zu werden. So zum Beispiel bei Veronika, die im Winter 1946 zur Welt kam und von ihrer Großmutter versorgt wurde. Einen Säugling zu ernähren, wenn man nicht stillen konnte, war eine große Herausforderung. Die Großmutter wandte sich daher mit der Bitte um etwas Milch an die Nachbarin, eine Bäuerin, die sich jedoch weigerte, die Milch ihrer Kühe zu teilen. Stattdessen habe sie überschüssige Milch den Ferkeln verfüttert. Veronika selbst hat davon erst viel später erfahren, als diese frühere Nachbarin schon hochbetagt und im Altersheim war. »Ich habe das als Baby natürlich nicht mitgekriegt, oder?«, erzählt die Zeitzeugin im Interview: »Die hat mir nichts gegeben, [...] jetzt hat mir meine Großmutter immer einen Brei mit Wasser machen müssen, weil sie keine Milch für mich bekommen haben.« (Veronika: 00:03) Diese Episode zählte zu den vielen »Kleinigkeiten«, wie es Veronika ausdrückt, die in der Summe nur zu deutlich machen, dass Kinder von Besatzungssoldaten oftmals nicht als Teil der Gemeinschaft gesehen wurden, jedenfalls nicht als gleichwertiger. Sie waren es nicht wert, dass ihnen so geholfen wurde, wie es möglich gewesen wäre. Im biografischen Rückblick kann Veronika sich davon distanzieren: »Aber ich bin trotzdem groß und stark geworden ...« (ebd.: 00:03), resümiert sie. An die prekäre Ernährungs- und Versorgungslage im Jahr 1946 zurückdenkend, kann man sich aber vorstellen, dass die Zurückweisung der Bitte um etwas Milch Veronikas Großmutter wohl existenzielle Sorgen bereitet hat.

Abb. 27 und 28: *Care-Pakete*. Links eine Familie nach der Abholung ihres Hilfspakets, rechts ein amerikanischer Soldat, der im Rahmen einer Care-Aktion einem Kind eine Puppe überreicht. Im November 1945 wurde die *Cooperative for American Remittances to Europe* (C. A. R. E.) gegründet, die heute noch als *Care International* Nothilfe in Krisenregionen leistet (mittlerweile steht das Akronym für *Cooperative for Assistance and Relief Everywhere*). In der Nachkriegszeit wurden in Österreich, Deutschland und anderen europäischen Staaten nahezu 10 Millionen Care-Pakete mit Lebensmitteln für jeweils 30 Mahlzeiten verteilt. (Quelle: ÖNB)

PENNSYLVANIA

Erwünschte und unerwünschte Kinder in der Nachkriegszeit

Gerade in gesellschaftlichen Krisen, wie sie Kriegs- und Nachkriegszeiten auf besondere Weise darstellen, ist es eine komplexe Frage, ob Kinder erwünscht sind oder nicht. Wenn man sich ihr annähern will, muss das sinnvollerweise auf unterschiedlichen Ebenen geschehen, denn es hängt nicht nur vom Wunsch sowie der individuellen Einstellung und Situation der werdenden Eltern ab, ob der Geburt eines Kindes mit Freude entgegengesehen werden kann. Eine große Rolle können die Familie und das nähere Umfeld spielen, aber ebenso gesellschaftliche Erwartungen und Vorstellungen.

Vor allem in den ersten Nachkriegsjahren wurden Kinder in schwierige Situationen hineingeboren: ein chaotischer und unvorhersehbarer, von Mangel und Entbehrungen geprägter Alltag, in dem es meist schon schwer genug war, für sich selbst zu sorgen, geschweige denn für Babys und Kinder. Gerade wenn Schwangerschaften aus Beziehungen, Liebschaften oder sexuellen Kontakten mit Truppenangehörigen der alliierten Streitkräfte entstanden, konnte es für die Frauen verschiedene Gründe geben, sich nicht auf ein Kind zu freuen. Das konnte etwa dann der Fall sein, wenn Frauen infolge einer Vergewaltigung schwanger wurden. Historisch wie gegenwärtig sind sexuelle Gewalt und Ausbeutung Teil von Kriegen und Nachkriegszeiten: »Krieg und Vergewaltigung der Frauen der Besiegten durch Sieger sind seit Bestehen des Patriarchats zwei zusammengehörige Phänomene«, bringt es Kirsten Poutrus auf den Punkt:

> »Mißachtung und Vernichtung menschlichen Lebens, welches von Frauen hervorgebracht wird, ist oberstes Prinzip des Krieges. Die Massenvergewaltigungen in den ›modernen‹ Kriegen des 20. Jahrhunderts, insbesondere im Zweiten Weltkrieg und [in den Jugoslawienkriegen 1991–2001, Anm. d. V.], sind keine ›Ausrutscher‹ der Geschichte. Sie bedeuten nicht die Rückkehr zur Barbarei oder sind etwa ein Zeichen von Rückständigkeit, wie oft behauptet wurde. Im Gegenteil: Sie sind ein integraler Bestandteil des Krieges überhaupt.« (Poutrus 1996: 76)

Während in den Gebieten Deutschlands und Österreichs sexuelle Übergriffe durch Angehörige aller alliierter Streitkräfte bekannt wurden, sind massenhafte Vergewaltigungen vor allem von sowjetischen Soldaten überliefert. Verlässliche Zahlen zu nennen ist schwer möglich, aber die unterschiedlichen Schätzungen sind hoch. In den ersten Wochen nach dem Einmarsch der Rotarmisten sollen allein in Wien rund 87 000 Frauen Opfer sexueller Übergriffe durch sowjetische Soldaten geworden sein (Judt 2006: 36). Für das Gebiet Deutschlands werden verschiedene Zahlen genannt: Miriam Gebhardt geht in ihrer Studie über Vergewaltigungen von Frauen am Ende des Zweiten Weltkriegs in einer konservativen Schätzung von mindestens 860 000 betroffenen Frauen aus (Gebhardt 2015: 64), andere Schätzungen liegen deutlich über einer Million oder gar bis hin zu zwei Millionen betroffener Frauen (Poutrus 1996: 74ff.; Lee 2017: 30).

Eine positive Beziehung zu einem Kind aufzubauen, war wohl in vielen Fällen erheblich erschwert, wenn eine Schwangerschaft nach gewaltvollem oder erzwungenem Geschlechtsverkehr entstand. Aber auch andere Gründe konnten ausschlaggebend für schwierige Mutter-Kind-Beziehungen sein: enttäuschte Liebe, die Erfahrung des Verlassenwerdens durch den Partner oder auch die Stigmatisierung und Ausgrenzung, der Frauen ausgesetzt waren, wenn sie eine Beziehung mit einem Besatzungssoldaten eingegangen waren (Kleinau/Mochmann 2016: 16). Davon erzählen einige der Zeitzeug:innen, mit denen ich sprechen durfte. Harald zum Beispiel hatte nachhaltig den Eindruck, dass seine Mutter sich für ihn beziehungsweise seine Existenz schämte, obwohl er ihr seiner Meinung nach keinen Anlass dazu gegeben hatte. Und auch bei Klara-Maria scheint es, als konnte die Mutter keine unbelastete Beziehung zu ihr aufbauen. Die Zeitzeugin kann sich nicht erinnern, dass ihre Mutter mit ihr im Dorf spazieren gegangen wäre oder einmal einen Ausflug unternommen hätte. Nur nach Einbruch der Dunkelheit durfte Klara-Maria sie zum Milchholen begleiten. Offenbar wollte die Mutter in der Öffentlichkeit nicht mit ihrem Kind gesehen werden.

Die allermeisten Kinder von österreichischen Frauen und Angehörigen der Besatzungstruppen kamen als uneheliche Kinder zur Welt und entsprachen allein deswegen schon nicht den bürgerlichen Frauen- und Familienidealen, die in der Nachkriegszeit zunehmend konservativer wurden. Innerhalb einer Ehe geborene Kinder stellten den gesellschaftlich vorgesehenen Fall dar – nicht umsonst wurden außerhalb der Ehe geborene Kinder als »illegitim«, also unrechtmäßig bezeichnet. Aber auch davon abgesehen gab es gewisse Vorstellungen, welche Kinder die erwünschten zukünftigen Mitglieder einer Gesellschaft waren und welche nicht.

Eine Zuspitzung hatten solche Vorstellungen in der nationalsozialistischen Bevölkerungspolitik erfahren. Sie verfolgte nicht nur das Ziel, als »arisch« und erbgesund erachtete Frauen und Männer zur Fortpflanzung zu bewegen. Gleichzeitig galt es auch, die Geburt von Kindern, die nicht als wertvoller Teil der Volksgemeinschaft gesehen wurden, zu verhindern: »Das Charakteristische der nationalsozialistischen Frauenpolitik war nicht der Gebärzwang, sondern der staatlich organisierte Zugriff auf die weibliche Gebärfähigkeit von zwei Seiten.« (Czarnowski 1996: 58) Um die Idee der »Rasseverbesserung« und der »Gesundhaltung des Volkskörpers« zu verfolgen, bestanden – je nach Einschätzung der werdenden Eltern durch die NS-Behörden – ein Verbot von Schwangerschaftsabbrüchen sowie ein Zwang zur Abtreibung nebeneinander. Der Wert von Mutterschaft wurde ausschließlich in Hinblick auf die nationalsozialistische Ideologie, also an ihrem Beitrag zur »Höherentwicklung der Rasse«, bemessen (ebd.: 58f.). Genauso wenig wie diese eugenischen und rassischen Vorstellungen eine Erfindung des Nationalsozialismus waren, verschwanden sie nach Kriegsende wieder und so wurden insbesondere Kinder aus Verbindungen mit sowjetischen, marokkanischen* oder auch afroamerikanischen Soldaten gesellschaftlich als unerwünscht erachtet. Aber nicht immer waren rassistische Gründe ausschlaggebend, denn auch Kinder britischer, US-amerikanischer und französischer Soldaten erfuhren

* Im Zweiten Weltkrieg griff das Französische Militär sowohl auf freiwillige aber auch zwangsweise rekrutierte Soldaten aus seinen damaligen afrikanischen Kolonien sowie dem Protektorat Marokko zurück. Im Frühling und Sommer 1945 bildeten die marokkanischen Regimenter nahezu ein Viertel der in Österreich stationierten französischen Armeeangehörigen (Coffey 2010: 12ff., 52ff.).

unterschiedliche Formen von Ablehnung und Benachteiligung. Ihre Väter wurden nicht selten auch noch lange nach dem Kriegsende eher als Feind denn als Befreier angesehen.

Von Erwägungen, ob sie, das Kind eines französischen Besatzungssoldaten, tatsächlich das Licht der Welt erblicken sollte, erzählt mir Helene im Interview:

> »Und dann war noch etwas, was komisch war … Das hat mir die Mama auch viel später erst erzählt […] Wir haben in einem Haus gewohnt, wir waren im Stöcklgebäude und im großen Haus hat eine ältere Frau gewohnt und die war Ärztin und Engelmacherin, wie man es damals genannt hat. Und dann hat mir die Mama gesagt, die hat ihr angetragen, wenn sie nicht will, dass ich praktisch auf die Welt komme, nachher macht sie es ihr gratis, ohne dass sie was zahlt. Und die Mama hat gesagt, das hat sie mir erzählt, weil sie es eben nicht getan hat. Die Oma hat gesagt: ›Nein, auf keinen Fall! Das Kind, das da kommt, das schaffen wir auch noch und so …‹ Jedenfalls bin ich dem auch entgangen, sonst täte ich heute nicht dasitzen, ja … Das war schon eine verrückte Zeit, nach dem Krieg damals.« (Helene: 00:24–00:25)

Als sich Helene an dieses Gespräch mit ihrer Mutter erinnert, zittert ihre Stimme und beim letzten Satz kommen ihr die Tränen. Auch nach so vielen Jahren fällt es ihr nicht leicht, mir davon zu erzählen. Zu schmerzhaft muss wohl der Gedanke daran sein, dass ein Schwangerschaftsabbruch im Raum stand und die Entscheidung ihrer Mutter auch anders hätte ausgehen können. Wie Helene sagt: dann würde sie »heute nicht dasitzen.« Auch wenn sich Mutter – und Großmutter – für das Kind entschieden, wirkt offenbar das Gefühl nach, einer existenziellen Bedrohung entgangen zu sein.

Das Angebot der erwähnten Nachbarin kann jedenfalls in zweifacher Hinsicht gedeutet werden. Vielleicht hatte sie im Blick, dass 1947 eine junge Frau als ledige Mutter zweifellos in einer sehr schwierigen Situation sein würde. Mit 18 Jahren war Helenes Mutter zum Zeitpunkt der Geburt ihrer Tochter noch nicht einmal volljährig. Möglicherweise schätzte die Nachbarin sehr richtig ein, dass eine dauerhafte Beziehung zu dem französischen Soldaten unwahrscheinlich war und ein lediges Kind damals oftmals als Hindernis für zukünftige Paarbeziehungen und Eheschließungen gesehen wurde. Auch wirtschaftlich waren Helenes Mutter und ihre gehbeeinträchtigte Großmutter in keiner abgesicherten Lage. So kann das Angebot des kostenlosen und vor allem unbürokratischen Schwangerschaftsabbruchs als Hilfsangebot verstanden werden, das die Intention hatte, der jungen Frau ein zumindest in dieser Hinsicht leichteres und unbeschwerteres Leben zu ermöglichen. Es könnte aber auch sein, dass bei dem Angebot zudem – bewusst oder unbewusst – gesellschaftliche Vorstellungen darüber mitschwangen, welche Kinder erwünscht waren und welche nicht. Jedenfalls aber ging diese Nachbarin mit ihrem Angebot ein Risiko ein, denn damals hatten Frauen legal keinen selbstbestimmten Zugang zu einem Schwangerschaftsabbruch und Ärzt:innen, die einen solchen durchführten, machten sich mitunter strafbar.

In der Nachkriegszeit waren die rechtlichen Grundlagen für Schwangerschaftsabbrüche zunächst unübersichtlich. Einerseits galt in Deutschland wie in Österreich unverändert ihr Verbot, andererseits wurde schon im März 1945 auf das Bekanntwerden von Vergewaltigungen durch sowjetische Militärangehörige reagiert. Per Verordnung wurden in diesen Fällen Schwangerschaftsabbrüche ermöglicht – allerdings ging es dabei nicht um die Entscheidungsfreiheit oder das Wohl der Frauen, sondern um die Verhinderung »rassisch unerwünschter Nachkommenschaft« (Poutrus 1996: 76). Dass dies auch in der Praxis und noch nach dem Kriegsende ein Hauptargument darstellte, zeigt der Fall einer Frau, die angegeben hatte, von drei marokkanischen Soldaten vergewaltigt worden zu sein. Der Chefarzt verweigerte ihr einen Schwangerschaftsabbruch mit folgender Begründung: »Ich habe erfahren, daß Sie ein jüdischer Mischling sind. Diese Abtreibung machen wir nur, weil wir deutsche Frauen vor Beschmutzung durch fremde Rassen retten wollen. Sie fallen da nicht drunter. Wir machen es bei Ihnen nicht.« (Meyer/Paczensky/Sadrozinski 1992, zit. in: Poutrus 1996: 77)

Politisch wurden in Österreich Schwangerschaftsabbrüche in der Nachkriegszeit generell abgelehnt. Die sozialdemokratischen Frauen schlossen an die Vorkriegsanstrengungen zur Liberalisierung des Abtreibungsrechtes an, konnten sich aber innerhalb der SPÖ nicht durchsetzen. Somit stand dies bei keiner Partei der Wiederaufbau-Konzentration (ÖVP, SPÖ und KPÖ) auf der Agenda, zu stark war die Orientierung an traditionellen Geschlechtervorstellungen samt der Annahme einer natürlichen Bestimmung der Frauen zur Mutterschaft (Mesner 2010: 202ff.). Dennoch gab es in der unmittelbaren Nachkriegszeit Bemühungen, Frauen, die nach einer Vergewaltigung schwanger geworden waren, zu helfen. Für Wien ist zum Beispiel bekannt, dass zunächst eine mündliche Weisung die Durchführung von Schwangerschaftsabbrüchen in Wiener öffentlichen Krankenanstalten ermöglichte. Ab Juli 1945 war der Eingriff unter Bezugnahme auf die folgende Formulierung zwar weiterhin inoffiziell, aber legal möglich: »Patientin wird aus gesundheitlichen Gründen und kriegsbedingter Notlage zur Schwangerschaftsunterbrechung aufgenommen.« Damit und mit ähnlichen Regelungen in manchen anderen Bundesländern konnten die ausführenden Ärzt:innen sicher gehen, dass ihnen keine juristischen Konsequenzen drohten. (Homepage Museum für Verhütung und Schwangerschaftsabbruch)

Frauen befanden sich also in einer prekären Lage. Aufgrund der eingeschränkten Verhütungsmöglichkeiten beziehungsweise des historisch verlorengegangenen Verhütungswissens hatten Frauen keinen Zugang zu effektiven Möglichkeiten der Geburtenkontrolle. Wurden sie schwanger, hatten sie keine wirklich freie Entscheidung, ob sie ein Kind wollten und sich in der Lage sahen, für es zu sorgen, oder nicht – was nicht bedeutet, dass Frauen nicht dennoch Wege fanden oder gar das Risiko auf sich nahmen, selbst das Ende einer Schwangerschaft herbeizuführen. Gleichzeitig gab es auch immer Mütter oder nicht selten Großmütter, die sich unter widrigen Umständen über Kinder freuten und liebevoll für sie sorgten. Staatliche Unterstützung erhielten sie jedoch kaum. Unehelich geborene Kinder waren rechtlich benachteiligt und wenn die Väter Angehörige der Besatzungstruppen waren, bestand kein Anspruch auf Alimentezahlungen und in den allermeisten Fällen auch keine Aussicht auf eine dauerhafte Beziehung der Eltern oder eine Eheschließung. Wesentliche Verbesserungen wurden erst durch die politischen Kämpfe der Zweiten Frauenbewegung ab Ende der 1960er Jahre erreicht: unter anderem als in den 1970er Jahren in Österreich die Fristenlösung eingeführt wurde, durch die ein Schwangerschaftsabbruch in den ersten 12 Wochen straffrei gestellt wurde, oder durch den Prozess der Demokratisierung des Familienrechts, in dem unter anderem die Schlechterstellung von ledigen Kindern abgeschafft wurde.

Kulturelles Leben und Vergnügen: »Wir waren jung, der Krieg war vorbei, das Leben lag vor uns …«

Die Lebensumstände in der unmittelbaren Nachkriegszeit waren von zahlreichen Entbehrungen geprägt. Während die allermeisten Menschen mit Mühe und hohem Aufwand damit beschäftigt waren, die nötigsten Grundbedürfnisse zu decken, entstand gleichzeitig ein großes Verlangen nach Unterhaltung und Vergnügen. Der Journalist Harald Jähner beschreibt das in *Wolfszeit. Deutschland und die Deutschen 1945–1955*, einem anschaulich geschriebenen Buch über den Alltag im ersten Nachkriegsjahrzehnt, folgendermaßen:

> »Nach den Schrecken der Bombennächte und der Ungewissheiten der ersten Besatzungstage brach sich die Freude am Überleben mit ungeheurer Wucht Bahn. Die Entbehrungen des Trümmeralltags taten der verbreiteten Energie keinen Abbruch, im Gegenteil.« (Jähner 2019: 121)

Tatsächlich zeigen viele Überlieferungen, wie rasch ein kulturelles Leben inmitten der Zerstörung und der Ungewissheit des Alltags wieder in Gang kam. Es dürfte eine Situation der Gleichzeitigkeit von Überlebensarbeit und Lebenslust entstanden sein. Dass sich die Menschen mühsam darum kümmern mussten, genug zum Essen und ein Dach über dem Kopf zu haben, hielt sie nicht davon ab, sich nach mehr zu sehnen. Es war nicht nur der Hunger nach Nahrung, sondern auch ein Hunger, ja eine regelrechte Gier nach Leben, die gestillt werden wollte. Im Wechselspiel zwischen den Wünschen der österreichischen Bevölkerung und den Einschränkungen, aber auch den Initiativen der Besatzungsmächte entstanden unmittelbar nach Ende des Krieges vielfältige Möglichkeiten der Unterhaltung und des Vergnügens.

Abb. 29: *Augustinerkeller, provisorischer Eingang.* Obwohl das Gebäude von den Bombenangriffen schwer beschädigt worden war, hatte die Wiener Gastwirtschaft nach Kriegsende ihren Betrieb bald wieder aufgenommen: »Heute geöffnet«, kündigt das kleine Schild über dem Eingang an. Der Tafel links sind die aktuellen Getränkepreise für Weißwein, Rotwein, Cognac und Schnaps zu entnehmen und außerdem, dass ab 6 Uhr abends Schrammelmusik gespielt werde. (Quelle: ÖNB)

Alle sehnten sich nach freudigen Anlässen, auch die in das Land einmarschierenden Truppen. Ein solcher wurde zum Beispiel für die US-amerikanischen Militärangehörigen veranstaltet – und zwar bereits am Tag vor dem offiziellen Kriegsende: Die *Spanische Hofreitschule*, nach dem »Anschluss« Österreichs an das Deutsche Reich in *Spanische Reitschule* umbenannt, hatte sich während des Krieges mit rund 70 Schulhengsten nach Oberösterreich in Sicherheit gebracht. Die erste Vorführung ihrer Reitkünste nach der langen, kriegsbedingten Pause fand an ihrem Zufluchtsort St. Martin im Innkreis vor dem US-amerikanischen General George S. Patton, einem großen Pferdeliebhaber, statt. Patton war in weiterer Folge wesentlich daran beteiligt, sowohl Tiere wie Trainingsmaterial vor gefürchteten Plünderungen zu schützen und den Weiterbestand der *Spanischen Hofreitschule* – auch finanziell – abzusichern (Schober 1991: 169).

Noch im Laufe des Jahres 1945 wurden Kunstsammlungen und Kulturgüter aus ihren Verstecken, in denen sie vor Bombenangriffen und Plünderungen bewahrt worden waren, zurückgebracht, um möglichst bald wieder in Museen für Besucher:innen zugänglich gemacht zu werden. Ebenso öffneten Büchereien und Kinos wieder ihre Pforten. Im Sommer 1945 wurde mit der Aufführung von Opern, Schauspielen und Konzerten unter anderem von Wolfgang Amadeus Mozart, Arthur Schnitzler und Hugo von Hofmannsthal an die Tradition der Salzburger Festspiele angeknüpft. Religiöse Feiern und Bräuche wurden wieder aufgenommen, Sportveranstaltungen durchgeführt und Vereine neu gegründet (Kerschbaumer 1996: 158; Roth/Kramml/Marx/Weidenholzer 1996: 197ff.; Schober 1991: 169ff.). Manches davon wurde von Seiten der Besatzung aktiv gefördert, beispielsweise Fastnachts- und Faschingsbräuche. In Tirol wurde die Bevölkerung durch die französische Besatzung angeregt, die traditionellen Schemenläufe wieder aufleben zu lassen. Auch in Deutschland wurde zur Veranstaltung von Karnevalszügen angeregt. Einwände, dass ein solches Fest bei einem derart trostlosen Zustand der Stadt – in diesem Fall war es Mainz – möglicherweise unangemessen sei, wies der zuständige französische Kommandant entschieden ab, denn »[j]e größer die Not, umso notwendiger der Karneval.« (Jähner 2019: 130) Ähnlich wurde das in Österreich gesehen. Dahinter stand aber auch

Abb. 30: *General Marie Émile Antoine Béthouart beim Imster Schemenlauf.* Der französische General Émile Béthouart wurde nach Kriegsende zunächst Oberkommandant der französischen Besatzungstruppen und von 1946 bis 1950 deren Hochkommissar. Er setzte sich stets für ein unabhängiges Österreich ein. In Tirol, wo der Sitz der Zonenadministration lag, erwarb er sich den Respekt und Zuspruch der Bevölkerung, indem er Traditionen und Brauchtum förderte und den Schützen gestattete, ihre historischen Waffen zu präsentieren. Béthouarts politisches Agieren war stets an der Idee der Versöhnung orientiert. (Quelle: Museum im Ballhaus Imst)

die Idee, kulturell an Bräuche und Traditionen anzuknüpfen, die schon vor dem Nationalsozialismus beliebt und verbreitet gewesen waren, um damit das *Österreichische* zu betonen und aufleben zu lassen (Eisterer 1990: 365ff.).

Wie groß die Notwendigkeit von Vergnügen inmitten der Nachkriegsnot war, zeigt sich in der Auferstehung des Nachtlebens. Die Gebäude waren oftmals noch beschädigt, als vor allem in den Städten Cafés, Tanzclubs, Nachtlokale, Kabaretts und andere Freizeit- und Vergnügungsstätten neu oder wieder eröffnet wurden. Von einer »explosionsartigen Zunahme von Kabarettbühnegründungen [...] gleich in den ersten Wochen nach dem Krieg« (Schmidt 2017) berichtet Hans Veigl, der gemeinsam mit Iris Fink die Geschichte des Kabaretts in Österreich für das gesamte 20. Jahrhundert rekonstruiert hat. Mit dem Ende des Deutschen Reiches verloren das Verbot der Kunstkritik sowie die sonstigen Zensurmaßnahmen ihre Gültigkeit und gesellschaftskritische Haltungen und Kunstformen gewannen rasch an Beliebtheit. Nicht nur in Wien, sondern auch in den Landeshauptstädten entstanden viele Kleinkunstbühnen, die sofort hohe Besucher:innenzahlen verzeichneten. Auf Anweisung der sowjetischen Alliierten nahmen in Wien Kabaretts und Theater den Betrieb unmittelbar nach dem Kriegsende wieder auf. Die ersten Vorstellungen waren schon ab Mitte Mai zu sehen. »Wien singt, lacht und tanzt wieder« hieß beispielsweise eine Show, die ab dem 24. Mai täglich gezeigt wurde und deren Titel wohl die Sehnsucht vieler Wiener:innen ansprechen sollte. Als zusätzlichen Anreiz bewarben die Bühnen ihre Kabarettaufführungen damit, dass ihre Räume beheizt seien. Außerdem gab es nicht viel, wofür die Menschen ihr Geld ausgeben hätten können: Nahrungsmittel, Brennstoff, Kleidung waren kaum irgendwo aufzutreiben. So kamen viele Menschen gerne in die warme Kabarettstube (Fink/Veigl 2016: 33ff.).

»[A]ufgrund der prekären Wirtschaftslage [hätte das] gar nicht möglich sein können«, schreiben Berger und Holler (1994: 185) über die gut besuchten Bars und Tanzlokale: »Aber der schwarze und graue Wirtschaftskreislauf Besatzungstruppen – Schwarzmarkt – Nachtleben hielt den boomenden Amüsiertrieb der Nachkriegsjahre im Laufen.« Vor allem in der amerikanischen, der französischen und der britischen Besatzungszone wurden Anlässe geschaffen, bei denen die oft sehr jungen und heimwehgeplagten Soldaten Gelegenheit haben sollten, sich zumindest ein wenig zu amüsieren. Trude Marzik, die später als Lyrikerin bekannt wurde, erinnert sich an die aufregende Zeit, als sie damals in Salzburg eine Anstellung bei einer Agentur fand, die Shows für Besatzungssoldaten veranstaltete. Das war unmittelbar nach dem Krieg und sie selbst erst 21 Jahre alt. So erfreulich sie es fand, Arbeit zu haben, so schwierig waren dennoch die Umstände. Wohnraum war in der Stadt kaum zu finden, die Lebensmittelmarken reichten oft nicht aus. Sie und ihre jungen Kolleg:innen mussten selbst irgendwie an die nötigen Ressourcen und Requisiten für ihre Auftritte kommen:

> »Etwas später gelang es mir, ein paar Meter roten Fahnenstoff zu ergattern, aus dem ich mir ein bodenlanges, tief ausgeschnittenes, rückenfreies Abendkleid schneidern ließ, sehr verrucht anzusehen. Für unsere Herren entstanden weiße Smokingjacken aus Leintüchern, deren Herkunft äußerst dunkel war. (›Organisieren‹ war schon im Krieg eine große Kunst und sollte es noch jahrelang bleiben.)« (Prolog von Trude Marzik, in: Berger/Holler 1994: 7f.)

Überwiegend durch Tauschhandel, zum Beispiel für Dolmetsch-Dienste, gelang es Marzik, zu den notwendigen Materialien, wie zum Beispiel Stoffen, zu kommen. Diese ließ sie dann von einer Frau, die auf der Flucht in einem nahe gelegenen Dorf gestrandet war, zu den beschriebenen Kostümen verarbeiten. Mühsam sei es auch gewesen, die Nummern für ihre Auftritte zusammenzustellen:

> »[H]eitere Kurzszenen, Liedchen, nach Möglichkeit in englischer Sprache, damit uns die Soldaten auch halbwegs verstehen konnten. [...] Noten hatten wir natürlich auch keine, und so mußten wir den keineswegs begnadeten Klavierspielern, die aufzutreiben waren, die Melodien vorpfeifen. Es war eine verwegene Zeit. Doch wir waren jung, der Krieg war vorbei, das Leben lag vor uns.« (ebd.: 8)

Nicht alle, so meint sie weiter, hätten diese unmittelbare Nachkriegszeit so unbeschwert erleben können. Trude Marzik war damals eine der vielen jungen Frauen, das galt gleichermaßen für Männer, die ihre Jugend aufgrund des Krieges und der nationalsozialistischen Diktatur bisher nur eingeschränkt genießen konnten. Auf sich allein gestellt und nur für sich selbst verantwortlich, waren sie einigermaßen unbekümmert. Sie kosteten die neu gewonnene Freiheit aus und wollten endlich leben:

> »Das Gefühl, der Katastrophe entronnen zu sein, und die unvorhersehbare, gänzlich ungeregelte Zukunft führten zu einer gesteigerten Lebensintensität. Viele existierten nur für den Moment; war dieser schön, dann wollten sie ihn bis zur Neige auskosten. Es kam zu Ausbrüchen überschäumender Daseinsfreude, zu einer oft irrsinnig anmutenden Vergnügungssucht.« (Jähner 2019: 121)

Abb. 31: *Amerikanischer Volkstanzkurs im Wiener Amerikahaus: ›Promenade your partner‹*. Die Alliierten versuchten in Österreich Anlässe für kulturelle Begegnungen zu schaffen und Aspekte ihrer Kultur zu vermitteln. Besonders bei der jüngeren Bevölkerung war das Interesse an musikalischen Trends aus den USA wie etwa Jazz, Swing, Boogie-Woogie oder dem hier abgebildeten Square Dance groß. (Quelle: ÖNB)

Gerade das Tanzen bot vielen jungen Menschen die Möglichkeit, sich zu vergnügen, sich im Augenblick zu verlieren und kurzfristig nicht daran denken zu müssen, wie man beispielsweise von den wenigen zugeteilten Lebensmitteln auch nur halbwegs satt werden oder wo man ausreichend Brennmaterial für den Winter auftreiben konnte. Die Mutter der Interviewpartnerin Hildegard gehörte beispielsweise zu jenen, die mit Begeisterung zu den Tanzveranstaltungen in ihrem Heimatort ging und nach den Kriegsjahren ihre Jugend endlich einigermaßen unbeschwert genießen konnte. Aber auch viele, die sehr damit beschäftigt waren, sich und ihre Kinder irgendwie über die Runden zu bringen, sehnten sich nach Ablenkung und Unterhaltung unterschiedlichster Art. Und so erfreuten sich die von den Alliierten organisierten Tanzveranstaltungen, Kinovorführungen, Konzerte sowie Sport- und anderen Freizeitveranstaltungen großer Beliebtheit. Nicht zuletzt boten sie einen Rahmen, in dem so manche Liebschaft und Beziehung zwischen alliierten Soldaten und österreichischen Frauen ihren Anfang nahm.

Liebschaften und Beziehungen mit Besatzungssoldaten: junge Frauen und konservative Sittlichkeitsanforderungen

In der Nachkriegszeit kamen Frauen aus unterschiedlichen Gründen mit Besatzungssoldaten in Kontakt: im Alltag, durch Einquartierungen in privaten Wohnungen oder Häusern, im Kontext der Berufsausübung oder auch bei kulturellen Anlässen, Feiern und Freizeitveranstaltungen. Dementsprechend ergab sich, trotz etwaiger sprachlicher Barrieren und Fraternisierungsverbote, das gesamte Spektrum sozialer Beziehungen. Bekanntschaften, Freundschaften und Arbeitsverhältnisse, One-Night-Stands, Liebschaften und kürzer oder länger dauernde Liebesbeziehungen, unterschiedliche Formen von Prostitution und Arrangements, die dem Schutz und der Existenzsicherung der Frauen dienten. Sie alle kamen vor, von Anfang an. Daran änderten Vorbehalte von beiden Seiten, also der österreichischen Bevölkerung und deren politischen Vertretung sowie der Besatzungsmächte, genauso wenig wie Regulierungsversuche oder Verbote.

Ingrid Bauer ist eine der ersten Historiker:innen, die sich mit dem nicht nur in der Nachkriegsgesellschaft, sondern auch in der Geschichtswissenschaft tabuisierten Thema der Liebesbeziehungen zwischen österreichischen Frauen und Besatzungssoldaten beschäftigte. Sie beschreibt die vielschichtigen Gründe, warum für Frauen eine Beziehung zu einem »fremden« Soldaten attraktiv erscheinen konnte. So sehr die nationalsozialistische Propaganda bemüht war, alles Fremde als verabscheuungswürdig darzustellen, so wurde es nun nach dem Ende des lange Jahre andauernden Kriegszustandes und »eingekleidet in das Image des Siegers« (Bauer 2000: 262) mitunter zu einer Projektionsfläche alles Ersehnten. Es kann erahnt werden, was besonders in den ersten Nachkriegsjahren der Lebensstil »Besatzungs-Braut« eben auch war, nämlich »einer der vielen individuellen Versuche, die Defizite, Verzichte, Verluste und Überforderungen der Kriegsjahre umzukehren und wieder Fuß zu fassen im Chaos der Nachkriegszeit, psychisch, weltanschaulich und materiell.« (ebd.: 262)

Freundschaften und Beziehungen zu »fremden« Soldaten können aber auch als eine Form der Handlungsmacht junger Frauen jenseits autoritärer Strukturen und konservativer Sittlichkeitsvorstellungen gesehen werden. Eine Handlungsmacht, mit der Vorstellungen von Individualität, Weltoffenheit, Ungezwungenheit und Freiheit verbunden waren. Und möglicherweise sogar mit einer »mehr oder weniger bewussten Opposition gegen die Rassenlehren des Nationalsozialismus« (ebd.: 262), umso mehr, wenn es sich bei den Freunden, den Geliebten und Beziehungspartnern um marokkanische oder afroamerikanische Soldaten handelte. Für die Frauen ergab sich so die Möglichkeit, einen Schritt in eine neue, andere Zeit zu setzen.

Dass junge Frauen es wagten, sich solche Freiheiten zu nehmen, wurde von der Bevölkerung häufig nicht gerne gesehen und die Reaktionen darauf waren bisweilen massiv. Die zentrale Metapher, mit der diese Frauen belegt wurden, war jene »der Hure, die sich für ein Stück Schokolade verkauft« (ebd.: 265). Prostitution kam zwar in unterschiedlichen Ausformungen vor – auch im Sinne der Überlebensprostitution, also der Beschaffung von Nahrung durch sexuelle Kontakte. Dennoch stellte das nur eine Va-

Abb. 32 und 33: *Gemeinsame Freizeitbeschäftigungen.* Links britische Soldaten im Eislaufverein, rechts sowjetische Soldaten mit einer Österreicherin. Freundschaftliche und romantische Kontakte zwischen österreichischen Frauen und alliierten Soldaten entstanden trotz etwaiger Vorbehalte in Bevölkerung wie Militärverwaltung und anfänglicher Fraternisierungsverbote. Neben dem geteilten Bedürfnis nach Vergnügen und Abwechslung zum Nachkriegsalltag dürfte zum Interesse an diesen Kontakten auf der einen Seite beigetragen haben, dass sich die Soldaten im Militär in einer (nahezu) homogenen Männergesellschaft befanden, auf der anderen Seite waren viele österreichische Männer im Krieg gefallen oder noch nicht aus der Kriegsgefangenschaft zurückgekehrt. (Quelle: ÖNB)

riante der vielfältigen sozialen Beziehungen zwischen ortsansässigen Frauen und Angehörigen der Besatzungstruppen dar – darauf reduzieren lassen sich die Beziehungen und Kontakte mit den sowjetischen, französischen, britischen und US-amerikanischen Soldaten keineswegs. Von dieser Zuschreibung waren jedoch viele der Frauen in der einen oder anderen Form betroffen. Es kam zu direkten Beschimpfungen sowohl innerhalb von Familien als auch im öffentlichen Raum und das manchmal noch Jahre später. Mehrere Interviewpartner:innen berichten davon, dass ihre Mütter teils massiven verbalen Übergriffen ausgesetzt waren. Manche erzählen, dass die beruflichen Chancen ihrer Mütter dadurch eingeschränkt waren.

Das aus heutiger Perspektive kaum vorstellbare Ausmaß dieser (sprachlichen) Gewalt führt ein Flugblatt vor Augen, das mir die Interviewpartnerin Angelika im Rahmen unseres Treffens zeigt. Es wurde in einem mittelgroßen Dorf im Herbst 1945 öffentlich ausgehängt und trägt den Titel »ACHTUNG HEIMKEHRER – Ansteckungsgefahr!«. Insgesamt 23 namentlich genannten und in alphabetischer Reihenfolge aufgelisteten Frauen werden Beziehungen zu Besatzungssoldaten unterstellt. Der sich hinter dem Pseudonym »General Tipper« feig versteckende Verfasser äußert seine ebenso fremden- wie frauenfeindlichen Ansichten in fünf mit mäßiger Begabung gereimten Absätzen. Lediglich der erste soll beispielhaft zitiert werden:

> »Eines ist hier gut bekannt, für uns alle eine Schant.
> Das viele Weiber gros und klein Huren erster Klasse sein.
> Etwas möchten sie gerne wagen Babys in den Bauch zu tragen,
> was wirt aber aus diesen Kind wenn es vor der Geburt schon stinkt.« (sic! Flugblatt »Achtung Heimkehrer«)

In den folgenden Versen setzt der Autor seine Beschimpfungen der Frauen fort, um am Ende eine Warnung auszusprechen: Denn irgendwann einmal, ist sich der Verfasser des Flugblattes gewiss, wird die Zeit gekommen sein, »wo sich jeder eine anständige genommen, dann könnt ihr euch um Kerzen sehen und um die Männer Schlange stehen.« Deutlich wird hier, mit welch großer Ablehnung Frauen, die Beziehungen zu Soldaten eingingen, zu rechnen hatten: die Liebesbeziehungen werden als Schande »für uns alle« bezeichnet, die Frauen als Prostituierte und Verbreiterinnen von Geschlechtskrankheiten diffamiert und Kindern, die aus diesen Beziehungen hervorgehen mochten, eine ungünstige Prognose für ihr Leben gestellt. Die Frauen selbst, so wird ihnen prophezeit, werden später jedoch das Nachsehen haben und keinen österreichischen Beziehungspartner mehr finden.

Solche und ähnliche Aktionen und Äußerungen dürften keine Seltenheit gewesen sein, nicht wenige von ihnen gingen von

Kriegsheimkehrern aus, wurden von ihnen befeuert und am Leben gehalten. »In heftigen Debatten, die über Monate in den Leserbrief-Spalten verschiedenster Nachkriegsmedien geführt wurden, meldeten sie sich aufgebracht, konsterniert, verzweifelt zu Wort.« (Bauer 2000: 265) Ingrid Bauer analysiert das als einen Diskurs der Konkurrenz unter Männern:

> »Die militärische Niederlage hatte – wie sozial- und erfahrungsgeschichtlich ausgerichtete Forschungen zur österreichischen Nachkriegszeit überzeugend belegen – viele ehemalige Wehrmachtssoldaten ganz zentral in ihrem Selbstwertgefühl und in ihrer männlichen Identität getroffen und ihr Wahrnehmungsraster nachhaltig geprägt.« (ebd.)

Dass Männer Beziehungen österreichischer Frauen mit ausländischen Soldaten als eine »Zerstörung ihrer letzten Machtposition« wahrnahmen, hat auch damit zu tun, dass sie darin die ihnen vermeintlich zustehenden »Eigentumsrechte an ›ihren‹ Frauen« (ebd.) verletzt sahen.

Auch in Zeitungsberichten sympathisierten Journalisten mit der Position der vom Krieg heimkehrenden Männer. Immer wieder wird die Tatsache, dass Frauen Beziehungen zu Angehörigen der Besatzungsmächte eingingen, besprochen. Zum Beispiel 1947 in den Salzburger Nachrichten: Gerahmt von einer Erzählung, in der Kinder am Bahnsteig ihrem eben heimgekehrten Vater mitteilen müssen, die Mutter sei »mit den Soldaten am Berg«, äußert der Autor seine Meinungen über diese Frauen und über »dieses Problem unserer Zeit in seiner ganzen Schwere und Unfaßbarkeit [...], von dem alle wissen, das viele betrifft und wenige freut.« (»Die Mutter ist am Berg ...« 1947) Der Beitrag schwankt zwischen der Überhöhung des Weiblichen und der Abwertung von Frauen. So meint der Autor, es sei noch immer so, dass »die Frau den moralischen Ruf einer Nation« bestimme, daher sei die Angelegenheit auch derart »peinlich« und eben keine »Privatsache«. Dezidiert möchte er auch nicht jene Frauen kritisieren, die aus »echtem Gefühl« heraus handeln. Aber, das stellt er fest, diese seien in der Minderzahl – es taucht auch hier die Unterstellung der Prostitution oder der Orientierung allein an materiellen Vorteilen auf. Der Autor bemängelt die moralisch-sittliche Unterlegenheit der Frauen und sieht diese als Grund für ihre Beziehungen zu Besatzungssoldaten: »Einem nicht unbeträchtlichen Teil unserer Weiblichkeit fehlt die echte Scham als ethische Basis.« Natürlich im Gegensatz zu den Männern, wie er feststellt. Und er ist sich sicher, dass es sich besonders häufig um Frauen handelt, »die sich früher nicht oft genug mit einem zackig dekorierten Krieger der staunenden Menge zeigen konnten.« (ebd.)

Wenn Frauen die ihnen zugedachte Rolle als Trägerinnen bürgerlicher Versittlichung nicht einnahmen, drohten ihnen Stigmatisierung, Diskriminierung, Ächtung und soziale Ausgrenzung. Ingrid Bauer sieht hier auch ein Fortwirken der im Nationalsozialismus indoktrinierten Abgrenzung eines *wir* von allem, was als anders und fremd galt und (rassistisch) abgewertet wurde. Es fallen »der enorme Aufwand und die Unverhältnismäßigkeit der Mittel« auf, mit denen unterschiedliche Akteure auf das als abweichend erachtete Verhalten der Frauen reagierten: »Anonyme Drohbriefe gehören ebenso hier her wie öffentlich affichierte Schmähschriften oder regelmäßig bei Zeitungen eingehende Spottgedichte.« (Bauer 2000: 267) Das ist im Kontext einer »Moralpanik« zu verstehen, die im konservativen politischen, im medialen, aber auch im wissenschaftlichen Diskurs sichtbar wird. Beklagt wurde die angeblich zunehmend lockerere Sexualmoral der Frauen. So schrieb beispielsweise der konservative und im öffentlichen Diskurs einflussreiche Soziologe Helmut Schelsky 1955, »dass der Trennungsstrich zwischen privatem Laster, sozialer Verwahrlosung und Prostitution […] kaum noch zu ziehen« (Schelsky 1955: 47) sei. Bei Frauen natürlich. Und wenn sie noch minderjährig waren, also damals unter 21 Jahre alt, konnten Beziehungen und Sexualkontakte zu Besatzungssoldaten – oder der Verdacht auf solche – ein (Mit-)Grund für die Einweisung in ein Erziehungsheim sein.*

* Darauf deuten erste Zwischenergebnisse meiner aktuell laufenden Forschungen zur Bundesanstalt für Erziehungsbedürftige Wiener Neudorf hin: Immer wieder finden sich in Einweisungsbeschlüssen Hinweise auf Kontakte mit alliierten Soldaten, die als Zeichen einer vorliegenden »sittlichen Verwahrlosung« gedeutet und als Grund für eine Einweisung in die Einrichtung geltend gemacht wurden.

Manchmal entlud sich die Wut der Männer sogar in körperlicher Gewalt, zum Beispiel indem Frauen ihre Haare abgeschnitten wurden. Vereinzelt wurde von solchen meist spontan zustande gekommenen Femegerichten berichtet, die zum Zweck hatten, die Frauen öffentlich zu beschämen und – zumindest auf gewisse Dauer – zu brandmarken (Bauer 2000: 267). Folgt man den Überlegungen des Philosophen Michel Foucault, dann geht es bei solchen Übergriffen auf die Körper von Frauen nicht um Gerechtigkeit oder Wiedergutmachung. Sie können viel mehr als ein Versuch der Wiederherstellung von Macht – hier der männlichen Macht – gedeutet werden (Foucault 2017: 64f.). Im Kontext der traditionell-konservativen Nachkriegsgesellschaft speisten sich die abwehrenden und abwertenden Reaktionen gegenüber Frauen, die selbstbestimmt Beziehungen mit Besatzungssoldaten eingingen, nämlich nicht zuletzt aus der Angst vor einer Veränderung der gesellschaftlichen Stellung und Rolle der Frauen.

Mutterschaft unter prekären Bedingungen

Liebesbeziehungen und sexuelle Kontakte von österreichischen Frauen mit Angehörigen der sowjetischen, US-amerikanischen, britischen oder französischen Besatzungsmacht wurden von vielen nicht gerne gesehen und konnten negative soziale Konsequenzen nach sich ziehen. Vor allem, wenn daraus Kinder hervorgingen. Sie erinnerten dauerhaft an eine von weiten Teilen der Gesellschaft als moralisch verwerflich erachtete Beziehung. Die Ausgrenzung und Stigmatisierung der Frauen, die sie aufgrund ihrer Beziehung zu einem Besatzungssoldaten erfuhren, wurden durch die Geburt eines Kindes auf Dauer gestellt und auf ihre Kinder übertragen. Die Mütter mussten im Kontext einer ihnen gegenüber ablehnenden oder gar feindseligen gesellschaftlichen Stimmung sowohl einen Umgang mit den negativen Reaktionen finden als auch die soziale und emotionale Beziehung zu ihren Kindern gestalten. Aus den Erzählungen meiner Interviewpartner:innen erfahren wir, dass ihnen das unterschiedlich gut gelang. Es hing sowohl von der konkreten Situation in Familie und Umfeld als auch von der Persönlichkeit der Mutter ab – beides konnte so ungünstig, kompliziert oder schwierig sein, dass die Chancen auf eine zugewandte und liebevolle Mutter-Kind-Beziehung mitunter von vornherein eher schlecht standen.

Insgesamt kann davon ausgegangen werden, dass sich die Frauen während der Schwangerschaft und nach der Geburt ihrer Kinder in einer schwierigen Situation befanden – zusätzlich zu den allgemeinen erschwerten Lebensbedingungen in der Nachkriegszeit durch Nahrungsmittel- und Brennstoffknappheit, Wohnungsnot und hohe Arbeitslosigkeit. In den allermeisten Fällen waren die Beziehungen zu alliierten Soldaten nicht von längerer Dauer. Ein Teil der jungen Männer hatte Österreich bereits verlassen, noch bevor sie erfuhren, dass sie Vater werden würden. Andere wiederum wurden verlegt oder abberufen, gerade weil die Militärverwaltung darüber in Kenntnis gesetzt wurde, dass ein Truppenangehöriger ein Kind gezeugt hatte. Wie es die Interviewpartnerin Angelika auf den Punkt bringt, hatte das Militär kein Interesse daran, ihre Soldaten »als Väter herzustellen« (Angelika: 01:03). Später nicht, wenn sich die mittlerweile erwachsenen Töchter und Söhne von Besatzungssoldaten auf die Suche nach Informationen zu ihrer Herkunft machten, und im Österreich der Nachkriegszeit schon gar nicht.

Das zeigt sich zum Beispiel im Fall von Karla, einer jungen Vorarlbergerin, die aus einer Liebschaft mit einem Angehörigen der französischen Besatzungstruppen schwanger wurde. Als sie die Schwangerschaft bemerkte, wollte sie dem jungen Mann Bescheid geben, der in der Zwischenzeit das Land jedoch bereits verlassen hatte. Ihre Bemühungen, Kontaktdaten und Informationen über seinen Verbleib zu erhalten, führten zu keinem Ergebnis. Die noch minderjährige junge Frau wurde später, bei schon fortgeschrittener Schwangerschaft, in die Bundesanstalt für Erziehungsbedürftige in Wiener Neudorf eingewiesen, eine vom Bund betriebene und von dem Orden der Schwestern vom guten Hirten geführte Erziehungsanstalt, die verwaltungsmäßig dem Justizsystem zugehörig war. Aus einer im Heim angefertigten Niederschrift erfahren wir, wie es Karla erging, als sie versuchte, den Vater des noch ungeborenen Kindes zu kontaktieren. Dort heißt es:

> »Zur Aussage der Wahrheit ermahnt, gibt [Karla] an: Ich bin im 8. Monat schwanger. Über die Persönlichkeit des KV [Kinds-

> vaters, Anm. d. V.] kann ich keine genaue Auskunft geben. Ich gebe mit Bestimmtheit an, daß der Vater des von mir zu erwartenden Kindes ein franz. Unteroffizier ist. [...] Dieser Mann hat sich mir als Fabien Durand ausgegeben. Bei unserem letzten Zusammensein im Jänner sagte er zu mir, ich solle längere Zeit nicht kommen, er müsse nach Frankreich fahren. Wie ich mich mehrfach überzeugt habe, war das insoferne richtig, als er nicht mehr in [Österreich] stationiert war. Bei einer Anfrage bei einem franz. Kapitän wurde mir gesagt, der Vorname Fabien stimme, jedoch hieße der Mann nicht Durand. Meine Frage wie er wirklich heiße und wo er sich jetzt befinde wurde nicht beantwortet.« (Zöglingsakte Karla)

Offenbar war der Soldat zur jungen Frau, mit der er sich auf eine kurze Liebschaft eingelassen hatte, unehrlich gewesen – vielleicht bereits in dem Wissen seiner baldigen Abreise oder weil er kein Interesse an einer längeren Paarbeziehung hatte? Oder ging es ihm darum, etwaige Konsequenzen dieser sexuellen Kontakte abzuwenden? Mit der Situation, dass aus dem kurzen Zusammensein eine Schwangerschaft entstanden war, musste Karla nun alleine zurechtkommen. Der Vater der kleinen Eva-Maria, die später zur Welt kam, hatte sich aus der Verantwortung gestohlen und von der Militärverwaltung konnte die werdende Mutter keine Hilfe erwarten. Die Identität des Mannes wurde geheim gehalten. Vermutlich wurde in die Geburtsurkunde »Vater unbekannt« eingetragen oder das Feld gänzlich leer gelassen. Falls Eva-Maria sich später im Leben jemals auf die Suche nach Informationen über ihren französischen Vater gemacht hat, dann dienten ihr als einzige Anhaltspunkte der Vorname und der Zeitpunkt der Stationierung in Österreich. Dürftige Angaben, die eine Suche ungemein erschweren.

Für die Mütter hatte die Geburt eines Kindes, dessen Vater ein Besatzungssoldat war, vielfältige Auswirkungen. Üblicherweise kam es nicht zu Eheschließungen und die Kinder kamen, wie es im damaligen Amtsjargon hieß, als »uneheliche Kinder« zur Welt. Bis 1989 sah das Jugendwohlfahrtsgesetz vor, dass das Jugendamt des Wohnbezirks die Vormundschaft über das Kind innehatte

(JWG 1954: § 16–20). Damit einher ging die aktenmäßige Erfassung der Kinder, aus der eine erhöhte Aufmerksamkeit ihnen gegenüber folgte: etwa in regelmäßigen Hausbesuchen durch die zuständige Fürsorgerin oder durch die Überprüfung von Wohnverhältnissen und Lebenssituation der Kinder wie Mütter. So wie ledigen Frauen mit dieser rechtlichen Regelung unterstellt wurde, alleine nicht ausreichend für ihre Kinder sorgen zu können, so wurde mit dem Anlegen einer Akte das Kind zu einem Fall. Das hatte stigmatisierende Wirkungen, und zwar nach innen, denn innerhalb der Behörden wurde mit der Existenz einer Akte nicht selten der Verdacht der mangelnden Erziehung und Verwahrlosung verknüpft, als auch nach außen: »Die Familie, zu der die Fürsorge kommt, ist vor der ganzen Nachbarschaft als asozial* und kriminell gezeichnet.« (Brosch 1971: 80)

Mehrere von mir interviewte Personen hatten zum Glück neutrale oder sogar positive Erinnerungen an die Kontakte mit den Jugendamtsmitarbeiter:innen, wie zum Beispiel Freda, die in ihren Bildungsinteressen unterstützt wurde. Dass die Jugendfürsorgebehörden seit jeher im Spannungsfeld von Hilfe und Kontrolle agierten, spürten einige von ihnen jedoch auch. Daran erinnert sich zum Beispiel Harald, wenn er von den Ermahnungen und Drohungen seiner Mutter berichtet, sich bei den Besuchen der Jugendfürsorgerin unbedingt brav zu verhalten. Oder Hildegard, die vor allem als Jugendliche den Eindruck hatte, dass die Hausbesuche disziplinierenden Charakter hatten: Als Strafe für etwaiges Fehlverhalten habe unausgesprochen stets die Einweisung in ein Erziehungsheim im Raum gestanden.

* Im Kontext der Jugendwohlfahrt wurde bis in die 1970er und teilweise die 1980er Jahre die Zuschreibung »asozial« für Verhaltensweisen verwendet, die als von gesellschaftlichen Normvorstellungen abweichend erachtet und mitunter als schädlich für die Gesellschaft eingeschätzt wurden – im Unterschied zur Verwendung des Begriffs im Nationalsozialismus, wo damit ganze Gruppen von Menschen bezeichnet wurden, die als unwillig oder unfähig zur Einordnung in die nationalsozialistische Volksgemeinschaft galten und von Verfolgung und Inhaftierung in Konzentrationslagern bedroht waren. Zumeist handelte es sich um Menschen in prekären Lebenslagen.

Häufig war die ökonomische Lage von Müttern so genannter Besatzungskinder prekär. Angehörige der Besatzungstruppen konnten nicht zu Unterhaltszahlungen verpflichtet werden und selbst die Feststellung der Vaterschaft gestaltete sich schwierig. Da sie der Militärgesetzgebung unterlagen, konnten Vaterschaftsfeststellungen nicht an österreichischen Gerichten verhandelt werden (Fritz/Krammer/Rohrbach 2014: 361; Schretter 2020: 281ff.). Waren die Frauen ledig, zählten sie als Alleinerziehende zu einer besonders armutsgefährdeten Gruppe. Das hat sich bis heute nicht geändert. In der Nachkriegszeit war jedoch die Aufnahme einer Berufstätigkeit durch das weitgehende Fehlen von Kinderbetreuungseinrichtungen erheblich erschwert und die Einkommensbenachteiligung der Frauen gegenüber Männern noch deutlich größer.

Wenn man davon ausgeht, dass »[u]neheliche Mütter […] in den Augen der Gesellschaft [als] unmoralische Personen« (Kuhlmann 2008: 13) galten, so trifft dies umso mehr zu, wenn der Vater des Kindes ein Besatzungssoldat war. Ein lediges Kind zu haben verringerte aber auch die Chancen einer zukünftigen Eheschließung. Wenn Frauen verheiratet waren und etwa während der Abwesenheit ihres Ehemannes ein Kind aus einer Verbindung mit einem Besatzungssoldaten bekamen, konnte das zu einer Scheidung führen. Oder die Frauen sahen sich gezwungen, sich gegen ihr Kind zu entscheiden, um ihre Ehe zu retten (Lee 2009: 331). Manchmal wurden die Kinder in der Verwandtschaft untergebracht oder sie kamen in Pflegefamilien, in ein Heim oder wurden zur Adoption freigegeben.

Deutlich ungünstiger konnten die Erfahrungen der Mütter sein, wenn die Väter *Schwarze* Armeeangehörige oder *Persons of Color* waren und den Kindern ihre Herkunft somit angesehen wurde. Wenn Frauen sexuelle Beziehungen zu afroamerikanischen GIs hatten, dann galt das als besonders unmoralisch und die Frauen wurden von der Bevölkerung sowie von den österreichischen Behörden als unsittliche, verdorbene oder asoziale Personen diffamiert. Der soziale Druck auf diese Frauen war ungleich höher und konnte dazu führen, dass manche ihr aus einer solchen Beziehung entstandenes Kind nach der Geburt ablehnten. Waren die Frauen unverheiratet, geschah es nicht selten, dass von Seiten

Abb. 34 und 35: *Amerikanische GIs verteilen Weihnachtsgeschenke an Kinder.* Zu Weihnachten fanden auch Besuche bei bedürftigen, oft kinderreichen Familien, in Kinderheimen oder Kindergärten statt. Die Soldaten schenkten den Kindern Spielsachen wie Bälle, Puppen oder Steckenpferde, aber auch Orangen, eine sonst kaum erhältliche Köstlichkeit. (Quelle: ÖNB)

REIS
GRIES
KAFFEE
REIS
KAFFEE
OEL

der Jugendfürsorge Druck auf sie ausgeübt wurde. So kam es, dass vor allem von den nicht ehelichen Kindern mit dunkler Hautfarbe viele ihre ersten Lebensjahre in Pflegefamilien oder in Heimen verbrachten (Fritz/Krammer/Rohrbach 2014: 360f.). Aufgrund dieser gesellschaftlichen Ressentiments war es für die Mütter deutlich erschwert, eine unkomplizierte, liebevolle Beziehung zu ihren Kindern aufzubauen.

Ablehnung in Familie und Gemeinschaft: Herkunft als biografisches Risiko?

Trotz all ihrer unterschiedlichen Lebensverläufe und Lebensumstände und trotz vieler Gemeinsamkeiten mit anderen Menschen ihrer Altersgruppe: Kann man sagen, dass ihre Kindheit schwieriger oder belasteter war als die anderer Kinder? Was machte ihre Kindheit zu einer besonderen Kindheit? 2013 wurde erstmals in einer Studie zu *Psychosozialem Befinden, Erfahrungen mit Vorurteilen und Identitätsentwicklung von »Besatzungskindern« in Deutschland* untersucht, inwieweit die Herkunft als Kind von alliierten Soldaten ein spezifisches biografisches Risiko darstellt. Die Frage war, ob Kinder von Besatzungssoldaten mit höherer Wahrscheinlichkeit als andere im Laufe ihres Heranwachsens und ihres Lebens ungünstige und negative Erfahrungen machen.

Insgesamt konnten über 160 Personen für die Teilnahme an der Fragebogenerhebung gewonnen werden. Von den Befragten gab mehr als die Hälfte an, dass sie Diskriminierung und Stigmatisierung erfahren hatten, die mit ihrer Herkunft in Zusammenhang stand. Viele gehen davon aus, dass der Grund die ablehnende Haltung der Bevölkerung gegenüber Beziehungen und sexuellen Kontakten zwischen einheimischen Frauen und Besatzungssoldaten war. Andere häufige Ursachen waren Vorbehalte gegenüber dem Herkunftsland der Väter, körperliche Merkmale, die ihre Herkunft sichtbar machten, und zu einem kleineren Teil die Tatsache, ein lediges Kind zu sein (Kaiser/Glaesmer 2016: 145).

Diskriminierung und Stigmatisierung geschieht auf unterschiedlichen Ebenen. Johan Galtung, der Gründer der Friedens- und Konfliktforschung, hat über das Zusammenwirken unterschiedlicher Gewaltformen nachgedacht. Im Unterschied zu direkter, personaler Gewalt versteht er unter struktureller Gewalt »die vermeidbare Beeinträchtigung grundlegender menschlicher Bedürfnisse oder, allgemeiner ausgedrückt, des Lebens« (Galtung 1971: 55). Es ist eine Gewalt, die in gesellschaftlichen Strukturen wie z. B. Institutionen, Normen und Werten, Diskursen oder Machtverhältnissen liegt. Sie trägt dazu bei, dass die Lebenschancen und Handlungsspielräume bestimmter Gruppen von Menschen geringer sind, als sie potenziell möglich wären. Das war bei Kindern von Besatzungssoldaten oftmals der Fall. Gerade in der Nachkriegszeit entsprach die Ablehnung von Kindern, deren Väter alliierte Truppenangehörige waren, tendenziell dem gesellschaftlichen Konsens: Die konservativen, in weiten Teilen Österreichs stark von der katholischen Kirche geprägten Moralvorstellungen sahen weder selbstbestimmte Beziehungen zwischen Frauen und ausländischen Soldaten, noch voreheliche Sexualität und ledige Mutterschaft vor. Dazu kamen die das Kriegsende überdauernde Haltung in einem erheblichen Teil der Bevölkerung, die Angehörigen der Alliierten nach wie vor als feindliche Andere zu betrachten, sowie rassistische und ausländerfeindliche Ressentiments ihnen gegenüber. Die Herkunft als Kind eines alliierten Soldaten zog auch rechtliche und nicht selten ökonomische Nachteile nach sich. Das alles kann als strukturelle Gewalt bezeichnet werden. Sie bildete den Rahmen für die konkreten Erfahrungen von Gewalt, Benachteiligung und Ablehnung, die Kinder von Besatzungssoldaten in zwischenmenschlichen Beziehungen und konkreten Interaktionen machten.

Viele der Betroffenen erzählen von negativen Erlebnissen in Wohnumfeld und Schule. Besonders häufig waren verbale Übergriffe, und zwar sowohl durch andere Kinder und Jugendliche als auch durch Erwachsene. Teilweise mussten sie Beschimpfungen wie »Amisau« oder »Franzosengschrapp« über sich ergehen lassen, aber verbale Gewalt nahm oft auch subtilerer Formen an. Helene erzählt beispielsweise von Kommentaren über das von ihrer Großmutter genähte Kleid. Wenn die Eltern von ihrer Freundin anmerkten, wie »aufgemaschelt« das Kind doch sei, empfand sie das als beschämend: Als hätte sie nicht das gleiche Recht wie andere Kinder, hübsch zu sein. Veronika wiederum erinnert sich, dass in der Schule Fehlverhalten oder schwächere Leistungen mit abfälligen Äußerungen über ihren Vater kommentiert wurden. Zum Beispiel wurde sie von der Handarbeitslehrerin öffentlich für einen nicht besonders gut gestopften Socken beschämt: »Schaut einmal, was das für eine Socke ist«, habe die Lehrerin gemeint und dann angefügt, das sei ja kein Wunder, bei dem Vater. Das geschah zu einem Zeitpunkt, als Veronika selbst noch nicht wusste, dass dieser ein amerikanischer Soldat war. Für Kinder waren derartige Herabwürdigungen, Witze und abfällige Bemerkungen häufig sehr schwer einzuordnen, umso mehr, wenn sie nicht über ihre Herkunft Bescheid wussten. Dann trugen sie zu Verwirrung und einer grundlegenden Verunsicherung bei.

Zu den Diskriminierungserfahrungen gehört aber ebenso die Verweigerung von sozialem Kontakt und Interaktion. Zum Beispiel erinnert sich Leonhard daran, dass manche Dorfbewohner:innen ihn nicht zurückgrüßten und Veronika machte die Erfahrung, dass die Nachbarskinder nicht mit ihr spielten, weil deren Mutter es verboten hatte. Auf diese Art wurde den Kindern alliierter Soldaten vermittelt, dass sie es nicht wert waren, mit grundlegenden Formen der Höflichkeit und des Respekts behandelt zu werden, und dass sie nicht gleichermaßen Teil der Gemeinschaft, zum Beispiel der gleichaltrigen Kinder in der Nachbarschaft, sein durften.

Gerade die Schule war für nicht wenige ein Ort, an dem sie Ausgrenzung oder Herabwürdigung erfuhren, die entweder von den Lehrpersonen geduldet und ignoriert wurde, oder sogar direkt von ihnen ausging. In unterschiedlichen Studien berichteten Zeitzeug:innen von ihrem Gefühl, dass ein Lehrer oder eine Lehrerin es geradezu auf sie abgesehen hatte, ihnen stets die Schuld an Störungen im Unterricht oder an Streit und Unstimmigkeiten unter den Kindern zugeschrieben wurde oder sie vor der Klasse von Lehrpersonen geschlagen wurden (Aßmann et al. 2015: 298; Lechhab 2008: 121). Manchmal wollten die Lehrpersonen sogar einen weiterführenden Bildungsweg verhindern: Sein Lehrer war gegen seinen Übertritt in ein Gymnasium und bis heute ist Harald sich nicht sicher, ob der Lehrer seine Chancen des Bestehens der Aufnahmeprüfung absichtlich sabotierte, indem er den Lehrstoff in Mathematik nicht ausreichend vermittelte. Und Hildegard erinnert sich, dass sie mit mehreren Kindern alliierter Soldaten in die gleiche Klasse ging. Kein Einziges von ihnen wollte die Lehrerin zur Aufnahmeprüfung für die Hauptschule zulassen. Sie hätten alle die 8-jährige Volksschule besuchen sollen, obwohl das für zukünftige Ausbildungsmöglichkeiten von Nachteil war.

Manche Kinder erfuhren Ablehnung und Ausgrenzung innerhalb der eigenen Familie. Das ist besonders ungünstig, da die Familie ein dauerhafter Kontext ist, der sich durch existenzielle und emotionale Angewiesenheit und Abhängigkeit der Kinder von den für sie sorgenden Erwachsenen auszeichnet. Und es ist besonders herausfordernd, negativen Erfahrungen innerhalb der Familie zu entrinnen und sich von ihnen zu distanzieren. Schwierige Situationen ergaben sich beispielsweise oft, wenn die Mutter einen neuen Partner fand. Mehrere der befragten Zeitzeug:innen erinnern sich, dass es ihren Stiefvätern schwer fiel, die frühere Beziehung ihrer Partnerin zu einem Besatzungssoldaten zu akzeptieren und die daraus entstandenen Kinder als gleichwertigen Teil der Familie zu betrachten. Julia und Veronika spürten sehr deutlich, dass sie im Vergleich zu ihren jüngeren Halbgeschwistern benachteiligt wurden.

Eine besonders starke und vermutlich die lebensgeschichtlich nachhaltigste Beeinträchtigung war es wohl, wenn Ablehnung oder Stigmatisierung von der Mutter oder der primären Bezugsperson ausging (Kaiser/Glaesmer 2016: 145). Betroffene berichten von der Belastung, die durch das Schweigen, die Tabuisierung der eigenen Herkunft oder auch die Lügen ihrer Mütter hervorgerufen wurde. Als besonders schlimm erlebten sie, wenn sich ihre Mutter nicht um sie kümmern wollte, wenn sie ihnen vermittelte, dass sie sich für ihr Kind schämte und wenn sie den Kindern die Schuld für eigene negative Erfahrungen oder die verwirkte Chance auf ein gutes Leben gab. Eine der Personen, die sich an der oben genannten Fragebogenerhebung beteiligte, nannte als traurigste Begebenheit im Zusammenhang mit der eigenen Herkunft den Vorwurf der Mutter: »Durch dich ist mein Leben versaut!« (Aßmann et al. 2015: 298). Es ist besonders ungerecht, wenn Mütter ihren Kindern ihre bloße Existenz vorhalten, und es verwundert daher nicht, dass das als eine der schlimmsten Erfahrungen in Erinnerung bleibt.

Abb. 36 und 37: *Fotos mit Mutter*. Es existieren nur zwei Fotos, auf denen Klara-Maria mit ihrer Mutter abgebildet ist: Als Säugling auf ihrem Arm vor dem Wohnhaus und als kleines Mädchen mit der Mutter und dem Hund auf einer Bergwiese, die die Familie bewirtschaftete. Weil sie dort unbeobachtet waren, erzählt Klara-Maria, denn die Mutter habe sich nie mit ihr in der Öffentlichkeit gezeigt. Diese wenigen gemeinsamen Fotos sind gleichsam Ausdruck dafür, dass es der Mutter nicht gelang, eine unbeschwerte Beziehung zu ihrer Tochter aufzubauen. (Quelle: Privatbesitz Klara-Maria)

Einige dieser Erlebnisse können als belastende oder aversive Kindheitserfahrungen* bezeichnet werden. Darunter werden körperliche, sexuelle und emotionale Misshandlungen sowie körperliche und emotionale Vernachlässigungen in der Kindheit verstanden, aber auch das Miterleben von häuslicher Gewalt, Suchtmittelmissbrauch oder psychische Erkrankungen ihrer nahen Bezugspersonen. Ebenso können Trennungen der Eltern sowie die Inhaftierung elterlicher Bezugspersonen dazugehören. Vor allem, wenn Kinder mehrere und/oder lang andauernde belastende Kindheitserfahrungen machen, kann das einen erheblichen negativen Einfluss sowohl auf die körperliche und psychische Gesundheit sowie auf das Wohlbefinden im weiteren Lebensverlauf haben (Felitti et al.: 1998). Im Rahmen der genannten Studie zum psychosozialen Befinden von Kindern alliierter Soldaten wurden den Teilnehmenden auch Fragen nach belastenden Kindheitserfahrungen gestellt. Dabei zeigte sich, dass sie im Vergleich zur gleichaltrigen Bevölkerung in einem viel höheren Ausmaß schwerem emotionalen, körperlichen, aber auch sexuellen Missbrauch ausgesetzt waren, auch schwere emotionale und körperliche Vernachlässigung kam deutlich häufiger vor (Kaiser/Glaesmer 2016: 148).

Die Auswirkungen davon zeigten sich unter anderem in einem erhöhten Auftreten etwa von Depressionen oder posttraumatischen Belastungsstörungen. Die Befragten gaben aber auch an, sich mit Nähe in sozialen Beziehungen weniger wohlzufühlen und weniger Vertrauen zu haben, dass in schwierigen Situationen jemand für sie da ist. Interessant ist aber, dass es kaum Unterschiede zur gleichaltrigen Durchschnittsbevölkerung gibt, was die Einschätzung der momentanen Lebenszufriedenheit anlangt (ebd.: 148ff.). Das könnte darauf hindeuten, dass viele Kinder von Besatzungssoldaten Wege gefunden haben, belastende Erfahrungen zu verarbeiten, eine zufriedenstellende Deutung ihrer Lebensgeschichten zu er-

* Im Rahmen einer medizinischen Studie in den USA, die den Zusammenhang zwischen belastenden Kindheitserfahrungen, Gesundheit und Wohlbefinden im Lebenslauf untersuchte, wurde das Konzept der »adverse childhood experiences« entwickelt (Felitti et al.: 1998). Die Übersetzung ins Deutsche ist bislang uneinheitlich.

langen und ein positives Selbstbild aufzubauen. Auch in den biografischen Erzählungen zeigt sich, dass die Interviewpartner:innen unter herausfordernden oder schwierigen Bedingungen oftmals eine besondere Stärke entwickelten.

Nachwirkungen von nationalsozialistischer Politik und Ideologie im Leben der Nachkommen alliierter Soldaten

Im Mai 1945 endeten der Zweite Weltkrieg und die nationalsozialistische Diktatur. Nach über sieben Jahren war die Zeit, in der Österreich ein Teil des Deutschen Reiches war, vorbei und das Land wurde in seinen vorherigen Grenzen wiederhergestellt. Nicht auf diesen Zeitraum von rund sieben Jahren beschränken lassen sich jedoch die Zustimmung zu nationalsozialistischem und völkischem Gedankengut und die Verbreitung rassehygienischer und erbbiologischer Diskurse – weder was ihre Anfänge betrifft noch was ihr Andauern nach dem Krieg anlangt. Und auch die nationalsozialistische (Kriegs-)Politik hatte Folgen, mit denen Kinder von Besatzungssoldaten im Alltag konfrontiert waren.

Schon in den frühen 1930er Jahren waren die Zustimmungswerte zur NSDAP in Österreich stark angestiegen. Bei den Nationalratswahlen 1930 lag die NSDAP noch im niedrigen einstelligen Prozentbereich. Nur zwei Jahre später fanden in Salzburg, Niederösterreich und Wien Landtagswahlen statt, bei denen die Partei über 16 Prozent der Stimmen erhielt. Auf Gemeindeebene waren 1932 und 1933 die Zugewinne noch deutlich größer. Die Zahl der Parteimitglieder wuchs ebenfalls beständig, auch nachdem die NSDAP im Juni 1933 von der Regierung verboten wurde (Falter/Hänisch 2013: 233ff.). Entgegen dem teilweise bis heute aufgerufenen Opfermythos, dem zufolge Österreich als das erste Opfer von Adolf Hitlers aggressiver Expansionspolitik galt, wurde der »Anschluss« 1938 von zehntausenden Menschen bejubelt und nicht wenige profitierten von Arisierungen, Enteignungen und den Aufstiegsmöglichkeiten im Parteiapparat. »Der aktive oder passive Konsens der Vielen [war] bis in den Krieg hinein stabil«, so die Historikerin Ingrid Bauer (2010: 4). Zwar nahm die Zustimmung zum NS-Regime mit dem Fortschreiten des Krieges ab und es wird auch nicht davon ausgegangen, dass es gelungen war, in der Bevölkerung einen umfassenden ideologischen Konsens herzustellen (ebd.; Brockhaus 2006), doch die Jahre der NS-Propaganda, der Manipulation und Indoktrinierung prägten auch die Zeit nach dem Krieg. Teilweise jahrelang, in bestimmten Kontexten gar über Jahrzehnte.

Das beeinflusste sowohl die Erfahrungen von Frauen, die Beziehungen zu Besatzungssoldaten eingingen, als auch die ihrer Kinder. Während des Krieges waren die Menschen im Deutschen Reich auf eine Volksgemeinschaft eingeschworen worden. Die Vorstellung eines »Wir« gegen »die Anderen« funktionierte sowohl, was die Gegner im Krieg betraf, als auch nach innen gerichtet. Für die Herstellung der »Volksgemeinschaft« war die Abgrenzung nach außen ebenso konstitutiv wie die radikale Ausgrenzung ganzer Bevölkerungsgruppen im Inneren: Juden, Roma und Sinti, Angehörige von ethnischen Minderheiten (z. B. die Österreichischen Slowen:innen), Jenische und andere Fahrende, Zeugen Jehovas, Menschen, denen Behinderungen und Erbkrankheiten zugeschrieben wurden oder die als »Asoziale« und politische Feinde erachtet wurden. Ihre Zuspitzung fand diese Ausgrenzung in der Ermordung von Millionen von Menschen etwa in Konzentrations- und Vernichtungslagern, im Rahmen von Pogromen oder auch in Krankenanstalten.

In der Nachkriegszeit blieben Vorstellungen der »Anderen« als Feinde wirksam und nicht wenige Österreicher:innen betrachteten die Angehörigen der Alliierten bis zum Ende der Besatzungszeit eher als Feinde, denn als Befreier. Eine solche Sichtweise schwang bei der Missbilligung von Beziehungen zwischen österreichischen Frauen und Besatzungssoldaten mit, wie sie zum Beispiel die Mutter von Hildegard zu spüren bekam. Ihr Vater lehnte die geplante Eheschließung zwischen ihr und ihrem Freund kategorisch ab: undenkbar, einen Feind zu heiraten. Diese Ablehnung übertrug sich auch auf die Kinder, die in solchen Beziehungen und Verbindungen entstanden. Als Kinder des Feindes wurden sie zu »Anderen« gemacht und aus der Mehrheitsgesellschaft ausgegrenzt. Die im Nationalsozialismus politisch forcierte und jahrelang eingeübte Unterscheidung von Menschen nach dem ihnen zugeschriebenen »Wert« und der soziale Ausschluss von Gruppen, die nicht als gleichwertiger Teil der Gemeinschaft anerkannt wurden, setzten sich fort.

Wenn Veronika von ihrer Position innerhalb ihrer Kern- sowie Großfamilie erzählt, dann wird bei ihr ein komplexes Zusammenspiel von Akzeptanz und Ablehnung sichtbar, das sowohl mit der anhaltenden feindlichen Einstellung gegenüber US-amerikanischen Truppen als auch mit der Zustimmung zu nationalsozialistischem Gedankengut zu tun hat. Die Zeitzeugin erzählt, dass ihre Mutter dem Kind die Verantwortung für ihre eigenen misslingenden oder gelingenden Paarbeziehungen zuschrieb. Aus den Erzählungen der Mutter weiß Veronika, dass diese nach der Geburt der kleinen Tochter einige Bekanntschaften hatte, aus denen sich jedoch keine längerfristige Beziehung entwickelte, weil die Männer kein Stiefkind, noch dazu eines von einem ausländischen Soldaten, wollten. »Das hat sie immer gesagt: ›Siehst, wegen dir ist's gescheitert!‹« (Veronika: 00:43), kann sich Veronika an die ungerechtfertigten Schuldzuweisungen ihrer Mutter erinnern. Dass der spätere Stiefvater, der im nationalsozialistischen Parteiapparat Karriere gemacht hatte und nach Kriegsende für drei Jahre inhaftiert gewesen war, sie überhaupt akzeptiert habe, lag Veronikas Einschätzung nach an ihrem Aussehen: Mit ihren blonden Haaren und blauen Augen entsprach sie dem im Deutschen Reich propagierten Schönheitsideal. »Weil ich ›arisch‹ ausgeschaut habe!«, sagt Veronika im Interview. Sie lacht auf und fügt hinzu: »Irre, im Nachhinein …« (ebd.: 00:44)

Veronika erzählt, dass sie mit zunehmendem Alter bemerkte, dass nicht nur der Stiefvater, sondern auch der überwiegende Teil ihrer Verwandtschaft mütterlicherseits nationalsozialistischen Ideen mehr oder weniger zustimmte: »Ich habe nette Tanten gehabt, aber ich verstehe das nicht, warum die so waren«, überlegt Veronika heute noch, denn sie selbst habe »immer andere Anschauungen gehabt.« (ebd.: 00:44–00:46) Veronika erklärt sich den Umstand, dass sie die in ihrer Familie verbreiteten politischen Einstellungen nicht teilen konnte und wollte, aus ihrer sozialen Position als Kind eines alliierten Soldaten und ihren damit verbundenen Erfahrungen. Sie hebt ihre Ablehnung des Nationalsozialismus als stabilisierenden Identitätsfaktor in ihrem Leben hervor. Dies führte gleichzeitig auch zu einer Distanzierung von Mutter und Stiefvater sowie von ihren Tanten und Onkeln. Eine solcherart entgegengesetzte politische Haltung konnte ein Grund dafür sein, dass es für Kinder von Besatzungssoldaten schwierig war, sich in der eigenen Familie zugehörig zu fühlen.

An eine prägende Begebenheit erinnert Veronika sich noch genau. Als zu einem Festanlass die ganze Familie im Gasthaus zusammengekommen war, wurden im Gespräch der Krieg und die Shoah thematisiert. Ihre Verwandten waren sich mehr oder weniger einig, dass Juden gewissermaßen selbst an ihrer Verfolgung und Vernichtung schuld seien, und mehrere begannen, sich spöttisch zu äußern und sich lustig zu machen. »So ein Blödsinn!«, warf Veronika damals lautstark ein. Sie erzählt, wie sie aufstand und die anwesenden Familienmitglieder aufforderte, sich doch einmal vorzustellen, dass irgendjemand in der eigenen Familie »zufällig eine Jüdin« (ebd.: 00:45) gewesen wäre und wie es ihnen ergangen wäre, wenn sie von ihren Liebsten und ihren Kindern getrennt und in ein Konzentrationslager deportiert worden wären. »Ist das lustig? Mögt ihr das? Überlegt einmal, wenn euch das passiert!« (00:45), rief sie ihre Verwandten zum Perspektivenwechsel auf. »Totenstille in dem ganzen Raum«, beschreibt Veronika die Situation und die Wirkung ihrer Vorhaltungen. Ihre Mutter war die erste, die das Schweigen brach: »›Nein!‹, hat sie gesagt, ›Siehst, jetzt muss ich mich wieder für dich schämen!‹ [Dann] habe ich gesagt: ›Nicht ich muss mich schämen, ihr müsst euch schämen!‹ Also da war ich stolz auf mich, da war ich echt stolz.« (ebd.: 00:45–00:46)

Es erfordert großen Mut, als Einzelne gegenüber der gesamten Familie zur eigenen Haltung zu stehen. Veronika musste aber nicht nur Mut aufbringen, sondern in dieser Situation auch den biografischen Wunsch nach Zugehörigkeit aufgeben, indem sie vor ihrer Familie kundtat, dass sie deren Meinung und Verhalten ablehnte. Veronikas Mutter rief daraufhin eine offenbar schon öfters wiederholte Zuschreibung auf, nämlich dass sie sich für ihre Tochter Veronika »schon wieder« schämen müsse. Veronika gelang es jedoch, diesen Versuch der Beschämung zurückzuweisen – nicht ihr Verhalten, sondern das der Verwandten sei unangemessen und ein Anlass zu Scham. Auch wenn sie sich in Opposition zum politischen Konsens der Familie begab und damit sowohl Distanz als auch Differenz zu Mutter, Stiefvater und den übrigen Verwandten herstellte, hat Veronika nachhaltig das Gefühl, richtig gehandelt zu haben. Es gelang ihr, die zugeschriebene Position als jemand, für die man sich schämen muss, zu verlassen und sie konnte dadurch die Distanzierung von der Familie auch als Emanzipation erleben.

Dieses Beispiel zeigt, wie das Fortbestehen nationalsozialistischer Ideologien das Zusammenleben in Familien beeinflussen konnte. Fragen der Zugehörigkeit, die oft auch mit dem Aspekt der Gemeinsamkeit und der geteilten (politischen) Überzeugungen zu tun haben, wurden dadurch für manche Kinder von alliierten Soldaten in Österreich dauerhaft kompliziert. Manche der von mir interviewten Personen haben ebenfalls als Kinder negative Erfahrungen gemacht, die ihrer Einschätzung nach mit den Nachwirkungen von Nationalsozialismus und Krieg zu tun hatten. Auf meine Frage, warum der gesellschaftliche Umgang mit Kindern alliierter Soldaten in der Nachkriegszeit teils so problematisch war, reflektiert Harald im Interview in einer längeren Passage über die Schwierigkeit vieler Menschen, mit der Kriegsniederlage umzugehen sowie die Mitverantwortung Österreichs für das verursachte Leid und die Zerstörung anzuerkennen und einzugestehen. Die Menschen hätten gerne die Schuld für die Not und Misere der Nachkriegsjahre jemandem anderem zugeschoben, denkt Harald:

> »Ich glaube, das hat man in Österreich nie verstanden, warum man den Krieg verloren hat und dass man Gott sei Dank verloren hat. Das haben die nie herausgehabt. Also ich habe immer noch das Gefühl, die haben [gedacht], das war halt Pech oder was [auch] immer und die Heimat wird angegriffen. Dass sie davor halb Europa verwüstet haben, auf die Idee kommen sie ja gar nicht. […] Und wie kommen die Amerikaner und Franzosen dazu, unsere Heimat anzugreifen – da ist auf einmal die Heimat dann wieder wichtig, nicht? Dass die anderen Leute auch eine Heimat haben, ist ja da völlig egal gewesen.« (Harald: 00:48–00:51)

In der Einschätzung der schwierigen Nachkriegsumstände schrieben manche Menschen den Alliierten die Verantwortung für beschädigten Wohnraum und die Knappheit der Lebensmittel zu, anstatt die prekären und chaotischen Lebensumstände als Folge des vom Deutschen Reich begonnenen Krieges zu sehen. Diese »Geisteshaltung«, wie Harald es nennt, lernte er als Erwachsener, der beruflich viel herumgekommen ist, kennen. Er hatte sie aber auch schon als Kind sehr direkt erfahren. Sein Volksschullehrer war ein ehemaliger höherer NS-Parteifunktionär, der im Unterricht seine nationalsozialistische Einstellung kaum verbarg. Er warnte die Kinder vor einer angeblichen »roten Gefahr« und zeigte ihnen Schmähbilder mit verzerrten Gesichtern von Juden. Auch ihn nennt Harald als Beispiel für jemanden, der die wirtschaftliche Not als fremdverschuldet erachtete: Verantwortlich gemacht wurden »also hauptsächlich die Amerikaner und die Franzosen und die Engländer und die Juden und die Russen. Und Chinesen hat der Lehrer auch noch ins Spiel gebracht, obwohl sie gar nicht beteiligt waren. Und da habe ich das Gefühl gehabt, ja, man muss natürlich alles was von dort kommt ablehnen«, beschreibt Harald die Auswirkungen dieses Denkens und fügt hinzu: »Und natürlich auch Kinder!« (ebd.: 00:51–00:52) Die Kinder alliierter Soldaten in Österreich, die keinerlei Verantwortung für ihre Herkunft trugen, bekamen die Auswirkungen solcher Haltungen zu spüren.

In manchen Fällen waren ablehnende Haltungen gegenüber Besatzungskindern gepaart mit der Fantasie einer Überlegenheit der »deutschen Rasse« und einer »Reinheit des Blutes«. Im Nationalsozialismus wurde die sich vor allem seit dem ausgehenden 19. Jahrhundert entwickelnde, pseudowissenschaftliche »Rassenlehre« aufgegriffen, mit Verboten interkonfessioneller Ehen gepaart und zu rechtlichen Bestimmungen ausgearbeitet, die nicht nur Eheschließungen, sondern auch jegliche sexuellen Kontakte zwischen als »jüdisch« und als »deutsch« geltenden Menschen verboten und strafbar machten. Mit diesen Gesetzen wurde das »Fremde [...] nun biologisch definiert, im Blut verankert« (Saurer 2005: 343). Durch diese Biologisierung wurde die Gruppenzugehörigkeit naturalisiert und nunmehr als unveränderbar erachtet. Wenngleich im Zentrum des Verbots die Beziehungen zwischen als »jüdisch« und als »deutsch« geltenden Menschen standen, konnte es auch auf andere Menschen ausgedehnt werden, denen eine Zugehörigkeit zu einer im nationalsozialistischen Sinne »minderwertigen Rasse« zugeschrieben wurde: neben Roma und Sinti beispielsweise auch

Abb. 38: *»Kinder belagern einen Schwarzen Soldaten«* (Originaltitel des Bildes). Vielen Menschen, die in der Nachkriegszeit Kinder waren, sind die afroamerikanischen Soldaten als besonders freundlich in Erinnerung. Umgekehrt dürften die Kontakte mit *Schwarzen* Truppenangehörigen von Kindern im Vergleich zu Erwachsenen weniger von Vorbehalten und mehr von Offenheit und Neugierde geprägt gewesen sein. (Quelle: ÖNB)

Schwarze und *People of Color*. Diese Ideologie der Einteilung von Menschen in »Rassen« und die daraus folgende Abwertung großer Menschengruppen bestanden auch nach 1945 fort:

> »Die der nationalsozialistischen Rassenutopie zugrunde liegende Gedankenwelt war mit dem Ende des ›Dritten Reich‹ nicht einfach mit untergegangen. Die Vorstellungen von ›natürlichen‹ Schranken zwischen Kulturen, Nationen und Menschen waren älter als ihre blutigste Praxis – der Massenmord an den europäischen Juden, – und so blieben diese weltanschaulichen Ideen noch lange nach 1945 zentraler Bezugspunkt für die Behandlung von als ›fremdartig‹ bewerteten Menschen.« (Poutrus 2003, o. S.)

Rassistische und nationalistische Einstellungen erschweren die Aufnahme von Kindern ausländischer Soldaten in die Gemeinschaft: nach dem Zweiten Weltkrieg und vielfach bis heute.

Sichtbares »Anders-Sein« und rassistische Diskriminierung

Im Laufe der Jahrzehnte seit dem Ende des Krieges wurde rasch vergessen oder verdrängt, dass an der Befreiung Europas vom Nationalsozialismus auch nicht-weiße Soldaten in erheblichem Maße mitgewirkt hatten. So waren unter den österreichischen Kindern von Besatzungssoldaten manche, die sich sichtbar von der Mehrheitsbevölkerung unterschieden: Kinder von nicht-weißen Truppenangehörigen, zum Beispiel von afroamerikanischen GIs, von marokkanischen und algerischen Mitgliedern der französischen Truppen, von britischen Militärangehörigen aus den Kolonien sowie von Angehörigen der sowjetischen Truppen, die aus den zentralasiatischen Gebieten stammten (Wahl/Rohrbach/Adler 2016: 14; Coffey 2010: 52ff.). Wie etwa der kleine Bernhard: Er kam in den 1950ern in Vorarlberg zur Welt, sein Vater dürfte ein in Deutschland stationierter afroamerikanischer GI gewesen sein. Vielleicht deshalb oder vielleicht auch aufgrund der oft gesellschaftlich wie finanziell prekären Situation alleinstehender Mütter suchte Bernhards leibliche Mutter eine Pflegefamilie für das Baby, die sie bald fand. Ein kinderloses Paar hatte beschlossen, gleich zwei

Säuglinge – neben Bernhard noch die kleine Maria – bei sich aufzunehmen. Die Vormundschaft blieb beim Jugendamt, das in den folgenden Jahren gelegentliche Hausbesuche durch eine Fürsorgerin veranlasste. In ihrem ersten Bericht ist zu lesen:

> »Das Kind Bernhard ist, wie ich überraschenderweise feststellen musste, ein Negerkind;* obwohl es von der [Vorarlbergerin Elisa] abstammt, hat es eindeutig das Aussehen eines Negers und nicht das eines Mischlings. Es ist dunkelhäutig und hat vollkommen krauses Haar. [...] Familie O. hat die Absicht, das Kind zu behalten, obwohl das Ehepaar O. jetzt 2 eigene Kinder hat. [...] Familie O. ist offensichtlich dem Kinde sehr zugetan und lässt ihm seine Abstammung nicht entgelten. Ich hatte im Gegenteil den Eindruck, dass es recht liebevoll gehalten wird.« (Jugendfürsorgeakte Bernhard)

Sehr deutlich zeigt sich in diesen Zeilen die zeitgenössische Normalitätsvorstellung. Zunächst bringt die Fürsorgerin ihre Verwunderung über das Aussehen des Kindes zum Ausdruck. Sie hatte offenbar ein Kind erwartet, das der weißen lokalen Bevölkerung zumindest ein kleines bisschen ähnlicher wäre. In ihrer Beschreibung macht sie den Jungen jedoch zu einem ganz »Anderen«, der optisch so gar nicht zu einem imaginierten österreichischen »Wir« passt. In der damit vorgenommenen Hierarchisierung zwischen dem, was als »das Eigene« gilt und was als »fremd« erachtet wird, weist sie Bernhard eine abgewertete Position zu.

Die Fürsorgerin war, abgesehen davon, über zwei weitere Dinge sehr erstaunt. Wie auch in einem späteren Bericht noch einmal erwähnt wird, entstand die Motivation für die Aufnahme von Pflegekindern, weil das Paar in den ersten acht Ehejahren ungewollt kinderlos geblieben war. Dass Frau O. danach selbst zwei Kinder

* Ich distanziere mich von der Verwendung dieser Begrifflichkeit und beabsichtige in keiner Weise eine Reproduktion der damit verbundenen Diskriminierung und Abwertung *Schwarzer* Menschen – als Quellenbegriff wurde er im Zitat belassen, um den zeitgenössischen Blick der Jugendamtsmitarbeiterin auf das Kind sichtbar zu machen.

zur Welt brachte, änderte nichts daran, dass Bernhard und Maria Teil der Familie waren und bleiben sollten. Gerade in den Nachkriegsjahrzehnten waren mehrmalige Wechsel von Pflegefamilien keine Seltenheit. Viele Pflegekinder machten die Erfahrung, gegenüber blutsverwandten Familienmitgliedern benachteiligt zu werden und nicht gleichermaßen als Teil der Familie zu gelten. Nicht immer war ein Kinderwunsch der Hauptgrund für die Aufnahme von Pflegekindern, manchmal ging es um finanzielle Überlegungen oder etwa die (Aus-)Nutzung ihrer Arbeitskraft, zum Beispiel auf Bauernhöfen (Raab-Steiner/Wolfgruber 2014: 69ff.; Leuenberger/Seglias 2008).

Offenbar war es unüblich, dass Familien dieser Einteilung in »eigene« und »andere« – oder gar »fremde« – Kinder nicht folgten: Auch Jahre später wird eine Nachbarin der Fürsorgerin bestätigen, dass in Familie O. »zwischen den eigenen und den Pflegekindern keinerlei Unterschied gemacht« werde. Zweitens beschreibt die Fürsorgerin in diesem ersten sowie den weiteren Berichten, dass Bernhards Herkunft und Aussehen ihm innerhalb der Familie nicht zum Nachteil gereichten: ihrer Wahrnehmung nach tat es der Liebe und Zuneigung durch seine (Pflege-)Eltern und Großeltern keinen Abbruch. Allerdings befürchtete die Fürsorgerin »schwere Komplikationen«, wenn das kleine Kind einmal eingeschult werde. Späteren Berichten über Hänseleien durch andere Kinder ist zu entnehmen, dass sie diesbezüglich leider Recht behalten würde.

Als Ende April 1945 die französische Armee die Grenze zu Vorarlberg überschritt und in den darauffolgenden Tagen die teilweise noch Widerstand leistenden Soldaten des Deutschen Reichs zunehmend zurückdrängte, bis sie schließlich kapitulierten, waren daran zu einem wesentlichen Teil marokkanische Soldaten beteiligt. Von den insgesamt etwa 30 000 Männern stellten die 2. marokkanische Infanteriedivision und die 4. marokkanische Gebirgsdivision rund 7 000 Soldaten. Viele von ihnen waren zwangsweise rekrutiert und im Zweiten Weltkrieg an vorderster Front eingesetzt worden. In den ersten Monaten nach Kriegsende waren sie Teil der Besatzung, ab Herbst 1945 wurden sie nach und nach von autochthon französischen Einheiten abgelöst (Sander 1982: 400ff.). Hamid Lechhab, ein aus Marokko stammender und seit Jahrzehnten in Vorarlberg lebender Psychologe, hat sich als einer der wenigen mit der Geschichte der Kinder österreichischer Mütter und marokkanischer Väter beschäftigt. Er schätzt, dass in Vorarlberg mindestens 200 von ihnen zur Welt kamen. In den allermeisten Fällen erfuhren die jungen Soldaten – so seine Einschätzung – aufgrund ihrer baldigen Abberufung nie, dass sie Vater geworden waren. Von den wenigen, die von der Schwangerschaft erfahren hatten, versuchten einige, nach Österreich zurückzukehren. Es sind aber nur vier oder fünf Fälle bekannt, in denen das gelang (Lechhab 2008: 117ff.).

Genaue Angaben zur Anzahl afroamerikanischer Besatzungssoldaten in Österreich sind zwar nicht möglich, aber üblicherweise wird davon ausgegangen, dass rund 5 Prozent der US-amerikanischen Truppenangehörigen afroamerikanischer Herkunft waren. Umgerechnet auf die gesamte Truppenstärke kann davon ausgegangen werden, dass zeitgleich immer zwischen 750 und 3 500 afroamerikanische Soldaten in Österreich stationiert waren. Anfängliche Vorbehalte oder gar Angst vor *Schwarzen* Besatzungssoldaten, die nicht zuletzt durch im Nationalsozialismus indoktrinierte rassistische Gedanken und Einstellungen entstanden, wandelten sich im persönlichen Kontakt bald:

> »Schnell entwickelten sich die afroamerikanischen Soldaten zu den beliebtesten Angehörigen der US-Armee, was mit ihrer Freundlichkeit, Kinderliebe und Freigiebigkeit begründet wurde. Ein großer Teil der afroamerikanischen Soldaten kam aus Bundesstaaten, in denen Segregation vorherrschte. Sie genossen es, sich hier völlig losgelöst von den Beschränkungen der Rassentrennung zu bewegen und mit Weißen auf Augenhöhe zu kommunizieren.« (Wahl/Rohrbach/Adler 2016: 15)

Für beide Seiten – die österreichische Bevölkerung und die *Schwarzen* Soldaten – dürften sich positiv erlebte persönliche Kontakte ergeben haben.

Die Sympathien der österreichischen Bevölkerung endeten jedoch schnell, wenn sich aus freundschaftlichen Kontakten Liebesbeziehungen oder Affären entwickelten. Binationale Beziehungen, insbesondere jene mit *Schwarzen* Menschen und *People of Color*, waren nicht mit Vorstellungen respektabler Weiblichkeit vereinbar oder wurden im Nachhall der im Nationalsozialismus propagierten Rasseideologie als »verbotene Vermischungen« (Saurer 2005) aufgefasst. Gleichzeitig kann von einer Weigerung der Nachkriegsgesellschaft gesprochen werden, anzuerkennen, dass Beziehungen zwischen österreichischen Frauen und *Schwarzen* Männern aus einer gegenseitigen Liebe erwuchsen. Zeitgenössische Quellen sowie Interviews mit Zeitzeug:innen zeigen, dass den Frauen ein liederlicher, unsittlicher Lebenswandel unterstellt und sie pauschal der Prostitution verdächtigt wurden (Bauer 2021: 98ff.). Die Ablehnung und Abwertung, der die Frauen ausgesetzt waren, wurde auf ihre Kinder übertragen, die ihr auch langfristig kaum entkommen konnten.

Ähnlich wie bei Bernhard hatte aufgrund der Geburt außerhalb einer aufrechten Ehe bei nahezu allen Kindern von Besatzungssoldaten das Jugendamt die Vormundschaft inne und war in Entscheidungen, die das jeweilige Kind und seine Biografie betrafen, involviert. Ein von Philipp Rohrbach im Kontext des Forschungsprojekts *Lost in Administration* interviewter Zeitzeuge erinnert sich daran, dass seine Mutter nach der Geburt stark unter Druck gesetzt wurde, das neugeborene Kind zur Adoption freizugeben. Wie verrückt es doch sei, ein dunkelhäutiges Kind hier in Österreich aufzuziehen. Eine Adoption würde doch viel mehr Sinn machen, wurde ihr mehrfach erklärt. Aber »Gott sei Dank« habe seine Mutter »Nein!« gesagt, äußert sich der Zeitzeuge wohl mit Erleichterung über die Standhaftigkeit seiner Mutter (Rohrbach 2021: 36).

So verlief es nicht immer. Manche Frauen kamen von sich aus oder vielleicht vielmehr aufgrund des verspürten familiären und gesellschaftlichen Drucks zu der Entscheidung, nicht selbst für ihr Kind sorgen zu können oder zu wollen. Oder sie lehnten ihre Kinder ab, häufig aufgrund der gegen die Kinder aber auch gleichermaßen gegen sie selbst gerichteten Reaktionen des Umfeldes. Die Kinder wuchsen dann bei Verwandten, häufig bei den Großeltern bzw. der Großmutter, in Pflegefamilien oder in Kinderheimen auf. Sie teilten Bernhards Erfahrung, nicht nur ohne den Vater, sondern auch nicht mit ihrer leiblichen Mutter aufzuwachsen. Aber nicht bei allen fügten sich die Umstände zu ihren Gunsten.* Forschungen zu Heimunterbringungen und Pflegekindern in der Nachkriegszeit haben vielfach gezeigt, dass diese Kinder und Jugendlichen einem höheren Risiko an psychischer, physischer, sexualisierter und ökonomischer Gewalt ausgesetzt waren. Das gilt vor allem in den oftmals autoritär strukturierten Heimen, aber – möglicherweise in abgeschwächter Form – auch für Pflegefamilien. Und umso mehr, wenn die Kinder sich sichtbar unterschieden und dadurch noch deutlicher rassistischer Gewalt ausgesetzt waren.

Oft waren es wie im oben geschilderten Fall die Jugendämter, die eine Adoption in die USA empfahlen und mit sozialem und finanziellem Druck versuchten, die Einwilligung der Mütter zu erwirken. Vorgeblich ging es dabei um das Wohl der Kinder: es sei doch in ihrem Sinne, wenn sie bei »Ihresgleichen« – gemeint waren afroamerikanische Familien – in den Vereinigten Staaten aufwachsen könnten. Diese Einstellung fand teilweise auf US-amerikanischer Seite Anklang. Besonders bekannt wurde etwa der von der *Schwarzen* Journalistin Mabel Grammar ins Leben gerufene »Brown Baby Plan«, ein Programm zur Vermittlung *Schwarzer* Besatzungskinder an adoptionswillige Paare. Auf der einen Seite wurden ihre Bemühungen gepriesen, jedoch gab es auch schon damals Kritik daran, dass im Zuge der Adoptionsverfahren soziale, legale, psychologische wie pädagogische Standards nicht eingehalten wurden (Rohrbach 2021: 52).

Umgekehrt können diese transnationalen Adoptionen auch als Bemühung der Aufrechterhaltung des Ideals einer homogenen, weißen Gesellschaft vor Ort interpretiert werden. Diese in der Be-

* Ich möchte hier darauf hinweisen, dass Fallakten der Jugendämter nicht als objektive Beschreibung einer Realität verstanden werden dürfen. Fallakten sind höchst selektive Sammlungen von Informationen und Interpretationen. Die Aufzeichnungen waren nicht selten von klassen- und geschlechterbezogener sowie rassistischer Voreingenommenheit geprägt. Meine bisherigen auf Fallakten basierenden Forschungen (etwa Ralser et al. 2017, Guerrini 2018) lassen mich aber zur Einschätzung gelangen, dass die in Bernhards Fallakte enthaltenen Berichte mit größerer Wahrscheinlichkeit auf eine gelungene Aufnahme in die Pflegefamilie schließen lassen.

völkerung sowie bei den Behörden vorhandenen rassistischen Einstellungen zeigten sich beispielsweise in einer Publikation über Salzburg aus dem Jahr 1955. In einem Abschnitt über Besatzungskinder wurde über die so genannten »Mischlingskinder« geäußert, dass diese unweigerlich in Konflikte mit ihrer Umgebung geraten werden und daher große Sorge zu tragen sei, dass die Kinder von afroamerikanischen GIs nicht zu einem »Störfaktor« in ihrer Umgebung werden (ebd.: 50). Das ist schlichtweg eine Verkehrung der Tatsachen: Üblicherweise war es die Umgebung, die Kindern von afroamerikanischen, marokkanischen oder algerischen Soldaten mit Vorbehalten begegnete, ihnen Schwierigkeiten bereitete und ein unproblematisches Heranwachsen verhinderte. Nicht zuletzt dürften finanzielle Erwägungen für die angestrebten transnationalen Adoptionen eine große Rolle gespielt haben, die Jugendfürsorge konnte sich so der Übernahme von Versorgungs- und Unterstützungsleistungen entledigen (ebd.: 53).

Die Erfahrung, sich sichtbar von der Mehrheitsbevölkerung zu unterscheiden, hatte unterschiedliche und oftmals langfristige Folgen. Eine Vorarlbergerin, deren Vater einem der marokkanischen Regimenter angehört hatte, erzählte Hamid Lechhab von der Ausgrenzung und Diskriminierung, die sie als Kind erfahren hatte: »Die Klassenkameraden haben sich über meine dunklen, gekrausten Haare und über mein Aussehen lustig gemacht. Ich musste Schläge einstecken, obwohl ich niemandem etwas getan hatte.« (Lechhab 2008: 121) Diese andauernde Abwertung und die negativen Erfahrungen hatten vielfach auch lebensgeschichtliche Folgen: »Ich habe immer Angst vor den anderen gehabt und war ständig auf der Hut. Diese Angst hat mich auch als Erwachsene begleitet. Das ist auch nicht besser geworden, als ich meinen Wohnort gewechselt habe.« (ebd.) Aufgrund der Sichtbarkeit der Herkunft war es für die Betroffenen deutlich erschwert, Abstand zu den negativen Erfahrungen in ihrer Kindheit zu bekommen. Nicht einmal durch einen Wechsel des sozialen Kontexts, wie zum Beispiel des Wohnorts, war für sie ein Neubeginn ohne die Zuschreibung und Stigmatisierung als Besatzungskind oder »Ausländerkind« möglich.

Schwarze Besatzungskinder befanden sich in der paradoxen

Situation, aufgrund ihrer Hautfarbe immer als »Andere« sichtbar zu sein, während sie gleichzeitig als soziale Gruppe unsichtbar blieben (Rohrbach 2021: 37). So berichten manche Zeitzeugen davon, dass sie lange Zeit der Meinung waren, das einzige *Schwarze* Kind in Österreich zu sein (Wahl/Rohrbach/Adler 2016: 8). Ingrid Bauer bringt die Situation *Schwarzer* Besatzungskinder und ihrer Mütter folgendermaßen auf den Punkt: Es bedeutet ein Kind zu haben und ein Kind zu sein, ohne die Aussicht auf vollständige gesellschaftliche Integration (Bauer 2021: 110). Viele der Frauen, die zu ihren Kindern standen und erhebliche Anstrengungen auf sich nahmen, um für ihre Kinder zu sorgen, sie vor Anfeindungen zu schützen und für ihre Chancen zu kämpfen, entwickelten eine enge und liebevolle Beziehung zu ihnen. Allein blieben die Angehörigen dieser ersten Generation *Schwarzer* Österreicher:innen dennoch mit der Frage nach ihrer Identität – es fehlte an Vorbildern und an der Möglichkeit, sich einer Gemeinschaft, einer Community zugehörig zu fühlen.

Wer man ist …
Identität und Selbstbild als Besatzungskind

Für viele Kinder von alliierten Soldaten ist die Frage nach der eigenen Herkunft von großer Bedeutung hinsichtlich ihrer Identität und ihres Selbstbildes. Identität kann – einfach ausgedrückt – als »Konzeption dessen, wer man ist« (Henning 2012: 21) beschrieben werden. Es handelt sich um ein meist relativ stabiles Selbstkonzept, das die eigenen Wünsche und das eigene Wollen, aber auch zentrale Überzeugungen und Werte samt ihren emotionalen wie reflexiven Dimensionen umfasst (ebd.: 29ff.). Der Kulturwissenschaftler Jan Assmann hat auf die Frage, wer man ist, folgende Antwort vorgeschlagen: »Wir sind die Geschichten, die wir über uns zu erzählen vermögen.« (2001: 34). Hier wird eine Herausforderung ganz augenscheinlich, vor der Kinder von alliierten Soldaten in Bezug auf ihre Identitätsbildung stehen: Denn oft fehlen wesentliche Informationen zu ihrer Geschichte und der ihrer Familie. »Ein jeder will wissen, wo er eigentlich herkommt und wo seine Wurzeln liegen«, so begründet Freda (00:16), warum sie im fortgeschrittenen Alter die Suche nach Informationen zu ihrem Vater wieder aufgenommen hat. Auch aus Forschungen zu Adoptivkindern und Kindern, die mittels Samenspende gezeugt wurden, ist hinlänglich bekannt, dass das Wissen um die biologische Herkunft zentral ist für die Geschichten, die jemand in der Lage ist, über sich selbst zu erzählen. Und damit für die Identitätsentwicklung.

Einige Aspekte können bei Kindern von Besatzungssoldaten dazu beitragen, dass die Entwicklung einer Identität und eines positiven Selbstkonzeptes erschwert ist: Zunächst einmal der Zeitpunkt und die Umstände, unter denen die Betroffenen erfuhren, wer ihr Vater war. Manche der Interviewpartner:innen wussten es von Anfang an. Bei anderen war es so, dass sie als Jugendliche oder gar erst als Erwachsene davon Kenntnis erlangten: die einen zufällig und durch andere Menschen, wie zum Beispiel Leonhard; die anderen, wie etwa Veronika, weil sie selbst das Gefühl hatten, dass etwas nicht stimmt, und begannen, nachzuforschen. Oder wie Helene es mit nahezu 60 Jahren erlebte, weil ihre Mutter angesichts einer lebensbedrohlichen Krankheit endlich reinen Tisch machen wollte. Viele hatten zuvor bereits gewisse Ungereimtheiten wahrgenommen oder sie erlebten Situationen, die sie sich nicht richtig erklären konnten:

> »Betroffene, die erst später von ihren leiblichen Vätern erfuhren, berichten häufig, dass sie schon lange Zeit das Gefühl hatten, dass etwas nicht stimmte, und sie mehr oder weniger unbewusst mit dem Geheimnis ihrer Herkunft gerungen haben, ohne genau zu wissen, wonach sie suchten.« (Kaiser/Eichhorn/Kuwert/Glaesmer 2015: 42)

Das kann zu einer fundamentalen Verunsicherung führen. Manchmal erlebten es die Töchter und Söhne alliierter Soldaten daher als Erleichterung, wenn sie von ihrer Herkunft erfuhren, denn dann konnten sie so manche Erfahrung besser einordnen.

Als problematisch wird sowohl erlebt, nichts oder zu wenig über die väterliche Herkunft zu wissen, als auch, dass diese tabuisiert und nicht selten von Heimlichkeiten, Ausflüchten und Lügen umwoben war. Wenn Kinder mehr erfahren wollten, wurden sie bisweilen hingehalten – »das erkläre ich dir später einmal, wenn du größer bist …« (Klara-Maria: 00:04) – oder direkt dazu angehalten, nicht weiter nachzufragen. Manchmal waren tatsächlich kaum Informationen über den Vater vorhanden, nur ein Foto vielleicht oder ein Name. Mehrere Interviewpartner:innen berichten aber davon, dass ihnen ihre Mütter nichts Genaueres über den Vater und die Begegnung oder die Beziehung zwischen ihnen beiden erzählten *wollten*. Diese Haltung ist kaum nachzuvollziehen, meint zum Beispiel Veronika: »Also ich finde das alles einen Wahnsinn! Weil wenn das jetzt mir passiert, und meine Tochter will was wissen, dann sage ich [ihr] so viel ich kann«, ist sie sich sicher und fügt nach einer Pause hinzu: »Nein, sie [die Mutter, Anm. d. V.] hat es nicht getan …« (Veronika: 00:21) Auch Harald, der die Beziehung zu seiner Mutter als sehr schwierig und emotionslos erlebt hat, ist der Meinung: »Eine normale Mutter sagt [es] doch dem Kind, bevor es ihm andere sagen« (Harald: 00:43), denn letzteres könne schwerwiegende, ja traumatisierende Wirkungen haben. Andere erlebten es als Bruch in einer sonst vertrauten Beziehung zur Mutter, wenn diese nicht viel erzählte oder ihnen Dinge verschwieg. Oder sie machten sich Selbstvorwürfe, nicht entschiedener auf Antworten gedrängt zu haben.

Einen Unterschied kann es auch machen, unter welchen Bedingungen ein Kind gezeugt wurde. Manchen Müttern war es sehr wichtig, ihren Kindern zu vermitteln, dass sie einer Liebesbeziehung entstammten und es nur die ungünstigen Umstände waren, die zu einer Trennung der Eltern führten. Davon erzählt etwa Angelika, der es dadurch möglich ist, ihre Herkunft und damit auch sich selbst als ein »Kind der Liebe« in einem positiven Licht zu sehen. Unvergleichlich schwieriger kann die Situation für Betroffene sein, wenn es kein einvernehmlicher, sondern ein erzwungener oder gewaltvoller sexueller Kontakt war. Das Risiko einer belasteten Mutter-Kind-Beziehung ist in diesem Fall deutlich höher, unter anderem aufgrund einer möglichen Traumatisierung durch die Vergewaltigung, oder weil das Kind beständig an die erlebte sexuelle Gewalt erinnert und es von der Mutter hauptsächlich als Kind des Gewalttäters gesehen wird (Roupetz/Delic/Glaesmer 2022: 114ff.). Häufig sind in solchen Fällen besonders wenige oder gar keine Informationen über den Vater vorhanden.

Und wenn Betroffene gerne mehr wissen würden, dann bewegen sie sich in dem Spannungsfeld zwischen dem Wunsch nach Informationen und dem Wissen, dass der Vater einen gewalttätigen Übergriff auf die Mutter verübt hat.

Schließlich sind die Reaktionen des Umfelds zentral dafür, wie Kinder von Besatzungssoldaten sich selbst wahrnehmen und beschreiben. Betroffene erzählen von den Zuschreibungen, mit denen sie konfrontiert waren: zum Beispiel als »Ausländerkind«, »Franzosenmädchen«, »Russenbub« oder schlichtweg als »Ami« oder »Engländer«. Die Herkunft der Väter musste oft auch herhalten, wenn Erwachsene die Kinder ausschimpften und sie als »Amibalg«, »Franzosengschrapp«, »Russenbastard« und so weiter bezeichneten. Diese und andere Schimpfwörter dienten der rassistischen Abwertung und der Herstellung von »Andersheit«. Der von Barbara Stelzl-Marx interviewte Zeitzeuge Roman P. erzählt davon, wie der Lehrer, wenn es Streit oder Auseinandersetzungen unter den Kindern gab, stets fragte, ob »schon wieder der Russ« begonnen habe (Stelzl-Marx 2016: 84). Der Lehrer musste gar nicht konkreter werden, denn für alle Beteiligten war offenbar klar, wie abwertend diese Bezeichnung gemeint war. Da verwundert es kaum, wenn Zeitzeug:innen davon erzählen, dass sie sich als »Exot« oder »immer schon irgendwie anders« gefühlt hatten oder dass sie sich im Wohnumfeld und in der Schule als Außenseiter:in wahrnahmen. In Bezug auf die Außenwahrnehmung zeigt sich auch ein Unterschied zwischen den Besatzungszonen bzw. der Herkunft der Väter. Sowohl in Deutschland als auch in Österreich war die Einstellung gegenüber russischen Soldaten deutlich negativer als gegenüber französischen, britischen und amerikanischen – dementsprechend waren auch die Reaktionen auf deren Kinder oft noch ablehnender.

Solche Zuschreibungen und Reaktionen von außen transportierten die Botschaft, »du bist nicht wie wir« und »du gehörst nicht (richtig) dazu«. Gerade in Hinblick auf die Identität ist jedoch das Gefühl der Zugehörigkeit sehr wichtig:

> »In der Ausbildung einer eigenen Identität sind wir notwendig auf die Interaktion und auf die Anerkennung durch andere an-

> gewiesen. […] [Es] erweist sich also der Kern unserer Persönlichkeit, unsere Identität, nicht als eine ausschließlich im Inneren der Person entwickelte und gehegte Größe. Vielmehr verdankt sie sich einer komplexen Vielzahl von Faktoren sozialer und historischer Art.« (Henning 2012: 35)

Diese notwendige Anerkennung durch andere Menschen erhielten Kinder von Besatzungssoldaten oft nur unzureichend oder sie wurde ihnen gänzlich versagt. Mehrere Interviewpartner:innen berichten, dass sie als Kinder nicht bestärkt wurden, dass sie auch innerhalb der Familie aufgrund ihrer Herkunft beschämt wurden und lange Zeit mit Minderwertigkeitsgefühlen und geringem Selbstvertrauen zu kämpfen hatten. Für viele bot daher die Bezeichnung *Besatzungskind* während ihrer Kindheit und Jugend kaum Möglichkeiten zu einer positiv besetzten und selbstbewussten Identifikation.

Mittlerweile gibt es einige Studien, die auch danach fragen, welche Erfahrungen *Kinder des Krieges* in ihrer Kindheit und Jugend gestärkt haben. Es ist wichtig, diesen Aspekt nicht zu übersehen, denn häufig wird – vielleicht etwas vorschnell – von der Herkunft als Kind eines Besatzungssoldaten oder eines Angehörigen der gegnerischen Partei in bewaffneten Konflikten auf überwiegend negative Erfahrungen und schwierige Lebensgeschichten geschlossen. Dabei wird übersehen, dass viele Betroffene ihr Leben im Großen und Ganzen gut meistern und ähnlich zufrieden sind wie andere Menschen ihrer Altersgruppe.

Zunächst gibt es eine nicht so kleine Gruppe innerhalb der so genannten Besatzungskinder, die sich nicht an negative Erfahrungen aufgrund ihrer Herkunft erinnern. Und dann gibt es jene, die trotz oder manchmal gerade aufgrund ihrer mit einem Stigma behafteten Herkunft persönliche Stärke entwickelten, sich nicht unterkriegen ließen und ihren eigenen Weg gingen (Stelzl-Marx 2016: 73f.). Das wird auch in den Selbstbeschreibungen der Interviewpartner:innen sichtbar: Angelika sagt zum Beispiel von sich, dass sie eine »Kämpfernatur« sei. Bei Harald, der sich seine erfolgreiche berufliche Laufbahn selbst erarbeitete, war es so, dass er sich aufgrund der in seiner Kindheit erlebten Ablehnung und Ungerechtigkeit immer besonders bemühte, gerecht zu sein und sich für Kinder und Jugendliche einzusetzen, die in problematischen Lebenslagen waren.

Eine positive Entwicklung kann auch unter schwierigen Umständen gelingen. Dabei gibt es eine Reihe von schützenden Faktoren, die dazu führen, dass *Kinder des Krieges* so genannte Resilienz entwickeln. Unter Resilienz wird die Fähigkeit verstanden, »Krisen im Lebenszyklus unter Rückgriff auf persönliche und sozial vermittelte Ressourcen zu meistern und als Anlass für Entwicklung zu nutzen« (Welter-Enderlin 2010, zit. in: Stelzl-Marx 2016: 74). Schutzfaktoren können dabei sowohl intern wie extern verortet sein. Förderlich sind bestimmte Eigenschaften oder Persönlichkeitsmerkmale – etwa eine optimistische Grundhaltung, eine hohe Selbstwirksamkeitserwartung, also das Vertrauen in die eigene Kompetenz und Handlungsfähigkeit, aber auch körperliche Gesundheit – ebenso wie Unterstützung im unmittelbaren oder im weiteren sozialen Umfeld.

Barbara Stelzl-Marx rekonstruiert in ihrer Studie unter anderem folgende für *Kinder des Krieges* förderliche externe Faktoren. Von großer Bedeutung ist, wenn es zumindest eine verlässliche Bezugsperson gab, egal ob Mutter, Großeltern und andere Verwandte, aber auch Pflegeeltern oder Heimerzieher:innen. Zweitens können positive Erzählungen über den unbekannten Vater eine wertvolle Ressource darstellen. Auch Schule und Ausbildung können wichtige Bereiche sein, zum Beispiel wenn ein als interessant erlebter Bildungsweg ermöglicht wird oder wenn die Kinder über gute Schulleistungen und Noten sich selbst als kompetent erleben und ein positives Selbstbild aufbauen können (Stelzl-Marx 2016: 81ff.; Kleinau 2015). Für manche Zeitzeug:innen bot ihre Herkunft als Kind eines alliierten Soldaten die Möglichkeit, sich von einem als bedrückend oder als zu eng erlebten Umfeld abzugrenzen. Das kann sowohl die Familie als auch den Wohnort betreffen. In diesem Fall kann das Gefühl »anders« zu sein positiv besetzt werden, wenn sich Kinder alliierter Soldaten zum Beispiel als weniger konservativ oder als weltoffener wahrnehmen als die Menschen in ihrem Herkunftskontext.

Schließlich kann auch die Suche nach dem Vater positiv erlebt werden. Manchmal gelingt es, Informationen über ihn zu

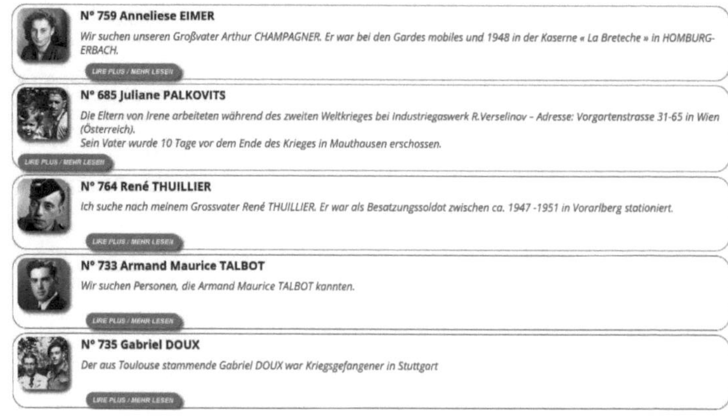

Abb. 39: *Suchanzeigen auf der Homepage von Cœurs sans Frontières – Herzen ohne Grenzen*. Laut der Selbstbeschreibung auf der Homepage basiert der Verein »auf gegenseitiger Hilfe bei der Identitätssuche für Kinder, die im 2. Weltkrieg von einem Elternteil getrennt wurden«. Damit sind sowohl französische Kinder von Wehrmachtssoldaten als auch deutsche und österreichische Kinder von französischen Truppenangehörigen gemeint. »Suchen Sie? Dann kommen Sie zu uns, auch wenn Sie nur sehr wenig Hinweise haben, denn es gab einige unter uns, die ebenfalls mit wenig Anhaltspunkten das Glück hatten zu finden«, heißt es weiter. Ehrenamtliche mit hohem Engagement unterstützen die Betroffenen, von denen einige ihre Erfahrungen bei der Suche nach Angehörigen auf der Homepage des Vereins teilen. (Quelle: *Cœurs sans Frontières*)

erhalten oder sogar Kontakt zu ihm* oder zu Angehörigen wie Halbgeschwistern oder Cousins und Cousinen herzustellen. Aber selbst wenn das nicht oder nur in geringem Ausmaß der Fall ist, können etwa die Auseinandersetzung mit dem Herkunftsland des Vaters, Reisen in dieses Land oder das Erlernen seiner Sprache dabei

* Gerade bei *Kindern des Krieges*, die entweder während oder nach dem Zweiten Weltkrieg zur Welt kamen, wurde – auch aufgrund neuer technisch-medialer Möglichkeiten einerseits und den Sperrfristen von Archiven andererseits – eine erfolgsversprechende Suche erst spät intensiviert oder aufgenommen, sodass in den allermeisten Fällen der Vater bereits verstorben war.

helfen, das Gefühl zu mindern, dass in Bezug auf die eigene Herkunft etwas fehlt. Die Sehnsucht nach diesem Anteil der eigenen Geschichte und Herkunft kann so ein Stück weit gestillt werden. Schließlich ermöglicht es der Kontakt zu anderen Betroffenen, Erfahrungen zu teilen, gegenseitiges Verständnis zu entwickeln und sich mitunter weniger allein zu fühlen. Die Interviewpartnerin Angelika hat das so erlebt:

> »Dann habe ich *Cœurs sans Frontieres* kennengelernt, weil das [die Suche nach dem Vater, Anm. d. V.] habe ich vorher alleine gemacht. Und mit denen habe ich dann auch ein paar Jahre lang immer Kontakt gehabt, bin zu den Treffen gegangen. Das war auch wunderschön. Da treffen wir uns zweimal im Jahr, [es] ist immer ein schöner Austausch. [...] Ja, das war sehr einschneidend: Das hat mir wieder einen Schub vorwärts gegeben, für meine Persönlichkeit.« (Angelika: 01:08)

Sowohl die Suche nach dem Vater als auch wissenschaftliche Forschungen zum Thema können – im Idealfall – für *Kinder des Krieges* zu einem »Akt von *Empowerment*« werden. Beides kann dazu beitragen, die eigene Herkunft und Lebensgeschichte als Bereicherung zu erleben und positiv zu deuten. So sagen einige Kinder alliierter Soldaten mittlerweile von sich selbst (Stelz-Marx 2016; Bauer 2015):

> »Ich bin stolz, ein Besatzungskind zu sein.«

Besondere Kindheiten in Geschichte und Gegenwart

Kinder des Krieges (engl. *children born of war*, Mochman 2006) sind ein globales Phänomen, das historisch vermutlich so lange zurückreicht, wie es kriegerische Auseinandersetzungen gibt. Aus mehreren Gründen wird das Ausmaß dieses Phänomens wohl nicht vollständig erfasst werden können: sei es aus Ermangelung von Quellen und Überlieferungen (das gilt umso mehr, je weiter in der Geschichte die Geschehnisse zurückliegen), aber auch aufgrund der bis in die Gegenwart andauernden Tabuisierung und Abwertung der Herkunftsgeschichten von *Kindern des Krieges* sowie der damit verbundenen Vorbehalte sowohl gegenüber den Kindern als auch ihren Müttern. Dieser gesellschaftliche Umgang mit *Kindern des Krieges* führt bei vielen Betroffenen zu Bedenken, eine solche Herkunft bekannt zu geben. Wissenschaftliche Forschung kann hierbei einen wichtigen Beitrag zur Enttabuisierung leisten. Insbesondere Forschungsarbeiten der letzten beiden Jahrzehnte und vor allem die Bemühungen, Studien zu verschiedenen bewaffneten Konflikten im 20. und 21. Jahrhundert zusammenzuführen, diese miteinander zu vergleichen und aufeinander zu beziehen, haben wichtige Erkenntnisse hervorgebracht und auf zentrale Herausforderungen sowie ungeklärte Fragen hingewiesen (beispielhaft: Lee 2017; Lee/Glaesmer/Stelzl-Marx 2022).

Sabine Lee konnte in ihrer wissenschaftlichen Untersuchung über die Erfahrungen von *Kindern des Krieges*, die während und nach dem Zweiten Weltkrieg sowie während der Kriege und bewaffneten Konflikte in Vietnam, Bosnien, Ruanda und Uganda zur Welt kamen, zeigen, dass die Art der Beziehung zur Mutter bzw. zur primären Bezugsperson die Kindheitserfahrungen der *Kinder des Krieges* entscheidend prägt. Wie Mutterschaft gelebt und gestaltet werden kann, steht aber in engem Zusammenhang mit den jeweiligen ökonomischen, kulturellen und sozialen Gegebenheiten. Die Art und Weise, wie Frauen als Mutter eines Kindes, dessen Vater einer feindlichen Konfliktpartei oder einer vor Ort stationierten Besatzungs- oder Friedenstruppe angehört, in ihrem Umfeld gesehen und behandelt werden, hat erheblichen Einfluss auf das Leben ihrer Kinder (Lee 2017: 245). Viele *Kinder des Krieges* teilen gemeinsame Erfahrungen. Charakteristisch über historische Zeiten und geografische Räume hinweg ist etwa die Herausforderung, einen persönlichen Umgang mit einer tabuisierten Herkunft finden zu müssen. Sehr viele erleben ablehnende Haltungen im Umfeld und oftmals sogar in ihren eigenen Familien und befinden sich in komplexen Situationen hinsichtlich Zugehörigkeit und Identität.

Nach wie vor sind in Bezug auf *Kinder des Krieges* wichtige rechtliche Fragen ungeklärt. Auch gegenwärtig sind Vaterschaftsfeststellungen und die Einforderung der Zahlung von Alimenten häufig schwierig, vor allem wenn sich die Väter nicht mehr im Land aufhalten. In vielen Fällen gilt nach wie vor, dass Militärangehörige oder Mitglieder der UN-Friedenstruppen nicht der Gerichtsbarkeit ihres Einsatzlandes unterliegen. Über Jahrhunderte wurde von Militärverwaltungen die Tatsache ignoriert, dass Soldaten während kriegerischer Auseinandersetzungen oder einer Besatzung intime Kontakte mit ortsansässigen Frauen hatten, aus denen Kinder entstanden. In der Regel verweigerten sie, Verantwortung dafür zu übernehmen (ebd.: 245f.). Oft waren sie sogar daran beteiligt zu verhindern, dass *Kinder des Krieges* und ihre Mütter Unterstützung erhielten. Es gibt jedoch erste Anzeichen für Veränderungen: Vor rund einem Jahr wurde erstmals durch einen wegweisenden Gerichtsbeschluss ein Angehöriger der UN-Friedenstruppen zu Unterhaltszahlungen für ein Kind verpflichtet, das er während seines Einsatzes in Haiti gezeugt hatte (Dodds 2021).

Unklar ist nicht selten auch der Zugang zur Staatsbürgerschaft. In vielen Ländern erwerben Kinder durch ihre Geburt die Staatsangehörigkeit ihrer Eltern. Häufig könnte es von Vorteil sein, zusätzlich zur Staatsangehörigkeit der Mutter auch über jene des Vaters zu verfügen. Die Feststellung und Anerkennung der Vaterschaft stellt dafür aber eine unabdingbare Voraussetzung dar. Nicht alle Staaten erlauben darüber hinaus eine doppelte Staatsbürger-

Abb. 40: *Britischer Soldat mit Kinderwagen, vermutlich ein seltener Anblick.* Auch gegenwärtig ist für viele *Kinder des Krieges* die Frage nach ihrer väterlichen Herkunft mit zahlreichen Leerstellen verbunden. Häufig wissen sie nichts oder wenig über ihren Vater und haben keine oder nur wenig Zeit mit ihm verbracht. Sehr viele *Kinder des Krieges* teilen den Wunsch nach Informationen, Fotografien und Kontakt. (Quelle: ÖNB)

schaft. In manchen Kontexten wird wiederum die Zugehörigkeit zu einer Gemeinschaft oder Religion patrilinear, also über die väterliche Linie festgestellt. In solchen Fällen kann es für Kinder problematisch sein, wenn der Vater unbekannt ist oder einer anderen ethnischen oder religiösen Gruppe als die Mutter angehört.

Für die Kinder des Zweiten Weltkrieges hat es lange gedauert, bis ein sozialer Wandel spürbar wurde, mit dem das Schweigen überwunden werden konnte und ein Interesse für ihre Lebensgeschichten zu entstehen begann. Viele waren schon deutlich über 60 Jahre alt, als erstmals eine gesellschaftliche Situation entstand, in der sie ihre Geschichte überhaupt erzählen konnten und – vor allem – dafür auch Gehör fanden. Gleichzeitig verfügten sie lange Zeit nicht über die technischen und medialen Voraussetzungen, die heute die Suche nach Personen und die Kommunikation über Ländergrenzen und Kontinente hinweg für alle Menschen mit freiem Internetzugang erleichtern. Diesbezüglich hat sich viel verändert. Für *Kinder des Krieges*, die infolge jüngerer oder aktueller Konflikte zur Welt kommen, wird der Zugang zu Wissen und Informationen früher und einfacher möglich sein. Vielleicht gibt es auch eine größere Aufmerksamkeit für die Besonderheit ihrer Situation und die daraus erwachsenden Herausforderungen?

Manche dieser Herausforderungen haben sich im Laufe der vergangenen Jahrzehnte kaum verändert oder stellen sich – je nach konkreten regionalen und politischen Kontexten – neu. Erst kürzlich erhielten beispielsweise die schwierigen Lebensumstände der Kinder von Angehörigen der UN-Friedenstruppen in Haiti sowie die Vorwürfe sexueller Ausbeutung einheimischer Frauen durch Blauhelm-Soldaten öffentliche Aufmerksamkeit. Die Armut von ortsansässigen Frauen ist oft ein Hauptfaktor, der Abhängigkeiten und sexuelle Ausbeutung begünstigt, gleichzeitig aber auch eine Folgeerscheinung, wenn aus diesen Kontakten Kinder entstehen, ihre Väter jedoch mit dem Ende ihres Einsatzes das Land verlassen und keinerlei finanzielle Unterstützung leisten. Kinder von Angehörigen der Friedenstruppen leben daher häufig in ökonomisch prekären Verhältnissen und haben einen deutlich erschwerten Zugang zu Bildung oder zum Gesundheitssystem – Ressourcen, die es ermöglichen könnten, aus dem Kreislauf von Armut und sozialer Ausgrenzung auszubrechen (Lee/Bartels 2020).

Beispiele für öffentlich geführte Debatten über die soziale Position von Kindern, deren Väter aufgrund ihrer Staatsangehörigkeit oder ethnischen und/oder religiösen Zugehörigkeit als nicht-zugehörig erachtet werden, und über deren Integration in die Gemeinschaft, der ihre Mütter angehören, gibt es auch in der Gegenwart. Besonders dramatisch ist die Situation jesidischer Frauen, die ab 2014 von Terroristen des Islamischen Staats (IS) entführt worden sind. Viele der Frauen wurden zu Opfern von Menschenhandel und sexueller Ausbeutung, in deren Folge manche schwanger wurden und Kinder zur Welt brachten. Diese Kinder werden bislang nicht als Teil der jesidischen Religion und Gemeinschaft anerkannt, da die Zugehörigkeit ausschließlich qua Geburt bestimmt wird und voraussetzt, dass beide Elternteile jesidischer Herkunft sind. So stehen ihre Mütter nach ihrer Flucht oder Rettung aus der Gefangenschaft vor der Wahl, entweder alleine zu ihrer Gemeinschaft zurückzukehren oder sich für ein Leben mit ihren Kindern im Exil zu entscheiden (Amnesty International 2020; Al-Faour 2022). Hier stehen religiöse Überzeugungen dem Menschenrecht auf Zusammenleben eines Elternteils mit seinem Kind sowie eines Kindes mit seinem Elternteil entgegen. Derzeit ist nicht absehbar, ob sich an dieser Problematik in naher Zukunft etwas ändern wird.

Während ich an der Fertigstellung dieses Buches arbeite, werden auch Berichte über Vergewaltigungen ukrainischer Frauen durch Angehörige des russischen Militärs veröffentlicht. Schon in den ersten Wochen des militärischen Angriffs von Russland auf die Ukraine entstanden Schwangerschaften aufgrund von sexuellen Gewaltverbrechen. Es stellen sich Fragen nach dem Zugang zu sicheren und kostenlosen oder kostengünstigen Schwangerschaftsabbrüchen, aber auch nach der Unterstützung für jene Frauen, denen der Zugang dazu verwehrt bleibt oder die keinen Schwangerschaftsabbruch vornehmen möchten. In welcher Situation werden sie sein, wenn sie ihr Kind zur Welt bringen? Wo werden sie leben und wie werden sie selbst und ihre Verwandten, Freund:innen und Nachbar:innen ihrem Kind, dessen Vater ein russischer Soldat ist, begegnen?

Einige Forscher:innen, die sich mit *Kindern des Krieges* beschäftigen, brachten aber auch die Hoffnung zum Ausdruck, dass gerade jene Kinder in einer Position sein könnten, positive gesellschaftliche Veränderungen anzustoßen. Dieses Potenzial könnte sich auch aus der geteilten Erfahrung ergeben, einen leiblichen Vater zu haben, der einer gegnerischen Konfliktpartei, einer Besatzungsmacht oder den UN-Friedenstruppen angehört hat. Bezogen auf den Zweiten Weltkrieg sind in Europa mehrere Millionen Menschen davon betroffen. »Bei ihnen allen ist der Fundus an Gemeinsamkeiten mit einiger Wahrscheinlichkeit weit größer als das Trennende«, vermutet die Historikerin Silke Satjukow (2015: 164). Ein Beispiel dafür ist etwa der Zusammenschluss französischer Nachkommen von Wehrmachtssoldaten und deutscher wie österreichischer Nachkommen von französischen Truppenangehörigen im Verein *Cœurs sans Frontières – Herzen ohne Grenzen*. Vielleicht ist eine solche Verbundenheit über geografische Räume, aber auch über Generationen hinweg möglich?

Eine frühe, außergewöhnliche wie hoffnungsvolle Stimme ist aus dem Jahr 1946 dokumentiert: Es war noch kein Jahr seit Ende des Krieges vergangen, als Herbert Frank, ein humanistisch eingestellter Arzt, dazu aufforderte, sich mit den Kindern alliierter Soldaten auseinanderzusetzen. Er fürchtete, dass sie, »die ihrer Entstehung nach in zwei verschiedenen Völkern wurzeln«, aufgrund einer »mangelnden moralischen Einstellung ihrer Umgebung sozial unterzugehen« drohten und sah die Notwendigkeit einer »praktisch-ideologischen Belehrung [der Bevölkerung] über die Verworfenheit der rassistischen Vorstellung [der] politischen Vergangenheit« (Frank 1946, zit. in: Satjukow 2015: 164). Frank sah schon damals in den *Kindern des Krieges* das Potenzial zu mehr Weltoffenheit und die Möglichkeit zu Versöhnung und Frieden. Gleichzeitig spricht er an, dass es dafür der entsprechenden Rahmenbedingungen bedarf. Das gilt gleichermaßen damals wie heute.

Möglicherweise zeigt sich in diesem Zusammenhang auch das Potenzial historischer Forschungen, das über deren Aufgabe der Rekonstruktion eines spezifischen Aspekts der Vergangenheit hinausreicht. Vielleicht können historische Forschungen in diesem Feld nachhaltig zu mehr Bewusstsein für die besonderen Herausforderungen, denen sich *Kinder des Krieges* in ihrem Leben stellen müssen, und damit zur Enttabuisierung beitragen? Vielleicht führen sie künftig dazu, dass *Kinder des Krieges*, die in der jüngeren Vergangenheit oder im Kontext aktueller und zukünftiger bewaffneter Konflikte zur Welt kommen, nicht mehr bis in ein hohes Alter darauf warten müssen, dass ihrer Situation Aufmerksamkeit zukommt und ihre Geschichten gehört werden? Schließlich können solche Forschungen auch wichtige Hinweise darauf geben, wie in Kriegs- und Nachkriegssituationen die gesellschaftlichen Bedingungen gestaltet werden sollten, damit Diskriminierung und Ausgrenzung verhindert und Benachteiligung gelindert werden kann. Und vielleicht wird letztlich möglich, was Herbert Frank schon 1946 ausgesprochen und viele andere nach ihm gehofft haben: dass *Kinder des Krieges* vielmehr als »Kinder des Friedens«, als »Befreiungskinder« und als »Kinder der Zukunft« gesehen werden.

Dank

Ebenso groß wie meine Freude darüber, dass dieses Buch nun erscheint und hoffentlich seine interessierten Leser:innen finden wird, ist meine Dankbarkeit gegenüber allen, die sein Entstehen ermöglicht, unterstützt und begleitet haben.

Neun Zeitzeug:innen haben mir ihr Vertrauen geschenkt und aus ihrem Leben erzählt. Sie haben sich nicht nur die Zeit genommen, sondern waren auch bereit, sehr offen ihre Erinnerungen an ihre Kindheit und Jugend mit mir zu teilen, auch jene, die weniger schön, ja teilweise traurig oder schmerzhaft waren. Aber auch die eine oder andere Anekdote war dabei. Für mich waren es neun intensive Begegnungen mit Menschen, die die Nachkriegszeit aufgrund ihrer Herkunft auf besondere Weise erlebt haben. Sie lassen uns an ihrer Erfahrung teilhaben und tragen dazu bei, das Bild dieser historischen Zeit in Österreich differenzierter und kompletter zu machen. Euch allen gilt mein erster und größter Dank. Ohne eure Offenheit und euer Vertrauen wäre mein Projekt und damit dieses Buch nicht möglich gewesen. Ich bin mir der Verantwortung bewusst, die aus diesem großen Vertrauen entsteht, und habe mir Mühe gegeben, sorgsam damit umzugehen.

Ich möchte mich bei all jenen Personen bedanken, die mich bei der Arbeit an diesem Buch unterstützt und begleitet haben und mir mit Wissen und wertvollen Hinweisen weitergeholfen haben. Namentlich nennen kann ich hier nur einige: Franziska für ihr Interesse an meiner Arbeit und ihre Hilfe bei der Vermittlung von Kontakten zu Nachkommen von alliierten Soldaten. Meinen studentischen Mitarbeiterinnen Tina, Verena und Julia danke ich für die Transkription der Interviews, für die Unterstützung bei Recherchen und bei der Einhaltung formaler Angaben. Für die gemeinsamen Schreibzeiten danke ich Verena, Paul und Maria, und Michaela dafür, dass sie immer ein offenes Ohr für meine Fragen hat – ihr habt den langen Prozess der Arbeit an diesem Buch ein

Stück weit mit mir geteilt und weniger einsam gemacht. Kathrin Wohlmuth-Konrad vom Mandelbaum Verlag bin für ihr großes Vertrauen und ihren Glauben an dieses Projekt dankbar, Lisa Gensluckner und Monika Halbinger für ihr wertvolles Feedback und das Lektorat des Manuskripts.

Auch für die finanzielle Unterstützung des Projekts und der Publikation möchte ich mich bedanken: für die Verleihung des Eduard Wallnöfer Preises für die mutigste Initiative und die Förderungen durch das Vizerektorat für Forschung und den Förderkreis 1669 der Universität Innsbruck sowie durch das Bundesministerium für Bildung, Wissenschaft und Forschung Österreich.

Mein Dank an meine Familie kommt von Herzen: Jenny und Silvan, ihr habt mich durch den gesamten Prozess begleitet und musstet mich entbehren, wenn es mal länger dauerte, als gedacht (… und schreiben dauert immer länger als gedacht). Ihr wart immer für mich da. Jenny, du hast mich ermutigt, das Projekt in Angriff zu nehmen und noch viel wichtiger: es zu einem guten Abschluss zu bringen. Ich hoffe, ihr freut euch mit mir über dieses Buch.

Literatur- und Quellenverzeichnis

Literatur

Amnesty International (2020): Legacy of Terror. The Plight of Yezidi Child Survivors of ISIS. Online verfügbar unter https://www.amnesty.org/en/documents/mde14/2759/2020/en (zuletzt geprüft am: 28. 6. 2022).

Aßmann Anna-Lena, Kaiser Marie, Schomerus Georg, Kuwert Philipp, Glaesmer Heide (2015): Stigmatisierungserfahrungen deutscher Besatzungskinder des Zweiten Weltkrieges. In: *Trauma & Gewalt* 9 (4), 294–303.

Assmann Jan (2001): Moses der Ägypter. Entzifferung einer Gedächtnisspur. Frankfurt am Main: Fischer Taschenbuch Verlag.

Bader Hedwig (2003): »Marienkäfer flieg …« Erinnerungen an eine Nachkriegskindheit in Tirol, den Enkeln und anderen Interessierten erzählt, damit es nicht vergessen wird. Mils: Rosenverlag.

Bauer Ingrid (1996): »USA-Bräute«. Österreichisch-Amerikanische Eheschließungen auf dem Salzburger Standesamt. In: Erich Marx (Hg.): Befreit und besetzt. Stadt Salzburg 1945–1955. Salzburg, München: Verlag Anton Pustet, 147–151.

Bauer Ingrid (1998): Welcome Ami go home. Die amerikanische Besatzung in Salzburg 1945–1955. Erinnerungslandschaften aus einem Oral-History-Projekt. Salzburg: Verlag Anton Pustet.

Bauer Ingrid (2000): »Besatzungsbräute«. Diskurse und Praxen einer Ausgrenzung in der österreichischen Nachkriegsgeschichte 1945–1955. In: Irene Bandhauer-Schöffmann und Claire Duchen (Hg.): Nach dem Krieg. Frauenleben und Geschlechterkonstruktionen in Europa nach dem Zweiten Weltkrieg. Herbolzheim: Centaurus Verlag, 261–276.

Bauer Ingrid (2010): Zustimmungsdiktatur? Zum Funktionieren von NS-Herrschaft: Salzburger Szenarien. Vortrag, Salzburg, 11. 11. 2010. Online verfügbar unter https://www.erinnern.at/media/055729bef191ac14676b9ada9ebc7a70/bauer-zustimmungsdiktatur.pdf/@@download/file/BAUER%20Zustimmungsdiktatur.pdf (zuletzt geprüft am: 3. 6. 2022).

Bauer Ingrid (2015): »Ich bin stolz, ein Besatzungskind zu sein.« Zeitgeschichtliche Forschungen als Impulse für Empowerment? Befunde mit Blick auf die einstige US-Zone in Österreich. In: Barbara Stelzl-Marx, Silke Satjukow (Hg.): Besatzungskinder. Die Nachkommen alliierter Soldaten in Österreich und Deutschland. Wien, Köln, Weimar: Böhlau Verlag, 183–206.

Bauer Ingrid (2021): Post-World War II Interracial Relationships, Mothers of Black Occupation Children, and Prejudices in White Societies: Austria in Comparative Perspective. In: *zeitgeschichte* 48 (1), 91–112.

Beer Siegfried (1997): Die US-amerikanische Besatzungspolitik in Österreich bis Herbst 1945. In: Manfried Rauchensteiner und Wolfgang Etschmann (Hg.): Österreich 1945. Ein Ende und viele Anfänge. Graz, Wien, Köln: Styria, 207–228.

Berger Franz Severin, Holler Christiane (1994): Trümmerfrauen. Alltag zwischen Hamstern und Hoffen. Wien: Ueberreuter.

Brockhaus Gudrun (2006): Sozialpsychologie der Akzeptanz des Nationalsozialismus: Kritische Anmerkungen zu »Rausch und Diktatur«. In: Árpád von Klimó und Malte Rolf (Hg.): Rausch und Diktatur. Inszenierung, Mobilisierung und Kontrolle in totalitären Systemen. Frankfurt am Main, New York: Campus Verlag, 153–176.

Brosch Peter (1971): Fürsorgeerziehung. Heimterror und Gegenwehr. Frankfurt am Main: Fischer Verlag.

Coffey Peter (2010): Afrikanische Soldaten im französisch besetzten Vorarlberg 1945/46. Österreichische und französische Diskurse über Kolonialsoldaten sowie deren Erfahrungen in Österreich und innerhalb der französischen Armee. Diplomarbeit. Universität Wien.

Czarnowski Gabriele (1996): Frauen als Mütter der »Rasse«. Abtreibungsverfolgung und Zwangseingriff im Nationalsozialismus. In: Gisela Staupe (Hg.): Unter anderen Umständen. Zur Geschichte der Abtreibung. Dortmund: Ed. Ebersbach, 58–72.

Drolshagen Ebba D. (2005): Wehrmachtskinder. Auf der Suche nach dem nie gekannten Vater. München: Droemer Knaur.

Eisterer Klaus (1990): Französische Besatzungspolitik in Tirol und Vorarlberg. Aspekte der sozialen, politischen und ökonomischen Entwicklung 1945/46. Dissertation. Universität Innsbruck.

Eisterer Klaus (1997): Fraterniser. In: *Tiroler Kulturzeitschrift DAS FENSTER* 31 (64), 6109–6114.

Erll Astrid (2021): Jenseits des Erwartungshorizonts. Pandemie und kollektives Gedächtnis. In: *Aus Politik und Zeitgeschichte* 71 (40+41), 42–49.

Falter Jürgen W., Hänisch Dirk (2013): Wahlerfolge und Wählerschaft der NSDAP in Österreich 1927–1932: Soziale Basis und Parteipolitische Herkunft [1988]. In: *Historical Social Research/Historische Sozialforschung. Supplement* 25, 233–259.

Felitti Vincent J., Anda Robert F., Nordenberg Dale, Williamson David F., Spitz Alison M., Edwards Valerie et al. (1998): Relationship of childhood abuse and household dysfunction to many of the leading causes of death in adults: The Adverse Childhood Experiences (ACE) Study. In: *American Journal of Preventive Medicine* 14 (4), 245–258.

Fink Iris, Veigl Hans (2016): »… und Lachen hat seine Zeit«. Kabarett zwischen Wiederaufbau und Wirtschaftswunder: Kleinkunst in Österreich 1945 bis 1970. Graz: Österreichisches Kabarettarchiv.

Flick Uwe (2014): Qualitative Sozialforschung. Eine Einführung. Reinbek bei Hamburg: Rowohlt Taschenbuch Verlag.

Foucault Michel (2017): Überwachen und Strafen. Die Geburt des Gefängnisses. Frankfurt am Main: Suhrkamp.

Fritz Regina, Krammer Marion, Rohrbach Philipp (2014): Diskriminiert – Abgelehnt – Vergessen. In: *Österreichische Zeitschrift für Geschichtswissenschaften* 25 (1+2), 359–367.

Galtung Johan (1971): Gewalt, Frieden und Friedensforschung. In: Dieter Senghaas (Hg.): Kritische Friedensforschung. Frankfurt am Main: Suhrkamp, 55–104.

Gebhardt Miriam (2015): Eine Frage des Schweigens? Forschungsthesen zur Vergewaltigung deutscher Frauen nach Kriegsende. In: Barbara Stelzl-Marx und Silke Satjukow (Hg.): Besatzungskinder. Die Nachkommen alliierter Soldaten in Österreich und Deutschland. Wien, Köln, Weimar: Böhlau Verlag, 62–90.

Goldmann Johanna, Guger Johannes (Hg.) (2006): Vermisst und Gefunden. Ein Schicksal – viele Geschichten. Salzburg: A&M Weltbild.

Gries Rainer (2015): Les Enfants d'Etat. Französische Besatzungskinder in Deutschland. In: Barbara Stelzl-Marx und Silke Satjukow (Hg.): Besatzungskinder. Die Nachkommen alliierter Soldaten in Österreich und Deutschland. Wien, Köln, Weimar: Böhlau Verlag, 380–407.

Guerrini Flavia (2018): Öffentliche Fürsorge und ihre Effekte. Zur Subjektbildung in der historischen Jugendfürsorge und Heimerziehung. Dissertation. Universität Innsbruck.

Hageneder Othmar (1991): Flüchtlingsprobleme und Umsiedlung, Sicherheit, Justizverwaltung, Entnazifizierung und Sanität. In: Oberösterreichisches Landesarchiv (Hg.): Oberösterreich April bis Dezember 1945. Ein Dokumentarbericht. Linz: OÖ Landesarchiv, 115–134.

Halbwachs Maurice (2019 [1925]): Das Gedächtnis und seine sozialen Bedingungen. Frankfurt am Main: Suhrkamp.

Henning Tim (2012): Personale Identität und personale Identitäten – Ein Problemfeld der Philosophie. In: Hilarion G. Petzold (Hg.): Identität. Ein Kernthema moderner Psychotherapie – Interdisziplinäre Perspektiven. Wiesbaden: VS Verlag für Sozialwissenschaften, 19–38.

Huber Renate (2015): Französische und marokkanische Besatzungskinder in Vorarlberg. Historisches Phänomen und diskursiver Nachhall. In: Barbara Stelzl-Marx und Silke Satjukow (Hg.): Besatzungskinder. Die Nachkommen alliierter Soldaten in Österreich und Deutschland. Wien, Köln, Weimar: Böhlau Verlag, 355–379.

Jähner Harald (2019): Wolfszeit. Deutschland und die Deutschen 1945–1955. Berlin: Rowohlt.

Judt Tony (2006): Geschichte Europas von 1945 bis zur Gegenwart. München, Wien: Hanser.

Kaiser Marie, Eichhorn Svenja, Kuwert Philipp, Glaesmer Heide (2015): Psychosoziale Konsequenzen des Aufwachsens als Besatzungskind in Deutschland. Psychologische Hintergründe eines quantitativen Forschungsprojekts. In: Barbara Stelzl-Marx und Silke Satjukow (Hg.): Besatzungskinder. Die Nachkommen alliierter Soldaten in Österreich und Deutschland. Wien, Köln, Weimar: Böhlau Verlag, 39–61.

Kaiser Marie, Glaesmer Heide (2016): Risiko- und Schutzfaktoren beim Aufwachsen als Besatzungskind des Zweiten Weltkrieges. Eine Langzeitperspektive. In: Elke Kleinau und Ingvill C. Mochmann (Hg.): Kinder des Zweiten Weltkrieges. Stigmatisierung, Ausgrenzung, Bewältigungsstrategien. Frankfurt am Main: Campus Verlag, 139–155.

Kerschbaumer Gert (1996): Hoch-Kultur nach 1945. In: Erich Marx (Hg.): Befreit und besetzt. Stadt Salzburg 1945–1955. Salzburg, München: Verlag Anton Pustet, 158–161.

Kleinau Elke (2015): »Ich wollte unbedingt zur Schule, ich bin so gern in die Schule gegangen.« Bildungsbiografie eines Besatzungskindes vor der Bildungsexpansion. In: Barbara Stelzl-Marx und Silke Satjukow (Hg.): Besatzungskinder. Die Nachkommen alliierter Soldaten in Österreich und Deutschland. Wien, Köln, Weimar: Böhlau Verlag, 166–180.

Kleinau Elke, Mochmann Ingvill C. (Hg.) (2016): Kinder des Zweiten Weltkrieges. Stigmatisierung, Ausgrenzung, Bewältigungsstrategien. Frankfurt am Main: Campus Verlag.

Kuhlmann Carola (2008): »So erzieht man keinen Menschen.« Lebens- und Berufserinnerungen aus der Heimerziehung der 50er und 60er Jahre. Wiesbaden: VS Verlag für Sozialwissenschaften.

Lechhab Hamid (2008): Marokkanische Besatzungskinder in Vorarlberg und Tirol nach 1945. In: Monika Jarosch, Lisa Gensluckner, Horst Schreiber, Alexandra Weiss (Hg.): Gaismair-Jahrbuch 2009. Überwältigungen. Innsbruck, Wien, München, Bozen: StudienVerlag, 117–125.

Lee Sabine (2009): Kinder amerikanischer Soldaten in Europa: Ein Vergleich der Situation britischer und deutscher Kinder. In: *Historical Social Research/Historische Sozialforschung (HSR)* 34 (3), 321–351.

Lee Sabine (2017): Children born of war in the twentieth century. Manchester: Manchester University Press.

Lee Sabine, Bartels Susan (2020): ›They Put a Few Coins in Your Hand to Drop a Baby in You‹: A Study of Peacekeeper-fathered Children in Haiti. In: *International Peacekeeping* 27 (2), 177–209.

Lee Sabine, Glaesmer Heide, Stelzl-Marx Barbara (Hg.) (2022): Children Born of War. Past, Present and Future. Milton: Taylor & Francis Group.

Lee Sabine, Mochmann Ingvill C. (2015): Kinder des Krieges im 20. Jahrhundert. In: Barbara Stelzl-Marx und Silke Satjukow (Hg.): Besatzungskinder. Die Nachkommen alliierter Soldaten in Österreich und Deutschland. Wien, Köln, Weimar: Böhlau Verlag, 15–38.

Leuenberger Marco, Seglias Loretta (2008): Versorgt und vergessen. Ehemalige Verdingkinder erzählen. Zürich: Rotpunktverlag.

Maltschnig Eva (2015): Österreichische »War Brides« und ihre Kinder in den USA. In: Barbara Stelzl-Marx und Silke Satjukow (Hg.): Besatzungskinder. Die Nachkommen alliierter Soldaten in Österreich und Deutschland. Wien, Köln, Weimar: Böhlau Verlag, 218–237.

Mesner Maria (2010): Geburten/Kontrolle. Reproduktionspolitik im 20. Jahrhundert. Wien, Köln, Weimar: Böhlau Verlag.

Mochmann Ingvill C. (2006): Consolidating the Evidence Base of Children Born of War. In: *ZA-Information* (59), 198–199.

Molden Fritz (2006): Tut das, was ihr tun müsst. In: Theresia Zierler (Hg.): … und trotzdem gab es Hoffnung! »Trümmerfrauen« aus Österreich berichten. Graz, Stuttgart: Stocker, 135–140.

Morscher Lukas (2012): Innsbrucker Alltagsleben 1930–1980. Innsbruck, Wien: Haymon-Verlag.

Nussbaumer Josef (1992): Sozial- und Wirtschaftsgeschichte Tirols 1945–1985. Innsbruck: Wagner.

Obertreis Julia (2012): Oral History – Geschichte und Konzeptionen. In: Dies. (Hg.): Oral History. Stuttgart: Franz Steiner Verlag, 7–28.

Pomata Gianna (1991): Partikulargeschichte und Universalgeschichte – Bemerkungen zu einigen Handbüchern der Frauengeschichte. In: *L'Homme. Europäische Zeitschrift für Feministische Geschichtswissenschaft* 2 (1), 5–44.

Poutrus Kirsten (1996): »Ein Staat, der seine Kinder nicht ernähren kann, hat nicht das Recht, ihre Geburt zu fordern.« Abtreibung in der Nachkriegszeit 1945 bis 1950. In: Gisela Staupe (Hg.): Unter anderen Umständen. Zur Geschichte der Abtreibung. Dortmund: Ed. Ebersbach, 73–85.

Poutrus Patrice G. (2003): Rezension zu: Lemke Muniz de Faria Yara-Colette: Zwischen Fürsorge und Ausgrenzung. Afrodeutsche »Besatzungskinder« im Nachkriegsdeutschland. Berlin 2002. In: *H-Soz-Kult*, 6.3.2003: https://www.hsozkult.de/publicationreview/id/reb-3051 (zuletzt geprüft am 29.6.2022).

Raab-Steiner Elisabeth, Wolfgruber Gudrun (2014): Wiener Pflegekinder in der Nachkriegszeit (1955–1970). Wien: Facultas.

Ralser Michaela, Bischoff Nora, Guerrini Flavia, Jost Christine, Leitner Ulrich, Reiterer Martina (2017): Heimkindheiten. Geschichte der Jugendfürsorge und Heimerziehung in Tirol und Vorarlberg. Innsbruck, Wien, Bozen: StudienVerlag.

Rohrbach Philipp (2021): »This Has Finally Freed the Welfare Agency from a Considerable Burden«: The Adoption of Black Austrian Occupation Children in the United States. In: *zeitgeschichte* 48 (1), 35–56.

Rosenthal Gabriele (2008): Interpretative Sozialforschung. Eine Einführung. München: Juventa.

Roth Margit, Kramml Peter F., Marx Erich, Weidenholzer Thomas (1996): Chronik der Stadt Salzburg 1945–1955. In: Erich Marx (Hg.): Befreit und besetzt. Stadt Salzburg 1945–1955. Salzburg, München: Verlag Anton Pustet, 189–488.

Roupetz Sophie, Delic Amra, Glaesmer Heide (2022): An intergenerational perspective on conflict-related sexual violence against women: female survivors and their children born of wartime rape. In: Sabine Lee, Heide Glaesmer und Barbara Stelzl-Marx (Hg.): Children Born of War. Past, Present and Future. Milton: Taylor & Francis Group, 111–135.

Sander Margit (1982): Die französisch-österreichischen Beziehungen während der Besatzungszeit von 1947 bis 1955. Dissertation. Universität Wien.

Satjukow Silke (2015): »Russenkinder«. Die Nachkommen von deutschen Frauen und Rotarmisten. In: Barbara Stelzl-Marx und Silke Satjukow (Hg.): Besatzungskinder. Die Nachkommen alliierter Soldaten in Österreich und Deutschland. Wien, Köln, Weimar: Böhlau Verlag, 136–165.

Saurer Edith (2005): Verbotene Vermischungen. »Rassenschande«, Liebe und Wiedergutmachung. In: Ingrid Bauer, Christa Hämmerle und Gabriela Hauch (Hg.): Liebe und Widerstand. Ambivalenzen historischer Geschlechterbeziehungen. Wien/Köln/Weimar: Böhlau, 341–361.

Schelsky Helmut (1955): Soziologie der Sexualität. Über die Beziehungen zwischen Geschlecht, Moral und Gesellschaft. Hamburg: Rowohlt Verlag.

Schmidlechner Karin M. (1994): Frauenleben in Männerwelten. Kriegsende und Nachkriegszeit in der Steiermark. Wien: Döcker Verlag.

Schmidlechner Karin M. (2015): Kinder und Enkelkinder britische Besatzungssoldaten in Österreich. In: Barbara Stelzl-Marx und Silke Satjukow (Hg.): Besatzungskinder. Die Nachkommen alliierter Soldaten in Österreich und Deutschland. Wien, Köln, Weimar: Böhlau Verlag, 238–258.

Schober Fritz (1991): Allgemeines. In: Oberösterreichisches Landesarchiv (Hg.): Oberösterreich April bis Dezember 1945. Ein Dokumentarbericht. Linz: OÖ Landesarchiv, 163–176.

Schretter Lukas (2020): Britische Besatzungskinder. Die Nachkommen britischer Soldaten und österreichischer Frauen nach dem Zweiten Weltkrieg. Dissertation. Universität Graz.

Schütze Fritz (1977): Die Technik des narrativen Interviews in Interaktionsfeldstudien. Dargestellt an einem Projekt zur Erforschung von kommunalen Machtstrukturen. Bielefeld: Universität Bielefeld.

Schütze Fritz (1983): Biographieforschung und narratives Interview. In: *Neue Praxis* 13 (3), 283–293.

Stelzl-Marx Barbara (2012): Stalins Soldaten in Österreich. Die Innensicht der sowjetischen Besatzung 1945–1955. Wien, München: Böhlau Verlag.

Stelzl-Marx Barbara (2015): Kinder sowjetischer Besatzungssoldaten in Österreich. Stigmatisierung, Tabuisierung, Identitätssuche. In: Barbara Stelzl-Marx und Silke Satjukow (Hg.): Besatzungskinder. Die Nachkommen alliierter Soldaten in Österreich und Deutschland. Wien, Köln, Weimar: Böhlau Verlag, 93–135.

Stelzl-Marx Barbara (2016): »Ich bin stolz, ein Besatzungskind zu sein.« Resilienzfaktoren von Nachkommen sowjetischer Soldaten in Österreich. In: Elke Kleinau und Ingvill C. Mochmann (Hg.): Kinder des Zweiten Weltkrieges. Stigmatisierung, Ausgrenzung, Bewältigungsstrategien. Frankfurt am Main: Campus Verlag, 73–92.

Stelzl-Marx Barbara, Satjukow Silke (Hg.): Besatzungskinder. Die Nachkommen alliierter Soldaten in Österreich und Deutschland. Wien, Köln, Weimar: Böhlau Verlag.
UNRRA Office of Public Information (1947): 50 facts about UNRRA. Washington D. C.
Wahl Niko, Rohrbach Philipp, Adler Tal (2016): SchwarzÖsterreich. Die Kinder afro-amerikanischer Besatzungssoldaten. Wien: Löcker.
Waitzbauer Harald (1996): Flüchtlinge und »Displaced persons«. In: Erich Marx (Hg.): Befreit und besetzt. Stadt Salzburg 1945–1955. Salzburg, München: Verlag Anton Pustet, 67–73.
Weidenholzer Thomas (1996): Wohnelend im Nachkriegs-Salzburg. In: Erich Marx (Hg.): Befreit und besetzt. Stadt Salzburg 1945–1955. Salzburg, München: Verlag Anton Pustet, 60–66.

Zeitungsberichte (print und online)

»Die Mutter ist am Berg …« (1947). In: *Salzburger Nachrichten*, 08. 10. 1947, 3.
Al-Faour Nadia (2022): Why Yazidi survivors of Daesh enslavement and their children are stuck in limbo in Iraq. In: *Arab News online*, 31. 1. 2022. Online verfügbar unter https://arab.news/8nm9r (zuletzt geprüft am 21. 6. 2022).
Dodds Paisley (2021): Haitian court orders UN peacekeeper to pay child support in landmark case. In: *The New Humanitarian*, 12. 3. 2021. Online verfügbar unter https://www.thenewhumanitarian.org/news/2021/3/12/UN-peacekeeper-ordered-to-pay-child-support-to-Haitian-mother (zuletzt geprüft am 23. 6. 2021).
»Englische Hochzeit in Graz« (1956). In: *Neue Zeit*, 13. 10. 1946, 4.
»George verlor sein Herz in Steiermark« (1946). In: *Steirerblatt*, 15. 10. 1946, 3.
Haller Günther (2016): Das hungernde und frierende Österreich von 1946. In: *Die Presse online*, 06. 10. 2016. Online verfügbar unter https://www.diepresse.com/5096110/das-hungernde-und-frierende-oesterreich-von-1946 (zuletzt geprüft am 29. 3. 2022).
Schmidt Veronika (2017): Forschung über Lustiges ist eine ernste Sache. In: *Die Presse online*, 24. 1. 2017. Online verfügbar unter https://www.diepresse.com/5157762/forschung-ueber-lustiges-ist-eine-ernste-sache-eine-ernste-sache (zuletzt geprüft am 29. 5. 2022).
Schrep Bruno (1995): Kinder der Schande. In: *Der Spiegel (online)*, 9. 7. 1995 (28). Online verfügbar unter https://www.spiegel.de/politik/kinder-der-schande-a-d2ce97d3-0002-0001-0000-000009202204 (zuletzt geprüft am 14. 6. 2022).

Online-Quellen

Homepage CBOW Project (The Children Born of War Project): https://www.cbowproject.org (zuletzt geprüft am: 21. 6. 2022).
Homepage CHIBOW (Children born of war): https://www.chibow.org (zuletzt geprüft am: 21. 6. 2022).
Homepage INIRC-CBOW (International Network for Interdisciplinary Research on Children Born of War): https://www.childrenbornofwar.com (zuletzt geprüft am: 21. 6. 2022).
Homepage Museum für Verhütung und Schwangerschaftsabbruch: Nachkriegsmedizin zwischen Hilfsbereitschaft und Diplomatie, zwischen Rechtskonformität und Schutz der Akteure. Inoffiziell legalisierter Schwangerschaftsabbruch nach Vergewaltigungen durch Besatzungssoldaten: https://www.muvs.org/de/themen/abbruch/nachkriegsmedizin-zwischen-hilfsbereitschaft-und-diplomatie-zwischen-rechtskonformitat-und-schutz-der-akteure/#_ftn1 (zuletzt geprüft am: 21. 6. 2022).

Archivalische Quellen

Flugblatt »Achtung Heimkehrer!«, Kopie von Interviewpartnerin Angelika, aus Privatbesitz dem Projekt überlassen.
Jugendfürsorgeakte Bernhard (Namen geändert): VLA, BH Feldkirch, Vb-17/2, Signatur R 180.
Zöglingsakte Karla (Namen geändert): AT-OeStA/AdR Justiz JA WN, BAfE Wiener Neudorf, Karton 49, Akte 146.

Gesetze und Gesetzesmaterialien

JWG 1954 (Jugendwohlfahrtsgesetz): Bundesgesetz vom 9. 4. 1954, womit Grundsätze über die Mutterschafts-, Säuglings- und Jugendfürsorge aufgestellt und unmittelbar anzuwendende Vorschriften über die Jugendwohlfahrt erlassen werden, BGBl. Nr. 99.
Stenografische Protokolle des Bundesrates 1960: 160. Sitzung des Bundesrates 1960: 160/BRSITZ/60, online verfügbar unter: https://www.parlament.gv.at/PAKT/VHG/BR/BRSITZ/BRSITZ_00160/index.shtml (zuletzt geprüft am: 1. 7. 2022).

Interviews

Interview mit Angelika (Pseudonym), geführt am: 19. 2. 2019
Interview mit Freda (Pseudonym), geführt am: 27. 2. 2019
Interview mit Harald (Pseudonym), geführt am: 5. 2. 2019
Interview mit Helene (Pseudonym), geführt am: 18. 1. 2019
Interview mit Hildegard (Pseudonym), geführt am: 20. 2. 2019

Interview mit Julia (Pseudonym), geführt am: 6. 2. 2019*
Interview mit Klara-Maria (Pseudonym), geführt am: 1. 2. 2019
Interview mit Leonhard (Pseudonym), geführt am: 11. 1. 2019
Interview mit Veronika (Pseudonym), geführt am: 8. 3. 2019

Abbildungsverzeichnis

* Zum Interview mit Julia existieren zwei Audiodateien, im Buch gekennzeichnet mit I und II.

Abb. 16: *Rainbow-Club*. 1945, CRO 3404W, Bildarchiv und Grafiksammlung, ÖNB: https://onb.digital/result/10C83B2F (zuletzt geprüft am: 17.8.2022).

Abb. 17: *Sowjetischer Informationsoffizier beim Tanz*. 1946, O 104/1, Bildarchiv und Grafiksammlung, ÖNB: https://onb.digital/result/10CDF38F (zuletzt geprüft am: 17.8.2022).

Abb. 18: *Hildegard mit ihrer Mutter und Großmutter*. Privatbesitz Hildegard.

Abb. 19: *Suche nach dem Vater*. Privatbesitz Leonhard.

Abb. 20: *Seite aus dem Fotoalbum*. Privatbesitz Klara-Maria.

Abb. 21: *Besuch in Frankreich*. Privatbesitz Klara-Maria.

Abb. 22: *Vater und Mutter, Angelikas Vater*. Privatbesitz Angelika.

Abb. 23: *Vater und Mutter, Angelikas Mutter*. Privatbesitz Angelika.

Abb. 24: *Weihnachtsfeier für jüdische Kinder*. 23.12.1945, 730/1, Bildarchiv und Grafiksammlung, ÖNB: https://onb.digital/result/110ED157 (zuletzt geprüft am: 1.9.2022).

Abb. 25: *UNNRA*. 18.5.1946, US 2134b, Bildarchiv und Grafiksammlung, ÖNB: https://onb.digital/result/10C1F4FB (zuletzt geprüft am: 17.8.2022).

Abb. 26: *Ankunft des ersten UNRRA-Zuges mit Weizen*. 3.3.1946, 875/4, Bildarchiv und Grafiksammlung, ÖNB: https://onb.digital/result/110EC45F (zuletzt geprüft am: 17.8.2022).

Abb. 27: *CARE*. Juni 1946, US 23.728, Bildarchiv und Grafiksammlung, ÖNB: https://onb.digital/result/10BF0BA8 (zuletzt geprüft am: 17.8.2022).

Abb. 28: *CARE*. 17.3.1950, US 23.794, Bildarchiv und Grafiksammlung, ÖNB: https://onb.digital/result/10C08840 (zuletzt geprüft am: 17.8.2022).

Abb. 29: *Augustinerkeller*. 1945, CRO 19005W, Bildarchiv und Grafiksammlung, ÖNB: https://onb.digital/result/10C834D7 (zuletzt geprüft am: 17.8.2022).

Abb. 30: *General Marie Émile Antoine Béthouart beim Imster Schemenlauf*. Sammlung der Stadt Imst.

Abb. 31: *Tanz: Volkstanz: Square Dance*. 23.11.1954, US 12.582/5, Bildarchiv und Grafiksammlung, ÖNB: https://onb.digital/result/10C2A98E (zuletzt geprüft am: 1.9.2022).

Abb. 32: *Britische Soldaten im Eislaufverein*. 1946, CRO 4239W, Bildarchiv und Grafiksammlung, ÖNB: https://onb.digital/result/10C83BD1 (zuletzt geprüft am: 17.8.2022).

Abb. 33: *Zwei russische Soldaten*. 1949, 500058-C, Bildarchiv und Grafiksammlung, ÖNB: https://onb.digital/result/10FDBBA0 (zuletzt geprüft am: 17.8.2022).

Abb. 34: *Alliierte*. 1951, US 9722/2, Bildarchiv und Grafiksammlung, ÖNB: https://onb.digital/result/10C014C4 (zuletzt geprüft am: 1.9.2022).

Abb. 35: *Wohltätigkeit*. Dezember 1953, US 11679/2, Bildarchiv und Grafiksammlung, ÖNB: https://onb.digital/result/10C138A7 (zuletzt geprüft am: 1.9.2022).

Abb. 36: *Fotos mit Mutter, mit Mutter auf der Bergwiese.* Privatbesitz Klara-Maria.

Abb. 37: *Fotos mit Mutter, mit Mutter vor dem Elternhaus.* Privatbesitz Klara-Maria.

Abb. 38: *Kinder belagern einen schwarzen Soldaten, der Soldat sitzt im Auto und schaut aus dem Fenster.* 18. 6. 1947, FO301478/01, Bildarchiv und Grafiksammlung, ÖNB: https://onb.digital/result/10E31352 (zuletzt geprüft am: 17. 8. 2022).

Abb. 39: *Suchanzeigen auf der Homepage von Cœurs sans Frontières – Herzen ohne Grenzen*: https://www.coeurssansfrontieres.com/de/recherche2017/laufende-recherchen (zuletzt geprüft am: 17. 8. 2022).

Abb. 40: *Besatzungszeit in Österreich.* 1952, HW1952-328-2, Bildarchiv und Grafiksammlung, ÖNB: https://onb.digital/result/10C84367 (zuletzt geprüft am: 1. 9. 2022).

Anhang

Vereine und Institutionen, die bei der Suche nach Vätern und weiteren Angehörigen helfen (Auswahl)

Austria Family History Center: https://www.familysearch.org/de (zuletzt geprüft am: 1. 7. 2022).

Cœurs sans Frontières – Herzen ohne Grenzen. Deutsch-französischer Verein der Kinder des Zweiten Weltkrieges: https://www.coeurssansfrontieres.com/de (zuletzt geprüft am: 1. 7. 2022).

GI Trace: http://www.gitrace.org (zuletzt geprüft am: 1. 7. 2022).

Heilsarmee Schweiz: https://www.heilsarmee.ch/angebot/personensuchdienst (zuletzt geprüft am: 1. 7. 2022).

Ludwig-Boltzmann-Institut für Kriegsforschung: https://bik.ac.at/personensuche (zuletzt geprüft am: 1. 7. 2022).

Suchdienst Rotes Kreuz (DRK – Deutschland, ÖRK – Österreich, SRK – Schweiz): https://www.drk-suchdienst.de (zuletzt geprüft am: 1. 7. 2022), https://www.roteskreuz.at/kaernten/ich-brauche-hilfe/suchdienst-schicksalsklaerung (zuletzt geprüft am: 1. 7. 2022), https://www.redcross.ch/de/srk-dienstleistungen/suchdienst/suche-nach-vermissten-personen (zuletzt geprüft am: 1. 7. 2022).

Film- und Fernsehbeiträge (Auswahl)

Freitag Susanne: »Feindeskind. Mein Vater war ein deutscher Soldat«. TV-Dokumentation, Phönix, 2010.

»Who Do You Think You Are? – Marianne Faithfull«, BBC1, 2012. Kurzbeschreibung online verfügbar unter https://theartsdesk.com/node/71618/view (zuletzt geprüft am: 1. 7. 2022).

Murnberger Wolfgang: »Kleine Grosse Stimme«, ORF/ARD, ausgestrahlt erstmals am 8. Dezember 2015.

Gokl Richard: »Besatzungskinder«, Phoenix, ausgestrahlt am 2. Dezember 2016.

Feurstein Christoph: »Besatzungskinder – die lange Suche nach den eigenen Wurzeln«, in »Thema«, ORF 2, ausgestrahlt am 26. März 2018.

Vetten Knud: »Wer ist mein Vater? Tabuthema ›Russenkinder‹«, ARD, ausgestrahlt am 9. Oktober 2018, https://programm.ard.de/TV/Programm/Sender/?sendung=28721591662227 (zuletzt geprüft am: 1. 7. 2022).

Radiosendung mit Lukas Schretter: Meist materiell arm, vaterlos, aber umso mutiger: »Kinder des Krieges« im Fokus eines Forschungsprojekts, ausgestrahlt am 17. Dezember 2018, kann online nachgehört werden: https://cba.fro.at/391286 (zuletzt geprüft am: 1. 7. 2022).

Unger Anja: »Geschichte im Ersten: Frankreichs deutsche Kinder«, Das Erste, ausgestrahlt am 14. März 2022, https://www.daserste.de/information/reportage-dokumentation/geschichte-im-ersten/videos/frankreichs-deutsche-kinder-video-100.html (zuletzt geprüft am: 1. 7. 2022).

Kuramitsu Kanako: Michiko. A Child born of war, Video online verfügbar unter https://vimeo.com/269945416 (zuletzt geprüft am: 1. 7. 2022).

Autobiografische Publikationen (Auswahl)

Baur-Timmerbrink Ute (2015): Wir Besatzungskinder. Töchter und Söhne alliierter Soldaten erzählen. Berlin: Ch. Links Verlag.

Behlau Wilfried (Hg.) (2015): Distelblüten: Russenkinder in Deutschland. Ganderkesee: Con-Thor Verlag.

Dupuis Eleonore (2015): Befreiungskind. Wien: Edition Liaunigg.

García Peter (2016): Franzosenbalg. Völker sind zum Mischen da. Weimar: Eckhaus Verlag.

Heinen Kurt (2010): Ein Besatzungskind wird adoptiert: Erinnerungen an Aachen und die Eifel. Berlin: Frieling & Huffmann.

Pastula Dieter (2014): Besatzungskind. Kinder- und Jugendjahre – Erinnerungen. Eigenverlag.

Spörk Eduard (2015): Franzosenkind. Meine Suche nach dem unbekannten Vater. Innsbruck: Tyrolia.

Stanzeleit Barbara (2014): Und zur Oberschule durfte ich nicht. Schicksal eines Besatzungskindes in den Fünfzigerjahren. Eigenverlag.

mandelbaum *empfiehlt*

Brigitte Dalinger
»MAN BEWILLIGTE UNS SOGAR EINIGE SPIELE«
Künstlerische Aktivitäten unter dem Zwang der NS-Herrschaft in Österreich

200 Seiten, Euro 20,–
ISBN 978-3-85476-948-4

Helga Amesberger,
Brigitte Halbmayr, Elke Rajal
STIGMA ASOZIAL
Geschlechtsspezifische Zuschreibungen, behördliche Routinen und Orte der Verfolgung im Nationalsozialismus

400 Seiten, Euro 29,–
ISBN 978-3-85476-886-9

Georg Augusta
UNTER UNS HIESS ER DER RATTENMANN
Die Lebensgeschichte des Sigmund-Freud-Patienten Ernst Lanzer

144 Seiten, Euro 16,–
ISBN 978385476-867-8